Oscar

ORLANDO FURIOSO
DI LUDOVICO ARIOSTO

RACCONTATO DA
ITALO CALVINO

Illustrazioni di Grazia Nidasio

OSCAR MONDADORI

L'"ORLANDO FURIOSO" È UN POEMA CHE SI RIFIUTA DI COMINCIARE E SI RIFIUTA DI FINIRE.

www.ragazzi.mondadori.it

© 1995 by Palomar S.r.l. e Arnoldo Mondadori Editore S.p.A., per il testo
© 2002 by The Estate of Italo Calvino e Arnoldo Mondadori Editore S.p.A., Milano, per il testo
© 2009 Arnoldo Mondadori Editore S.p.A., Milano, per le illustrazioni
Prima edizione nella collana "Oscar grandi classici" luglio 1995
Prima edizione nella collana "Contemporanea" novembre 2009
Prima edizione nella collana "Oscar junior" settembre 2012
Stampato presso Mondadori Printing S.p.A.
Stabilimento di Verona
Printed in Italy
ISBN 978-88-04-61696-2

1. Rothalandus, Roland, Orlando

In ogni atlante storico del Medioevo c'è una carti-
na in cui, colorate di solito in viola, sono segnate
le conquiste di Carlomagno re dei Franchi e poi
imperatore. Una grande nube violetta s'allarga
sull'Europa, dilaga fin oltre l'Elba e il Danubio,
ma a occidente s'arresta al confine della Spagna
ancora saracena. Solo l'orlo più basso della nuvola scavalca i Pirenei e arriva a coprire la Catalogna: è la Marca Ispanica, tutto quel che Carlomagno riuscì a strappare, negli ultimi anni della
sua vita, all'Emiro di Cordova. Tra tante guerre
che Carlomagno combatté e vinse contro Bàvari,
Frisoni, Slavi, Àvari, Brètoni, Longobardi, quelle contro gli Arabi occupano, nella storia dell'imperatore dei Franchi, relativamente poco posto;
invece, nella letteratura, s'ingigantirono fino a
coinvolgere tutto l'orbe terracqueo, e riempiro-

no le pagine di biblioteche intere. Nell'immaginazione dei poeti – e prima ancora nell'immaginazione popolare – i fatti si dispongono in una prospettiva diversa da quella della storia: la prospettiva del mito.

Per rintracciare le origini di questa straordinaria proliferazione mitologica, ci si suole rifare a un episodio storico oscuro e sfortunato: nel 778 Carlomagno tentò una spedizione per espugnare Saragozza, ma fu rapidamente costretto a ripassare i Pirenei. Durante la ritirata, la retroguardia dell'esercito franco fu assalita dalle popolazioni basche della montagna e distrutta, presso Roncisvalle. Le cronache ufficiali carolinge riportano, tra i nomi dei dignitari franchi uccisi, quello d'un certo Hruodlandus.

Fin qui la storia, ma la verità dei fatti ha poco a che vedere con l'epopea. La Chanson de Roland fu scritta circa tre secoli dopo Roncisvalle. Siamo attorno al 1100, all'epoca della Prima Crociata: il riferimento storico più pertinente è questo. L'Europa è pervasa dallo spirito della guerra santa che contrappone mondo cristiano e mondo musulmano. In quel clima nasce in Francia un poema epico d'autore sconosciuto (Turoldo è il nome che compare nell'ultimo verso), dalla versificazione semplice, commossa e solenne: La Chanson de Roland. Carlomagno figura aver conquistato tutta la Spagna, tranne Saragozza, ancora in mano saracena; re Marsilio chiede la pace purché l'armata franca lasci la Spagna, il prode Roland vorrebbe continuare la guerra ma prevale il consiglio di Guenes (Gano di Maganza o Ganellone), che tradi-

... IL PALADINO FÀ PRODIGI CON LA SPADA DURENDAL...

sce e s'accorda con Marsilio perché l'esercito saraceno violi la pace e piombi in forze a Roncisvalle sulla retroguardia franca guidata da Roland. Il paladino fa prodigi con la spada Durendal, dono d'un angelo, ma i suoi guerrieri gli cadono intorno a uno a uno. Solo quando è ferito a morte, Roland si rassegna a dar fiato all'Olifante, il corno magico, per chiamare a soccorso re Carlo.

MA I SUOI GUERRIERI GLI CADONO INTORNO A UNO A UNO.

Non si sa se Turoldo non abbia fatto altro che dare respiro di poesia a una tradizione già affermata, cioè se la leggenda di Roncisvalle già facesse parte del repertorio dei «giullari», poeti-cantastorie che giravano di castello in castello, repertorio orale che venne a un certo punto fissato in «cantari di gesta» scritti in rima, o in narrazioni in prosa che fornivano i motivi ai verseggiatori. A queste ultime appartiene la cronaca latina attribuita all'arcivescovo Turpino (*Historia Karoli Magni et Rotholandi*) che passava per la testimonianza diretta d'un contemporaneo e che poeti e romanzieri posteriori tiravano sempre in ballo come fonte autorevole, mentre fu in realtà scritta anch'essa all'epoca delle Crociate.

Quello che possiamo dire con certezza è che una lunga tradizione si formò dalla *Chanson de Roland* in poi, e che passate dalla severa epopea militare di Turoldo alla letteratura romanzesca e avventurosa, le gesta dei paladini di Carlomagno ebbero fortuna popolare, più ancora che in Francia, in Spagna e in Italia. Roland diventa Don Roldàn al di là dei Pirenei, e al di qua delle Alpi Orlando. I centri di diffusione

Le gesta dei paladini di Carlomagno ebbero fortuna popolare, dei «cantari di gesta» si trovavano lungo le vie percorse dai pellegrini: la via per San Giacomo di Compostella, che attraversava Roncisvalle dove veniva visitata una presunta tomba di Roland-Roldàn-Orlando; e la via per Roma, che era stata percorsa da Carlomagno nella sua lunga guerra contro i Longobardi e nelle sue visite al papa. Nei luoghi di tappa dei pellegrinaggi i giullari cantavano le gesta dei paladini a un pubblico che riconosceva quei personaggi come familiari.

In Italia, questi giullari non erano solo quelli venuti di Francia; c'erano giullari veneti, che manipolavano i versi francesi dei cantari in un linguaggio più vicino ai dialetti della pianura padana; nacque tra il Duecento e il Trecento una letteratura «franco-veneta» che traduceva i cicli francesi e li arricchiva di nuove gesta. Poco più tardi cominciarono le traduzioni in toscano: alle monotone lasse a una sola rima, i toscani sostituirono una strofa narrativa dal ritmo ampio e movimentato: l'ottava.

Di Roland la tradizione francese non dice se non l'ultima battaglia e la morte. Tutto il resto della sua vita, nascita, albero genealogico, infanzia giovinezza avventure prima di Roncisvalle, egli le troverà, sotto il nome di Orlando, in Italia. Viene così stabilito che suo padre è Milone di Clermont (o Chiaromonte) alfiere di re Carlo, e sua madre è Berta, la sorella del sovrano. Avendo Milone sedotto la fanciulla, per sfuggire alle ire del regale cognato, la rapisce e fugge in Italia. Secondo alcune fonti Orlando nasce in

...QUESTI GIULLARI NON ERANO SOLO QUELLI VENUTI DI FRANCIA...

Romagna, a Imola, secondo altre a Sutri, nel Lazio: che sia italiano non c'è dubbio. E per di più, gli vengono attribuiti i titoli di Gonfaloniere di Santa Chiesa e Senatore romano.

Con tutto questo, non è che diventi un «personaggio» nel senso moderno della parola. Figura austeramente esemplare in Turoldo e nello pseudo-Turpino (che ne fa un fanatico della castità: non ha mai avvicinato una donna, neppure sua moglie), tale resta nei cantari italiani, con una accentuazione melanconica e una sgradita caratterizzazione fisica: ha gli occhi strabici.

A rivaleggiare con Orlando investito di troppe alte responsabilità, prende rilievo suo cugino Rinaldo di Chiaromonte (il Renaud d'una gesta francese), paladino avventuroso e spirito ribelle, indocile perfino all'autorità di Carlomagno. Nell'epica popolare italiana non tarderà a diventare l'eroe favorito. Nella crescita di Rinaldo al rango di protagonista e nel parallelo abbassamento di Carlomagno a un personaggio quasi comico di vecchio un po' rimbambito, gli storici vedono rispecchiato lo spirito d'autonomia dei feudatari vassalli o dei Comuni guelfi verso l'autorità imperiale, certo è che ambedue le caratterizzazioni servono per prima cosa a dar movimento alla narrazione.

Nell'inimicizia dei valorosi e leali Chiaromontesi contro la perfida schiatta dei Maganzesi, i cantari rintracciano gli antecedenti del tradimento di Gano a Roncisvalle. Questo tema principale viene svolto sullo sfondo della mitica conquista della Spagna da parte di Carlomagno, anacronismo che viene controbilanciato da un altro anacronismo

SECONDO
ALCUNE FONTI
ORLANDO
NASCE IN
ROMAGNA...

simmetrico: le armate saracene penetrano in terra di Francia ancor più profondamente che ai tempi di Carlo Martello, fino alle mura di Parigi stretta in un lungo assedio dagli infedeli. Accanto a questi motivi, l'epopea cavalleresca italiana fa posto anche alle guerre tra Franchi e Longobardi, e a favolose avventure dei paladini in Oriente, e ai loro amori con principesse maomettane.

C'ERA ANCHE IL «CICLO DI BRETAGNA» CHE TRATTAVA DI RE ARTÙ, DELLA TAVOLA ROTONDA...

Il *tempo* in cui si svolgono le gesta dei cantari è insomma un concentrato di tutti i tempi e le guerre, soprattutto di quelli della sfida tra Islam ed Europa cristiana, da Carlo Martello a Luigi IX il Santo. Ed è proprio quando le Crociate con la loro pressione propagandistica e il loro peso militare non fanno più parte dell'attualità, che duelli e battaglie tra paladini e infedeli diventano una pura materia narrativa, emblema d'ogni contesa d'ogni magnanimità d'ogni avventura, e l'assedio dei mori a Parigi un mito come quello della guerra di Troia.

Man mano che s'estendeva nei castelli e nelle città un pubblico capace di leggere che non fosse formato solo di dotti e di prelati, si diffusero – accanto ai cantari in versi, composti perché venissero recitati o cantati – anche brevi romanzi in prosa prima in francese e poi in toscano. I romanzi in prosa non riferivano soltanto le vicende del ciclo carolingio: c'era anche il «ciclo di Bretagna» che trattava di re Artù, della Tavola Rotonda, della ricerca del Santo Gral, degli incantesimi del Mago Merlino, degli amori di Ginevra, di Isotta. Questo mondo di storie magiche e amorose ebbe in Francia grande popolarità (e di là passò in Inghilterra), tanto da soppiantare l'austero ciclo carolingio. In Italia invece fu soprattutto lettura delle corti nobiliari e delle dame; il popolo restava fedele a Orlando, a Gano, a Rinaldo. I duelli tra paladini e mori erano entrati da noi a far parte di quel deposito culturale estremamente conservatore che è il folklore.

Tanto che nell'Italia meridionale questa fortuna popolare continuò fino ai nostri giorni coi cantastorie a Napoli (almeno fino al secolo scorso), col Teatro dei Pupi in Sicilia (che ancor oggi sopravvive) e con le pitture sulle fiancate dei carretti siciliani. Il repertorio del Teatro dei Pupi, che attingeva ai cantari, ai poemi cinquecenteschi e a compilazioni ottocentesche, comprendeva storie cicliche che venivano rappresentate a puntate, e continuavano per mesi e mesi, fino a un anno e più.

E quando con l'istruzione obbligatoria cominciò a circolare qualche libro nelle campagne italiane, tradizionalmente poco avvezze alla lettura, il più letto fu una cronaca, variamente ammodernata e raffazzonata, che era stata scritta tra il Trecento e il Quattrocento, *I Reali di Francia*, compilazione in prosa delle gesta del ciclo carolingio, opera d'un cantastorie toscano, Andrea da Barberino.

2. Come Orlando s'innamora

Tra gli intellettuali e le produzioni artistiche popolari c'è sempre stato (e c'è più che mai nel nostro secolo, con le moderne forme di «cultura di massa» e soprattutto il cinema) un rapporto mutevole: dapprima di rifiuto, di sufficienza sdegnosa, poi d'interesse ironico, poi di scoperta di valori che invano si cercano altrove. Finisce che l'uomo colto, il poeta raffinato s'appropria di ciò che era divertimento ingenuo, e lo trasforma.

Così fu della letteratura cavalleresca nel Rinascimento. Quasi contemporaneamente, nella seconda metà del XV secolo, nelle due corti più raffinate d'Italia, quella dei Medici di Firenze e quella degli Este di Ferrara, la fortuna delle storie di Orlando e di Rinaldo risalì dalle piazze agli ambienti colti. A Firenze fu ancora un poeta un po' alla buona, Luigi Pulci (1432-84) che (pare su commissione della madre di Lorenzo il Magnifico) mise in rima avventure già note ma con un proposito caricaturale. Tanto che il suo poema prese nome non dai paladini protagonisti, ma da una delle grottesche figure di contorno, *Morgante*, un gigante vinto da Orlando e diventato suo scudiero.

A Ferrara, un dignitario della corte estense, Matteo Maria Boiardo conte di Scandiano (1441-94) si rivolse alla epopea cavalleresca con uno spirito distaccato anch'egli ma venato dalla malinconica nostalgia di chi, scontento del suo tempo, cerca di far rivivere i fantasmi del passato. Alla corte di Ferrara erano molto letti i romanzi del ciclo brètone, tutti incantesimi, draghi, fate, prove solitarie di cavalieri erranti; la contaminazione tra queste vicende fiabesche e l'epica carolingia era già avvenuta in qualche poema francese e in molti

ALLA CORTE DI FERRARA ERANO MOLTO LETTI I ROMANZI DEL CICLO BRETONE TUTTI INCANTESIMI, DRAGHI, FATE...

cantari italiani, in Boiardo i due filoni hanno il loro primo incontro con la cultura umanistica che tende a ricongiungersi, al di là del Medioevo, ai classici dell'antichità pagana. I mezzi tecnici del poeta sono però ancora primitivi, la vitalità generosa che i suoi versi comunicano viene in gran parte dal loro sapore acerbo. L'*Orlando Innamorato*, lasciato incompiuto alla morte dell'autore, è un poema dalla versificazione rozza, scritto in un italiano incerto e che sconfina di continuo nel dialetto. La sua fortuna fu anche la sua sfortuna; l'amore che altri poeti gli tributarono fu tanto carico di sollecitudine a portargli aiuto, come a creatura inadatta a vivere con le sue forze, che finì per farlo eclissare e scomparire dalla circolazione. Nel Cinquecento, ristabilitosi il primato dell'uso toscano nella lingua letteraria, il Berni riscrisse tutto l'*Orlando Innamorato* in «buona lingua», e per tre secoli il poema non fu ristampato se non in questo rifacimento, finché nell'Ottocento non fu riscoperto il testo autentico, il cui valore per noi sta proprio in ciò che i puristi censuravano: l'essere un monumento dell'italiano *diverso* che nasceva dai dialetti della pianura padana.

Ma soprattutto l'*Innamorato* fu oscurato dal *Furioso* cioè dalla continuazione che Ludovico Ariosto intraprese a scrivere una decina d'anni dopo la morte del Boiardo, una continuazione che fu subito tutt'altra cosa: dalla ruvida scorza quattrocentesca il Cinquecento esplode come una lussureggiante vegetazione carica di fiori e di frutti.

Questa fortuna-sfortuna continua: eccoci qui

...PROVE SOLITARIE DI CAVALIERI ERRANTI...

a parlare dell'*Innamorato* solo come d'un «ante-fatto» al *Furioso*, a sbrigarcene come in un «rias-sunto delle puntate precedenti». Sappiamo di fare cosa sbagliata e ingiusta: i due poemi sono due mondi indipendenti, eppure non possiamo farne a meno.

L'Orlando della tradizione, come s'è detto, aveva tra i suoi pochi tratti psicologici quello d'es-sere casto e inaccessibile alle tentazioni amoro-se. La «novità» del Boiardo fu di presentare un *Orlando Innamorato*. Per catturare i paladini cri-stiani, e soprattutto i due cugini campioni, Orlan-do e Rinaldo, Galafrone re del Cataio (ossia della Cina) ha mandato a Parigi i suoi due figli: An-gelica, bellissima ed esperta nelle arti magiche, e Argalìa, guerriero dalle armi fatate e dall'elmo a prova d'ogni lama. Come se non bastasse han-no anche un anello che rende invisibili.

Argalìa lancia una sfida: chi riuscirà a disar-cionarlo avrà sua sorella, e chi sarà disarciona-to da lui diventerà suo schiavo. Appena vedono Angelica, tutti i cavalieri presenti, cristiani e infe-deli (è la tregua di Pasqua e sono tutti convenu-ti a un torneo), s'innamorano, perfino re Car-lo perde la testa. Argalìa dopo una serie di duelli fortunati, viene ucciso dal sarace-no Ferraù (qui chiamato Feraguto) ma a contendere la bella preda al vincito-re sopraggiunge Orlando. Angelica ne approfitta per fuggire, rendendosi invi-sibile, invano inseguita da Rinaldo (qui chiamato Ranaldo o Rainaldo). Fuggen-do, Angelica, assetata, beve a una fon-tana magica: è la fonte dell'amore; la bella s'innamora di Rinaldo. Rinaldo beve anche lui a una fontana incantata, ma è quella del disamore: da innamorato che era diventa nemico di Angelica e la sfugge. Angelica, che non può vivere senza Rinaldo, lo fa rapire da una barca fatata, ma lui non ne vuol sapere e dopo varie avventure da un'isola all'altra riesce a sfuggirle. Ritiratasi nel Cataio, nella fortezza di Albraca o Albracà, Angelica viene assediata da Agricane re dei Tartari e da Sacripante re dei Circassi, anch'essi innamorati sfortunati. Il primo ha la meglio, ma in difesa di Angelica accorre Orlando, sempre innamorato e sfuggito ad altri incantesimi. Duella un giorno e una notte con Agricane e l'uccide. Questo duello (libro primo, canti XVIII-XIX) è giustamente l'episodio più ammirato del poema: a un certo punto, stanchi di duellare i due campioni si sdraiano sull'erba a guardare le stelle: Orlando parla di Dio ad Agricane che rimpiange d'esser sempre stato un grande ignorante; ripreso il duello all'alba, Agricane ferito a morte chiederà il battesimo al suo avversario.

Raccontare le battaglie e i duelli attorno ad Albracà è difficile perché si sovrappongono sempre nuovi eserciti e nuovi campioni, tra i quali Galafrone padre d'Angelica che vuol vendicare il figlio ucciso, Marfisa regina delle Indie che non si toglie mai le armi di dosso, e combattono allo stesso tempo ognuno una sua guerra particolare, con frequenti scambi di nemici e d'alleati. Arriva anche Rinaldo, odiando Angelica, per impedire al cugino Orlando di perdersi dietro quella vana passione. Angelica si fa difendere da Orlando (il quale, da quel perfetto cavaliere che è, si guarda bene dal toccarla) ma pensa solo a salvare la vita di Rinaldo dalla gelosia (immotivata) di Orlando. Innumerevoli storie secondarie di fate e giganti e incantesimi si diramano dalle vicende principali: per esempio Angelica riesce a distogliere Orlando dalla contesa contro Rinaldo incaricandolo della difficile impresa di sfatare un giardino incantato.

Mentre i paladini scorazzano per l'Oriente, la Francia è insidiata da sempre nuove invasioni. Prima era stato Gradasso re di Sericana che era riuscito a far prigioniero lo stesso re Carlo, ed era stato poi sconfitto da Astolfo, entrato in possesso, senza darsene conto, della lancia fatata del defunto Argalìa. Poi è Agramante re d'Africa che fa sbarcare re Rodomonte (qui chiamato Rodamonte) in Provenza e fa scavalcare i Pirenei a re Marsilio (su istigazione del solito Gano di Maganza). Rinaldo torna a dar man forte a Carlo in pericolo, e Angelica gli corre dietro facendosi seguire da Orlando. Passano davanti alle due fontane incantate, e stavolta è Angelica che beve alla fonte dell'odio e Rinaldo a quella dell'amore. Orlando e Rinaldo sono di nuovo rivali; in un momento tanto grave per le armi cristiane i due cugini non pensano che alla loro contesa.

Re Carlo allora si propone come arbitro: Angelica sarà tenuta in custodia dal vecchio duca Namo di Baviera e verrà assegnata a quello dei due campioni che avrà più valorosamente combattuto contro gli infedeli. È a Montalbano presso i Pirenei che avviene la battaglia decisiva: decisiva soprattutto perché – sebbene il poema di Boiardo continui ancora per qualche canto narrando l'assedio di Parigi – è da questa battaglia che Ariosto prenderà le mosse del suo poema riallacciando le fila dei vari personaggi. E decisiva anche perché è in questa battaglia che Ruggiero, cavaliere saraceno discendente da Ettore di Troia, incontra la guerriera cristiana Bradamante (qui chiamata Bradiamonte o Bradiamante o Brandimante o Brandiamante) sorella di Rinaldo, e da nemici che erano si ritrovano innamorati.

L'episodio è importante perché era intento del Boiardo (pare su esplicita commissione di Ercole I d'Este) convalidare la leggenda che la Casa d'Este traesse origine dalle nozze di Ruggiero di Risa e Bradamante di Chiaramonte. A quel tempo una genealogia, anche se immaginaria, aveva grande peso: i nemici degli Estensi avevano diffuso la diceria che i signori di Ferrara discendevano dall'infame traditore Gano di Maganza; bisognava correre ai ripari. Boiardo introdusse questo motivo genealogico quando il suo poema era già molto avanti, e non ebbe tempo di svilupparlo; toccherà ad Ariosto portarlo a compimento. Ma nel frattempo a Ercole I, che pareva ci tenesse molto, erano successi i figli, Alfonso I e il cardinale Ippolito, che di queste fantasie poco si curavano. E Ariosto, del resto, non aveva certo lo spirito del cortigiano adulatore; pure tenne fede al compito che s'era prefisso con scrupoloso impegno. Aveva le sue buone ragioni per farlo. Primo, che era un motivo narrativo di prim'ordine: i due innamorati che sono leali combattenti di due eserciti nemici e perciò non riescono mai a tradurre in realtà il destino nuziale che è stato loro as-

È a Montalbano presso i Pirenei che avviene la battaglia decisiva...

Per più d'un secolo Ferrara fu la capitale della poesia epica...

18

segnato; e secondo, che questo lo portava a legare il tempo mitico della cavalleria con le vicende contemporanee, col presente di Ferrara e dell'Italia.

3. Il saggio Ludovico e Orlando matto

Per più d'un secolo Ferrara fu la capitale della poesia epica. I tre maggiori poemi del Rinascimento – l'*Orlando Innamorato,* l'*Orlando furioso,* e pure la *Gerusalemme Liberata* del sorrentino Torquato Tasso – nacquero alla corte degli Estensi.

Perché questa terra padana fu tanto feconda d'ottave risonanti colpi di lancia e scalpitio di destrieri? In così imponderabile materia nessun tentativo di spiegazione sarà mai esauriente, ma alcuni dati di fatto possono esser tenuti presenti: quella ferrarese era una società ricca, portata al lusso, gaudente; era una società colta, che aveva fatto della propria università un importante centro di studi umanistici ed era soprattutto una società militare, che s'era costruito e difeso un suo Stato, tra Venezia e Stato della Chiesa e Ducato di Milano: una fetta di territorio ragguardevole, situata nel cuore di quel campo di perpetua guerra europea che era allora la pianura del Po, e perciò parte in causa in tutte le contese tra Francia e Spagna per la supremazia sul continente. Ma nell'epoca di Francesco I e Carlo V è il nuovo tipo di grande Stato accentratore che prende forma, mentre l'ideale italiano della città-principato è in declino. L'*Orlando furioso* nasce in una Ferrara in cui la gloria guerriera è ancora il fondamento d'ogni valore, ma che ormai sa d'essere solo una pedina d'un gioco diplomatico e militare molto più grosso. Il poema si sdoppia continuamente su due piani temporali: quello della favola cavalleresca e quello del presente politico-militare, una corrente d'impulsi vitali si trasmette dal tempo dei paladini (dove ormai il fondo epico-storico carolingio sparisce assorbito dall'arabesco fantastico) alle guerre italiane cinquecentesche (dove all'apologia delle imprese estensi sempre più vanno sovrapponendosi gli accenti d'amarezza per gli strazi dell'Italia invasa).

Chi è questo Ludovico Ariosto che alle gesta cavalleresche non crede eppure investe tutte le sue forze, le sue passioni il suo desiderio di perfezione a rappresentare scontri di paladini e d'infedeli in un poema lavorato con cura minuziosa? Chi è questo poeta che soffre di come il mondo è e di come non è e potrebbe essere, eppure lo rappresenta come uno spettacolo multicolore e multiforme da contemplare con ironica saggezza?

Figlio di un ufficiale del duca di Ferrara e d'una gentildonna reggiana, Ludovico Ariosto nacque a Reggio Emilia nel 1474, studiò a Ferrara, e sui trent'anni s'impiegò come segretario del cardinale Ippolito d'Este, fratello del duca Alfonso I. Compì per incarico del cardinale frequenti viaggi e ambascerie nelle capitali vicine, Mantova, Modena, Milano, Firenze, e fu varie volte a Roma a trattare le questioni dei difficili rapporti di Ferrara con il papa (prima Giulio II e poi Leone X).

CHI È QUESTO
LUDOVICO ARIOSTO
CHE ALLE GESTA
CAVALLERESCHE
NON CREDE
EPPURE...

Una vita non di uomo di corte, insomma, ma di funzionario a cui venivano affidati incarichi diplomatici di responsabilità e fiducia, talvolta andando incontro a pericoli e avventure (nel tempo in cui papa Giulio II era nemico degli Estensi). Anni movimentati e faticosi in mezzo ai quali pure Ariosto seppe ricavare il tempo o la concentrazione necessari per comporre l'*Orlando furioso*, oltre a liriche, commedie e sette *satire* che ci danno il miglior ritratto del carattere del poeta e ci raccontano le delusioni e le parche soddisfazioni della sua vita.

Nel 1518, anziché seguire il cardinale Ippolito nominato vescovo di Budapest, Ariosto passò al servizio del duca Alfonso. Servizio ancor più duro del primo, perché comportò tre anni di soggiorno nelle montagne della Garfagnana Estense, con l'incarico di governatore, cioè con un'autorità più formale che effettiva per far rispettare la legge in un mondo spietato di soperchierie feudali quali erano allora le selvatiche vallate dell'Appennino. Solo dal 1525 al 1533, anno della sua morte, riuscì ad avere un'esistenza più tranquilla, di nuovo a Ferrara, sovrintendente agli spettacoli di corte.

Per trent'anni la sua vera vita fu il *Furioso*. Cominciò a scriverlo verso il 1504, e si può dire che continuò sempre a lavorarci, perché un poema come questo non può mai dirsi finito. Dopo averlo pubblicato in una prima edizione in quaranta canti nel 1516, Ariosto cercò di dargli un seguito, che restò tronco (i cosiddetti *Cinque canti* pubblicati postumi): l'inventiva, la felicità del primo slan-

Una vita non da uomo di corte, insomma, ma di funzionario...

cio creativo sembravano perdute. Continuò ad attendere alla politura e messa a punto della lingua e della versificazione dei quaranta canti, lavoro visibile già nella seconda edizione del 1521, senz'aggiunte. Il vero modo di allargare un poema dalla struttura policentrica e sincronica come il *Furioso*, con vicende che si diramano in ogni direzione e s'intersecano e biforcano di continuo, era il dilatarlo dall'interno, facendo proliferare episodi da episodi, creando nuove simmetrie e nuovi contrasti. In questo modo certamente il poema s'era costruito fin dal principio, e in questo modo l'autore continuò ad ampliarlo fino alla vigilia della sua morte: l'edizione definitiva, in quarantasei canti, è del 1532.

Tema principale del poema è come Orlando divenne...matto Furioso...

Tema principale del poema è come Orlando divenne, da innamorato sfortunato d'Angelica, matto furioso, e come le armate cristiane, per l'assenza del loro primo campione rischiarono di perdere la Francia, e come la ragione smarrita dal folle (il recipiente che conteneva il suo senno) fu ritrovata da Astolfo sulla Luna e ricacciata in corpo al legittimo proprietario permettendogli di riprendere il suo posto nei ranghi. Tema parallelo è quello degli ostacoli che si sovrappongono al compiersi del destino nuziale di Ruggiero e Bradamante, finché il primo non riesce a passare dal campo saraceno a quello franco, a ricevere il battesimo e sposare la seconda. I due motivi principali s'intrecciano alla guerra tra Carlo e Agramante in Francia e in Africa, alle stragi di Rodomonte in Parigi assediata dai Mori, alle di-

scordie in campo d'Agramante, fino alla resa dei
conti tra il fior fiore dei campioni dell'uno e dell'altro campo (canto I, 1-4).

CANTO I

1 Le donne, i cavallier, l'arme, gli amori,
le cortesie, l'audaci imprese io canto[1],
che furo al tempo che passaro i Mori
d'Africa il mare, e in Francia nocquer tanto[2],
seguendo l'ire e i giovenil furori
d'Agramante[3] lor re, che si diè vanto
di vendicar la morte di Troiano
sopra re Carlo imperator romano[4].

2 Dirò d'Orlando[5] in un medesmo tratto
cosa[6] non detta in prosa mai né in rima:
che per amor venne in furore e matto[7],
d'uom che sì saggio era stimato prima;
se da colei[8] che tal[9] quasi m'ha fatto,
che 'l poco ingegno ad or ad or mi lima[10]
me ne sarà però tanto concesso,
che mi basti a finir quanto ho promesso.

3 Piacciavi, generosa[11] Erculea prole[12],
ornamento e splendor del secol nostro,
Ippolito, aggradir questo che vuole
e darvi sol può l'umil servo vostro.
Quel ch'io vi debbo, posso di parole
pagare in parte, e d'opera d'inchiostro;
né che poco io vi dia da imputar sono;
che quanto io posso dar, tutto vi dono.

4 Voi sentirete fra i più degni eroi,
che nominar con laude m'apparecchio,
ricordar quel Ruggier[13], che fu di voi
e de' vostri avi illustri il ceppo vecchio.
L'alto valore e' chiari gesti[14] suoi

22

vi farò udir, se voi mi date orecchio,
e vostri alti pensier[15] cedino[16] un poco,
sì che tra lor miei versi abbiano loco.

Orlando continua a essere un personaggio allo stesso tempo centrale e distante; come era fuori della misura umana
nella virtù, immune dalle passioni secondo i cantari popolari, innamorato
che reprime ogni tentazione secondo
il Boiardo, qui esce dalla misura umana (dopo averla attraversata nei dubbi e nelle angosce della gelosia) per entrare nella bestialità più cieca. In questa
nuova inattesa incarnazione d'ossesso ignudo che sradica le querce, Orlando diventa, se non
un vero e proprio personaggio, certo un'immagine poetica vivente, quale non era mai stato nella lunga serie di poemi che lo rappresentavano
con elmo ed armatura.

In questa nuova inattesa incarnazione d'ossesso...

23

Occorre dire che gli eroi del *Furioso*, benché
siano sempre ben riconoscibili, non sono mai dei
personaggi a tutto tondo; perfino in Boiardo, poeta
e narratore tanto meno elaborato, c'era più impegno nella caratterizzazione; ad Ariosto, che pur ha
la finezza d'un pittore di miniature, è il vario movimento delle energie vitali che sta a cuore, non
la corposità dei ritratti individuali. Per esempio,
Astolfo l'inglese, che fu inventato – si può dire –
dal Boiardo come personaggio eroicomico a cui
fortune e sfortune capitano quasi per caso, in
Ariosto diventa uno dei centri motori del poema
ma perde quel tanto di connotati psicologici che
aveva nell'*Innamorato*. Mai che ci riveli nulla di

sé, di cosa pensa e cosa sente, eppure – anzi, forse proprio per questo – l'anima ariostesca (questa presenza che non si lascia mai acchiappare e definire) è riconoscibile soprattutto in lui, esploratore lunare che non si meraviglia mai di nulla, che vive circondato dal meraviglioso e si vale di oggetti fatati, libri magici, metamorfosi e cavalli alati con la leggerezza d'una farfalla ma sempre per raggiungere fini di pratica utilità e del tutto razionali.

4. Cristiani e infedeli

Il difetto d'ogni preambolo all'*Orlando furioso* è che se si comincia col dire: è un poema che fa da continuazione a un altro poema, il quale continua un ciclo d'innumerevoli poemi, i quali alla loro volta traggono origine da un poema capostipite... il lettore si sente subito scoraggiato: se prima d'intraprendere la lettura dovrà mettersi al corrente di tutti i precedenti, e dei precedenti dei precedenti, quando riuscirà mai ad incominciarlo, il poema d'Ariosto? In realtà, ogni preambolo si rivela subito superfluo: il *Furioso* è un libro unico nel suo genere e può – quasi direi deve – esser letto senza far riferimento a nessun altro libro precedente o seguente; è un universo a sé in cui si può viaggiare in lungo e in largo, entrare, uscire, perdercisi.

Che l'autore faccia passare la costruzione di questo universo per una continuazione, un'appendice, un'aggiunta a un'opera altrui, è un segno della straordinaria discrezione di Ariosto, un esempio di quello che gli inglesi chiamano *understatement* cioè lo speciale spi-

Mai che ci riveli nulla di sé, di cosa pensa e cosa sente...

rito di autoironia che porta a minimizzare le cose grandi e importanti.

Dell'antefatto, lettori e autore possono sbrigarsi in poche strofe (canto I, 5-9):

5   Orlando, che gran tempo inamorato[17]
fu de la bella Angelica[18], e per lei
in India, in Media, in Tartaria[19] lasciato
avea infiniti et immortal trofei,
in Ponente con essa era tornato,
dove sotto i gran monti Pirenei
con la gente di Francia e de Lamagna[20]
re Carlo era attendato alla campagna[21],

6   per far al re Marsilio[22] e al re Agramante
battersi ancor del folle ardir la guancia[23],
d'aver condotto, l'un[24], d'Africa quante
genti erano atte a portar spada e lancia;
l'altro[25], d'aver spinta la Spagna inante
a destruzion del bel regno di Francia.
E così Orlando arrivò quivi a punto[26]:
ma tosto si pentì d'esservi giunto;

7   che vi fu tolta[27] la sua donna poi:
ecco il giudicio uman come spesso erra!
Quella che dagli esperii ai liti eoi[28]
avea difesa con sì lunga guerra,
or tolta gli è fra tanti amici suoi,
senza spada adoprar, ne la sua terra.
Il savio imperator, ch'estinguer vòlse
un grave incendio, fu che gli la tolse.

8   Nata pochi dì inanzi era una gara
tra il conte Orlando e il suo cugin Rinaldo[29];
che ambi avean per la bellezza rara
d'amoroso disio l'animo caldo.
Carlo, che non avea tal lite cara,

Un esempio di quello che gli inglesi chiamano *understatement* cioè lo speciale spirito di autoironia...

che gli rendea l'aiuto lor men saldo,
questa donzella, che la causa n'era,
tolse, e diè in mano al duca di Bavera[30];

9   in premio promettendola a quel d'essi
ch'in quel conflitto, in quella gran giornata[31],
degli infideli più copia uccidessi,
e di sua man prestassi opra più grata.
Contrari ai voti poi furo i successi[32];
ch'in fuga andò la gente battezzata,
e con molti altri fu 'l duca prigione[33],
e restò abbandonato il padiglione[34].

Detto questo, non resta che seguire Angelica che fugge al galoppo per il bosco, figurina di profilo disegnata sullo sfondo finito d'un arazzo. Intorno a lei vorticano tre cavalieri che si chiamano Rinaldo, Ferraù, Sacripante, ma che potrebbero avere anche nomi diversi, dato che qui la loro funzione è solo quella d'eseguire giravolte e schermaglie come in un balletto. Del resto, nessuno dei tre cavalieri che compaiono nel primo canto sarà nel seguito del poema un personaggio di rilievo, neppure Rinaldo, le cui imprese e il cui valore daranno materia a molti episodi del *Furioso*, ma restando sempre una figura accessoria. Essi sono innanzi tutto personaggi dell'*Orlando Innamorato* che, sulla soglia del nuovo poema, vengono quasi a chiedere il permesso di ritirarsi in seconda fila per lasciare il passo a una costellazione di protagonisti disposta in un diverso ordine d'importanza (canto I, 10-23).

non resta
che seguire
Angelica...

10 Dove[35], poi che rimase la donzella
    ch'esser dovea del vincitor mercede,
    inanzi al caso era salita in sella,
    e quando bisognò le spalle diede[36],
    presaga che quel giorno esser rubella[37]
    dovea Fortuna alla cristiana fede:
    entrò in un bosco e ne la stretta via
    rincontrò un cavallier ch'a piè venìa.

Del resto, nessuno dei tre cavalieri che compaiono nel Primo canto sarà nel seguito del poema...

11 Indosso la corazza, l'elmo in testa,
    la spada al fianco, e in braccio avea lo scudo;
    e più leggier[38] correa per la foresta,
    ch'al pallio[39] rosso il villano mezzo ignudo.
    Timida pastorella mai sì presta[40]
    non volse piede inanzi a serpe crudo,
    come Angelica tosto il freno torse[41],
    che del guerrier, ch'a piè venìa, s'accorse.

12 Era costui quel paladin gagliardo,
    figliuol d'Amon, signor di Montalbano[42],
    a cui pur dianzi[43] il suo destrier Baiardo
    per strano caso uscito era di mano.
    Come alla donna egli drizzò lo sguardo,
    riconobbe, quantunque di lontano,
    l'angelico sembiante e quel bel volto
    ch'all'amorose reti il tenea involto.

13 La donna il palafreno[44] a dietro volta,
    e per la selva a tutta briglia il caccia;
    né per la rara più che per la folta[45],
    la più sicura e miglior via procaccia:
    ma pallida, tremando, e di sé tolta[46],
    lascia cura al destrier che la via faccia.
    Di su di giù, ne l'alta selva fiera[47]
    tanto girò, che venne a una riviera[48].

14 Su la riviera Ferraù[49] trovosse
    di sudor pieno e tutto polveroso.

perché, de l'acqua
ingordo e frettoloso,
l'elmo nel fiume
si lasciò cadere

Da la battaglia dianzi lo rimosse
un gran disio di bere e di riposo;
e poi, mal grado suo, quivi fermosse,
perché, de l'acqua ingordo e frettoloso,
l'elmo nel fiume si lasciò cadere,
né l'avea potuto anco rïavere.

15   Quanto potea più forte[50], ne veniva
gridando la donzella ispaventata.
A quella voce salta in su la riva
il Saracino, e nel viso la guata;
e la conosce subito ch'arriva,
ben che di timor pallida e turbata,
e sien più dì che non n'udì novella,
che senza dubbio ell'è Angelica bella.

16   E perché era cortese, e n'avea forse
non men dei dui cugini[51] il petto caldo,
l'aiuto che potea, tutto le porse,
pur come avesse l'elmo, ardito e baldo:
trasse la spada, e minacciando corse
dove poco di lui temea Rinaldo.
Più volte[52] s'eran già non pur veduti,
m'al paragon[53] de l'arme conosciuti.

17   Cominciâr quivi una crudel battaglia,
come a piè si trovâr, coi brandi ignudi:
non che le piastre e la minuta maglia[54],
ma ai colpi lor non reggerian gl'incudi[55].
Or, mentre l'un con l'altro si travaglia,
bisogna al palafren che 'l passo studi[56];
che quanto può menar de le calcagna,
colei lo caccia al bosco e alla campagna.

18   Poi che s'affaticâr gran pezzo invano
i duo guerrier per por l'un l'altro sotto,
quando[57] non meno era con l'arme in mano
questo di quel, né quel di questo dotto;

fu primiero il signor di Montalbano,
ch'al cavallier di Spagna fece motto,
sì come quel c'ha nel cor tanto fuoco,
che tutto n'arde e non ritrova loco[58].

19   Disse al pagan: – Me sol creduto avrai[59],
e pur avrai te meco ancora offeso:
se questo[60] avvien perché i fulgenti rai
del nuovo sol t'abbino il petto acceso,
di farmi qui tardar che guadagno hai?
che quando ancor tu m'abbi morto o preso,
non però tua la bella donna fia;
che, mentre noi tardiam[61], se ne va via.

20   Quanto fia meglio, amandola tu ancora,
che tu le venga a traversar la strada,
a ritenerla e farle far dimora,
prima che più lontana se ne vada!
Come l'avremo in potestate, allora
di ch'esser de' si provi con la spada:
non so altrimenti, dopo un lungo affanno,
che possa riuscirci altro che danno. –

21   Al pagan la proposta non dispiacque:
così fu differita la tenzone;
e tal tregua tra lor subito nacque,
sì l'odio e l'ira va in oblivïone,
che 'l pagano al partir da le fresche acque
non lasciò a piedi il buon figliol d'Amone:
con preghi invita[62], e al fin toglie in groppa,
e per l'orme d'Angelica galoppa.

22   Oh gran bontà de' cavallieri antiqui!
Eran rivali, eran di fé diversi,
e si sentian degli aspri colpi iniqui
per tutta la persona anco dolersi;
e pur per selve oscure e calli obliqui
insieme van senza sospetto aversi[63].

..la bella donna fia
che,mentre noi tardiam
se ne va via.

Da quattro sproni il destrier punto arriva
ove una strada in due si dipartiva.

23   E come quei che non sapean se l'una
o l'altra via facesse la donzella
(però che senza differenzia alcuna
apparia in amendue l'orma novella[64]),
si messero ad arbitrio di fortuna,
Rinaldo a questa, il Saracino a quella[65].
Pel bosco Ferraù molto s'avvolse[66],
e ritrovossi al fine onde si tolse[67].

IL DIVERSO
COLORE
DEI PEZZI
IN UNA
SCACCHIERA

L'essere «di fé diversi» non significa molto di
più, nel *Furioso*, che il diverso colore dei pezzi in
una scacchiera. I tempi delle Crociate in cui il ciclo dei Paladini aveva assunto un valore simbolico di lotta per la vita e per la morte tra
la Cristianità e l'Islam, sono lontani. In
verità nessun passo avanti sembra si sia
fatto per comprendere gli «altri», gli «infedeli», i «Mori»: si continua a parlare dei
Maomettani come di «pagani» e adoratori di
idoli, si attribuisce loro il culto d'una strampalata
trinità mitologica (Apollo, Macone e Trivigante).
Però essi sono rappresentati su un piano di pa-
rità con i Cristiani per quel che riguarda il valore e la civiltà; e senza quasi nessuna caratterizzazione esotica, o notazione di costumi diversi da
quelli d'Occidente. (Notazioni esotiche che pur
erano presenti in Boiardo, il quale rappresenta-
va i Saracini sdraiati «*come mastini – Sopra a tapeti; come è lor usanza – Sprezzando seco il costume
di Franza*».) Sono dei signori feudali tal quale i
cavalieri cristiani, e neanche li distingue la con-
venzionale differenziazione delle uniformi negli

eserciti moderni, perché qui gli avversari si contendono e scambiano sempre le stesse corazze e elmi e armi e cavalcature.

In realtà «i Mori» sono un'entità fantastica per la quale non vale alcun riferimento storico o geografico. Ma non un'entità astratta: anzi, si direbbe che nel «campo nemico» tutto sia più concreto e caratterizzato e corposo, a cominciare dal diretto antagonista d'Orlando: Rodomonte.

Gli storici della letteratura hanno molto discusso su quale era l'atteggiamento di Ariosto verso il passato medievale che è la materia del suo poema, e in particolare verso la cavalleria. Pur vedendo le gesta dei suoi eroi attraverso l'ironia e la trasfigurazione favolosa, egli non tende mai a sminuire le virtù cavalleresche, non abbassa mai la statura umana che quegli ideali presuppongono, anche se a lui ormai pare non resti altro che farne pretesto per un gioco grandioso e appassionante.

Ariosto sembra un poeta limpido, ilare e senza problemi, eppure resta misterioso: nella sua ostinata maestria a costruire ottave su ottave sembra occupato soprattutto a nascondere se stesso. Egli è certo lontano dalla tragica profondità che avrà Cervantes, quando un secolo dopo, nel *Don Chisciotte*, compirà la dissoluzione della letteratura cavalleresca. Ma tra i pochi libri che si salvano, quando il curato e il barbiere danno alle fiamme la biblioteca che ha condotto alla follia l'hidalgo della Mancia c'è il *Furioso…*

...lontano dalla tragica profondità che avrà Cervantes...

5. L'ottava

Dall'inizio l'*Orlando furioso* si annuncia come il poema del movimento, o meglio, annuncia il particolare tipo di movimento che lo percorrerà da cima a fondo, movimento a linee spezzate, a zig zag. Potremmo tracciare il disegno generale del poema seguendo il continuo intersecarsi e divergere di queste linee su una mappa d'Europa e d'Africa, ma già basterebbe a definirli il primo canto tutto inseguimenti, disguidi, fortuiti incontri, smarrimenti, cambiamenti di programma.

È con questo zig zag tracciato dai cavalli al galoppo e dalle intermittenze del cuore umano che veniamo introdotti nello spirito del poema; il piacere della rapidità dell'azione si mescola subito a un senso di larghezza nella disponibilità dello spazio e del tempo. Il procedere svagato non è solo degl'inseguitori d'Angelica ma pure d'Ariosto: si direbbe che il poeta, cominciando la sua narrazione, non conosca ancora il piano dell'intreccio che in seguito lo guiderà con puntuale premeditazione, ma una cosa abbia già perfettamente chiara: questo slancio e insieme quest'agio nel raccontare, cioè quello che potremmo definire – con un termine pregno di significati – il movimento *errante* della poesia dell'Ariosto.

Tali caratteristiche dello *spazio* ariostesco possiamo individuarle sulla scala del poema intero o dei singoli canti così come su una scala più minuta, quella della strofa o del verso. L'*ottava* è la misura nella quale meglio riconosciamo ciò che l'Ariosto ha d'inconfondibile: nell'ottava Ariosto ci si rigira come vuole, ci sta di casa, il suo miracolo è fatto soprattutto di disinvoltura.

Per due ragioni soprattutto: una intrinseca dell'ottava cioè d'una strofa che si presta a discorsi anche lunghi e ad alternare toni sublimi e lirici con toni prosastici e giocosi, e una intrinseca del modo di poetare d'Ariosto che non è tenuto a limiti di nessun genere, non si è posto come Dante una regola di simmetria che lo obblighi a un numero di canti prestabilito, e a un numero di strofe in ogni canto (il canto più breve ha 72 ottave; quello più lungo 199) e soprattutto non si è proposto una rigida ripartizione della materia. Il poeta può prendersela comoda, se vuole, impiegare più strofe per dire qualcosa che altri direbbe in un verso, oppure concentrare in un verso quel che potrebbe esser materia d'un lungo discorso.

Il segreto dell'ottava ariostesca sta nel seguire il vario ritmo del linguaggio parlato, nell'abbondanza di quelli che furono definiti gli «accessori inessenziali del linguaggio», così come nella sveltezza della battuta ironica; ma il registro colloquiale è solo uno dei tanti suoi, che vanno dal lirico al tragico allo gnomico e che possono coesistere nella stessa strofa. Ariosto può essere d'una concisione memorabile: molti suoi versi sono diventati proverbiali: *ecco il giudicio uman come spesso erra!* oppure: *oh gran bontà dei cavalieri antiqui!*, ma non è solo con queste parentesi che egli attua i suoi cambiamenti di velocità. Va detto che la struttura stessa dell'ottava si fonda su una discontinuità di ritmo: ai sei versi legati da una coppia di rime alterne succedono i due versi a rime

oh, gran bontà dei cavalieri antiqui!

baciate, con un effetto che oggi definiremmo di *anticlimax*, di brusco mutamento non solo ritmico ma di clima psicologico e intellettuale, dal colto al popolare, dall'evocativo al comico.

Naturalmente con questi risvolti della strofa Ariosto gioca da par suo, ma il gioco potrebbe diventare monotono, senza l'agilità del poeta nel movimentare l'ottava, introducendo le pause, i punti fermi in posizioni diverse, adattando diverse andature sintattiche allo schema metrico, alternando periodi lunghi a periodi brevi, spezzando la strofa e in qualche caso allacciandone una all'altra, cambiando di continuo i tempi della narrazione, saltando dal passato remoto all'imperfetto al presente al futuro, creando insomma una successione di piani, di prospettive del racconto.

La parola «gioco» è tornata più volte nel nostro discorso. Ma non si deve dimenticare che i giochi, da quelli infantili a quelli degli adulti, hanno sempre un fondamento serio, sono soprattutto tecniche d'addestramento di facoltà e attitudini che saranno necessarie nella vita. Quello d'Ariosto è il gioco d'una società che si sente elaboratrice e depositaria di una visione del mondo, ma si sente elaboratrice e depositaria di una visione del mondo, ma sente anche farsi il vuoto sotto i suoi piedi, tra scricchiolii di terremoto.

Il quarantesimosesto ed ultimo canto s'aprirà con l'enumerazione d'una folla di persone che è la vera dedica del *Furioso* (più della dedica d'obbligo a Ippolito «generosa Erculea prole» posta ad apertura del primo canto). La nave del poema sta arrivando in porto e ad accoglierla trova schierati sul molo le dame più belle e gentili delle città italiane e i cavalieri e i poeti e i dotti. È una rassegna di nomi e rapidi profili di suoi contemporanei e amici quella che Ariosto traccia, è il suo pubblico perfetto e insieme un'immagine di società ideale. Il poema esce da se stesso, si definisce attraverso i suoi destinatari, e a sua volta è il poema che serve da definizione o emblema per la società dei suoi lettori presenti e futuri, per l'insieme delle persone che parteciperanno al suo gioco, che si riconosceranno in esso.

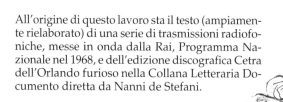

La nave del poema sta arrivando in porto...

All'origine di questo lavoro sta il testo (ampiamente rielaborato) di una serie di trasmissioni radiofoniche, messe in onda dalla Rai, Programma Nazionale nel 1968, e dell'edizione discografica Cetra dell'Orlando furioso nella Collana Letteraria Documento diretta da Nanni de Stefani.

In principio c'è solo una fanciulla che fugge per un bosco in sella al suo palafreno. Sapere chi sia importa sino a un certo punto: è la protagonista d'un poema rimasto incompiuto, che sta correndo per entrare in un poema appena cominciato. Quelli di noi che ne sanno di più possono spiegare che si tratta d'Angelica principessa del Catai, venuta con tutti i suoi incantesimi in mezzo ai paladini di Carlo Magno re di Francia, per farli innamorare e ingelosire e così distoglierli dalla guerra contro i Mori d'Africa e di Spagna. Ma piuttosto che ricordare tutti gli antecedenti, conviene addentrarsi in questo bosco dove la guerra che infuria per le terre di Francia non si fa udire se non per sparsi suoni di zoccoli o d'armi di cavalieri isolati che appaiono o scompaiono.

Intorno ad Angelica in fuga è un vorticare di guerrieri che, accecati dal desiderio, dimenticano i sacri doveri cavallereschi, e per troppa precipitazione continuano a girare a vuoto. La prima impressione è che questi cavalieri non sappiano bene cosa vogliono: un po' inseguono, un po' duellano, un po' giravoltano, e sono sempre sul punto di cambiare idea.

Prendiamo Ferraù: lo incontriamo mentre sta cercando di ripescare l'elmo che gli è caduto in un fiume: quand'ecco passa di lì Angelica, di cui egli è innamorato, inseguita da Rinaldo; Ferraù smette di cercare l'elmo e duella con Rinaldo; nel bel mezzo del duello, Rinaldo propone all'avversario di rimandare la contesa e d'inseguire insieme la fuggitiva; Ferraù smette di duellare e si dà all'inseguimento d'Angelica, d'amore e d'accordo col rivale; perdutosi nel bosco, si ritrova sulla riva del fiume dove gli era caduto l'elmo; interrompe la ricerca d'Angelica e si rimette alla ricerca dell'elmo; dal fiume esce il fantasma d'un guerriero da lui ucciso che rivendica l'elmo come sua proprietà ed esorta Ferraù, se proprio vuol ornarsi d'un cimiero sopraffino, a conquistarsi in battaglia l'elmo di Orlando; al che Ferraù lascia fiume, elmo, fantasma e fuggitiva e si lancia alla ricerca d'Orlando (canto I, 24-32).

CANTO I

24   Pur[1] si ritrova ancor su la riviera,
       là dove l'elmo gli cascò ne l'onde.
       Poi che la donna ritrovar non spera,
       per aver l'elmo che 'l fiume gli asconde,
       in quella parte onde caduto gli era
       discende ne l'estreme umide sponde:
       ma quello era sì fitto ne la sabbia,
       che molto avrà da far prima che l'abbia.

25   Con un gran ramo d'albero rimondo[2],
       di ch'avea fatto una pertica lunga,
       tenta[3] il fiume e ricerca sino al fondo,
       né loco lascia ove non batta e punga.
       Mentre con la maggior stizza del mondo

tanto l'indugio suo quivi prolunga,
vede di mezzo il fiume un cavalliero
insino al petto uscir, d'aspetto fiero.

26   Era, fuor che la testa, tutto armato,
et avea un elmo ne la destra mano:
avea il medesimo elmo che cercato
da Ferraù fu lungamente invano.
A Ferraù parlò come adirato,
e disse: – Ah mancator di fé, marano[4]!
perché di lasciar l'elmo anche t'aggrevi[5],
che render già gran tempo mi dovevi?

27   Ricordati, pagan, quando uccidesti
d'Angelica il fratel (che son quell'io),
dietro all'altr'arme tu mi promettesti
gittar fra pochi dì l'elmo nel rio.
Or se Fortuna (quel che non volesti
far tu) pone ad effetto[6] il voler mio,
non ti turbare; e se turbar ti déi,
turbati che di fé mancato sei.

28   Ma se desir pur hai d'un elmo fino[7],
trovane un altro, et abbil con più onore;
un tal ne porta Orlando paladino,
un tal Rinaldo, e forse anco migliore:
l'un fu d'Almonte[8], e l'altro di Mambrino[9]:
acquista un di quei duo col tuo valore;
e questo, c'hai già di lasciarmi detto,
farai bene a lasciarmi con effetto. –

29   All'apparir che fece all'improvviso
de l'acqua[10] l'ombra, ogni pelo arricciossi,
e scolorossi al Saracino il viso;
la voce, ch'era per uscir, fermossi.
Udendo poi da l'Argalia, ch'ucciso
quivi avea già (che l'Argalia nomossi),
la rotta fede così improverarse[11],

di scorno e d'ira dentro e di fuor arse.

30   Né tempo avendo a pensar altra scusa,
e conoscendo ben che 'l ver gli disse,
restò senza risposta a bocca chiusa;
ma la vergogna il cor sì gli traffisse,
che giurò per la vita di Lanfusa[12]
non voler mai ch'altro elmo lo coprisse,
se non quel buono che già in Aspramonte[13]
trasse del capo Orlando al fiero Almonte.

31   E servò[14] meglio questo giuramento,
che non avea quell'altro fatto prima.
Quindi[15] si parte tanto malcontento,
che molti giorni poi si rode e lima.
Sol di cercare è il paladino intento[16]
di qua di là, dove trovarlo stima.
Altra ventura al buon Rinaldo accade,
che da costui tenea diverse strade.

32   Non molto va Rinaldo, che si vede
saltare inanzi il suo destrier feroce[17]:
– Ferma, Baiardo mio, deh, ferma il piede!
che l'esser senza te troppo mi nuoce. –
Per questo il destrier sordo a lui non riede,
anzi più se ne va sempre veloce.
Segue Rinaldo, e d'ira si distrugge:
ma seguitiamo Angelica che fugge.

E Angelica? Galoppa per un giorno, una notte e una mattina. Giunge a un boschetto tra due ruscelli. Smonta di sella, cerca il più morbido giaciglio vegetale per coricarsi. Nascosta in un cespuglio di rose, dorme, e sospira. Ossia, sogna di sospirare, e al sospiro si risveglia. Ossia, sente, sveglia, un sospiro che non è il suo sospiro. Ossia, mentre lei dormiva, qualcuno sospirava, lì vicino (canto I, 33-38).

33   Fugge tra selve spaventose e scure,
      per lochi inabitati, ermi e selvaggi[18].
      Il mover de le frondi e di verzure[19],
      che di cerri sentia[20], d'olmi e di faggi,
      fatto le avea con subite[21] paure
      trovar di qua di là strani vïaggi[22];
      ch'ad ogni ombra veduta o in monte o in valle,
      temea Rinaldo aver sempre alle spalle.

34   Qual pargoletta o damma o capriuola[23],
      che tra le fronde del natio boschetto
      alla madre veduta abbia la gola
      stringer dal pardo[24], o aprirle 'l fianco o 'l petto,
      di selva in selva dal crudel s'invola,
      e di paura triema e di sospetto:
      ad ogni sterpo che passando tocca,
      esser si crede all'empia fera in bocca.

35   Quel dì e la notte e mezzo l'altro giorno
      s'andò aggirando, e non sapeva dove.
      Trovossi al fine in un boschetto adorno[25],
      che lievemente la fresca aura muove.
      Duo chiari rivi, mormorando intorno,
      sempre l'erbe vi fan tenere e nuove;
      e rendea ad ascoltar dolce concento,
      rotto tra picciol sassi, il correr lento[26].

36   Quivi parendo a lei d'esser sicura
      e lontana a Rinaldo mille miglia,
      da la via stanca e da l'estiva arsura,
      di riposare alquanto si consiglia:
      tra' fiori smonta, e lascia alla pastura
      andare il palafren senza la briglia;
      e quel va errando intorno alle chiare onde,
      che di fresca erba avean piene le sponde.

37   Ecco non lungi un bel cespuglio vede
      di prun[27] fioriti e di vermiglie rose,

che de le liquide onde al specchio siede[28],
chiuso[29] dal sol fra l'alte quercie ombrose;
così vòto nel mezzo, che concede
fresca stanza fra l'ombre più nascose:
e la foglia coi rami in modo è mista,
che 'l sol non v'entra, non che minor vista[30].

38   Dentro letto vi fan tenere erbette,
ch'invitano a posar chi s'appresenta.
La bella donna in mezzo a quel si mette;
ivi si corca, et ivi s'addormenta.
Ma non per lungo spazio così stette,
che un calpestio le par che venir senta[31]:
cheta si leva, e appresso alla riviera
vede ch'armato un cavallier giunt'era.

Angelica scruta tra gli arbusti e vede un guerriero enorme, dai lunghi baffi spioventi, armato di tutto punto, che se ne sta sdraiato come lei dall'altra parte del cespuglio, la guancia posata su una mano, e lamentandosi mormora delle frasi senza senso: la verginella… la rosa… Sta parlando di rose, questo pezzo di soldataccio: annusa una rosa appena sbocciata, e dice che sarebbe un peccato coglierla, che una volta spiccata dal suo stelo perde ogni valore; a lui sfortunato capita così ogni volta, che le rose le colgono sempre gli altri; ma sarà poi proprio vero, che la rosa già colta perde di valore? E perché lui allora non riesce a dimenticarla? (Canto I, 39-44)

39   Se gli è amico o nemico non comprende:
tema e speranza il dubbio[32] cuor le scuote;
e di quella aventura il fine attende,
né pur d'un sol sospir l'aria percuote.
Il cavalliero in riva al fiume scende
sopra l'un braccio a riposar le gote;

e in un suo gran pensier tanto penètra,
che par cangiato in insensibil pietra.

40   Pensoso più d'un'ora a capo basso
stette, Signore[33], il cavallier dolente;
poi cominciò con suono afflitto e lasso
a lamentarsi sì soavemente,
ch'avrebbe di pietà spezzato un sasso,
una tigre crudel fatta clemente.
Sospirando piangea, tal ch'un ruscello
parean le guancie, e 'l petto un Mongibello[34].

41   – Pensier (dicea) che 'l cor m'aggiacci et ardi,
e causi il duol che sempre il rode e lima[35],
che debbo far, poi ch'io son giunto tardi,
e ch'altri a côrre il frutto[36] è andato prima?
a pena avuto io n'ho parole e sguardi,
et altri n'ha tutta la spoglia opima[37].
Se non ne tocca a me frutto né fiore,
perché affligger per lei mi vuo' più il core?

42   La verginella è simile alla rosa,
ch'in bel giardin su la nativa spina
mentre sola e sicura si riposa,
né gregge né pastor se le avicina;
l'aura soave e l'alba rugiadosa,
l'acqua, la terra al suo favor[38] s'inchina:
giovèni vaghi e donne inamorate
amano averne e seni e tempie ornate.

43   Ma non sì tosto dal materno stelo
rimossa viene e dal suo ceppo verde,
che quanto avea dagli uomini e dal cielo
favor, grazia e bellezza, tutto perde.
La vergine che 'l fior, di che più zelo
che de' begli occhi e de la vita aver de'[39]
lascia altrui côrre, il pregio ch'avea inanti
perde nel cor di tutti gli altri amanti.

43

44   Sia vile agli altri, e da quel solo amata
      a cui di sé fece sì larga copia[40].
      Ah, Fortuna crudel, Fortuna ingrata!
      trionfan[41] gli altri, e ne moro io d'inopia[42].
      Dunque esser può che non mi sia più grata?
      dunque io posso lasciar mia vita propia?
      Ah, più tosto oggi manchino i dì miei,
      ch'io viva più, s'amar non debbo lei! –

A questo punto, Angelica lo riconosce: è un altro dei suoi
spasimanti, Sacripante re di Circassia, e tutta questa storia delle rose è un discorso su di lei. Sacripante continua
a essere innamorato della bella Angelica, ma è convinto
che mentre lui era in Oriente in missione militare, Orlando l'abbia fatta sua.
     Angelica considera la situazione: è sola tra insidie d'ogni
genere, ha bisogno di qualcuno che la accompagni e pro-
tegga; quando aveva come scudo l'adamantina virtù di
Orlando era riuscita a non farsi sfiorare da lui nemmeno
con un dito; ora proporrà a Sacripante di servirla come
altrettanto casto paladino (canto I, 56).

56   Forse era ver, ma non però credibile
      a chi del senso suo fosse signore;
      ma parve facilmente a lui possibile,
      ch'era perduto in via più grave errore.
      Quel che l'uom vede, Amor gli fa invisibile,
      e l'invisibil fa vedere Amore.
      Questo creduto fu; che 'l miser suole
      dar facile credenza a quel che vuole.

Questa storia della castità di Angelica poteva pur essere vera; certo era poco credibile per chi non fosse stordi-
tamente innamorato come il re di Circassia. Comunque

non è questo il nocciolo della questione: rose o non rose, quello d'Angelica e Sacripante è l'incontro di due persone che calcolano freddamente le proprie mosse, lei vuole servirsi di lui e perciò lo illude; lui vuole approfittare subito del vantaggio in cui si trova. Infatti Sacripante non ha nessuna intenzione di seguire l'esempio di Orlando e lasciarsi scappare l'occasione. – Corrò la fresca e matutina rosa… – e il soldataccio ricomincia a delirare sulle rose, come fa ogni volta che è rapito da pensieri di tutt'altro genere (canto I, 58).

58   Corrò la fresca e matutina rosa,
       che, tardando, stagion[43] perder potria.
       So ben ch'a donna non si può far cosa
       che più soave e più piacevol sia,
       ancor che se ne mostri disdegnosa,
       e talor mesta e flebil se ne stia:
       non starò per repulsa o finto sdegno,
       ch'io non adombri e incarni[44] il mio disegno. –

Ma proprio sul più bello, nel momento in cui crede d'avere ormai Angelica in sua mano, Sacripante viene interrotto dall'irruzione d'un cavaliere biancovestito. Duellano; il cavallo di Sacripante cade morto; l'avversario sconosciuto, pago di tale vittoria, corre via (canto I, 59-65).

59   Così dice egli; e mentre s'apparecchia
       al dolce assalto, un gran rumor che suona
       dal vicin bosco gl'intruona l'orecchia,
       sì che mal grado l'impresa abbandona:
       e si pon l'elmo (ch'avea usanza vecchia
       di portar sempre armata la persona),
       viene al destriero e gli ripon la briglia,
       rimonta in sella e la sua lancia piglia.

60   Ecco pel bosco un cavallier venire,
      il cui sembiante è d'uom gagliardo e fiero:
      candido come nieve è il suo vestire,
      un bianco pennoncello[45] ha per cimiero.
      Re Sacripante, che non può patire
      che quel con l'importuno suo sentiero[46]
      gli abbia interrotto il gran piacer ch'avea,
      con vista il guarda disdegnosa e rea.

61   Come è più presso, lo sfida a battaglia;
      che crede ben fargli votar l'arcione.
      Quel che di lui non stimo già che vaglia
      un grano meno, e ne fa paragone[47],
      l'orgogliose minaccie a mezzo taglia,
      sprona a un tempo, e la lancia in resta[48] pone.
      Sacripante ritorna con tempesta[49],
      e corronsi a ferir testa per testa[50].

62   Non si vanno i leoni o i tori in salto[51]
      a dar di petto, ad accozzar[52] sì crudi,
      sì come i duo guerrieri al fiero assalto,
      che parimente si passâr gli scudi.
      Fe' lo scontro tremar dal basso all'alto
      l'erbose valli insino ai poggi ignudi;
      e ben giovò che fur buoni e perfetti
      gli osberghi[53] sì, che lor salvaro i petti.

63   Già non fêro i cavalli un correr torto,
      anzi cozzaro a guisa di montoni:
      quel del guerrier pagan morì di corto[54],
      ch'era vivendo in numero de' buoni;
      quell'altro cadde ancor, ma fu risorto[55]
      tosto ch'al fianco si sentì gli sproni.
      Quel del re saracin restò disteso
      adosso al suo signor con tutto il peso.

64   L'incognito campion che restò ritto,
      e vide l'altro col cavallo in terra,

stimando avere assai[56] di quel conflitto,
non si curò di rinovar la guerra;
ma dove per la selva è il camin dritto,
correndo a tutta briglia si disserra[57];
e prima che di briga esca il pagano,
un miglio o poco meno è già lontano.

65   Qual istordito e stupido[58] aratore,
poi ch'è passato il fulmine, si leva
di là dove l'altissimo fragore
appresso ai morti buoi steso l'aveva;
che mira senza fronde e senza onore[59]
il pin che di lontan veder soleva:
tal si levò il pagano a piè rimaso,
Angelica presente al duro caso.

Sacripante apprenderà, con grande scorno, d'esser stato
disarcionato non da un guerriero ma da una guerriera.
L'amazzone dal bianco pennacchio altri non era che l'invincibile Bradamante.

La salvezza d'Angelica dipende davvero da interventi
imprevedibili: tra tanti paladini che pretendono di proteggerla chi sopravviene a liberarla dalle insidie? Un'altra donna. E in mezzo a questo folle carosello, chi è l'unico ad agire sensatamente, in base a un piano meditato? Un cavallo.

Un fragore improvviso percorre la foresta: fa il suo ingresso un personaggio guarnito di sontuosi ornamenti; l'impeto della sua corsa è tale da far franare alberi e sassi. Angelica ha un moto di sollievo: finalmente una presenza familiare e amica! – Io lo conosco! – esclama, – questo è Baiardo! – Era infatti il fortissimo cavallo di Rinaldo, che sfuggito di mano al padrone galoppava a briglia sciolta per il bosco. Sacripante fa per afferrarlo per il morso, ma Baiardo si mette a sparar calci che manderebbero in frantumi una montagna di metallo (canto I, 72-74).

72   Non furo iti duo miglia, che sonare[60]
odon la selva che li cinge intorno,
con tal rumore e strepito, che pare
che triemi la foresta d'ogn'intorno;
e poco dopo un gran destrier[61] n'appare,
d'oro guernito, e riccamente adorno,
che salta macchie e rivi, et a fracasso
arbori mena[62] e ciò che vieta il passo.

73   – Se l'intricati rami e l'aer fosco
(disse la donna) agli occhi non contende[63],
Baiardo è quel destrier ch'in mezzo il bosco
con tal rumor la chiusa via si fende.
Questo è certo Baiardo, io 'l riconosco:
deh, come ben nostro bisogno intende!
ch'un sol ronzin per dui saria mal atto,
e ne viene egli a satisfarci ratto. –

74   Smonta il Circasso et al destrier s'accosta,
e si pensava dar di mano al freno.
Colle groppe[64] il destrier gli fa risposta,
che fu presto a girar come un baleno;
ma non arriva dove i calci apposta[65]:
misero il cavallier se giungea a pieno!
che nei calci tal possa avea il cavallo,
ch'avria spezzato un monte di metallo.

Gli s'accosta Angelica, e il destriero si mette a farle festa come un cagnolino. È una vecchia storia, questa della dimestichezza d'Angelica col cavallo di Rinaldo. Rimonta ai tempi in cui Angelica s'era innamorata di Rinaldo e Rinaldo la sfuggiva. Adesso lui l'ama e lei lo sfugge: scambi che succedono a chi beve a una certa fontana incantata. I rapporti tra Angelica e il cavallo invece non sono mutati, tanto che Baiardo, ammansito dalla sua carezza, si lascia montare da Sacripante (canto I, 75-76).

75   Indi va mansueto alla donzella,
      con umile sembiante e gesto umano,
      come intorno al padrone il can saltella,
      che sia duo giorni o tre stato lontano.
      Baiardo ancora avea memoria d'ella,
      ch'in Albracca il servia già di sua mano
      nel tempo che da lei tanto era amato
      Rinaldo, allor crudele, allor ingrato[66].

76   Con la sinistra man prende la briglia,
      con l'altra tocca e palpa il collo e 'l petto:
      quel destrier, ch'avea ingegno a maraviglia,
      a lei, come un agnel, si fa suggetto.
      Intanto Sacripante il tempo piglia[67]:
      monta Baiardo, e l'urta e lo tien stretto[68].
      Del ronzin disgravato la donzella
      lascia la groppa, e si ripone in sella[69].

Ma, inseguendo Baiardo, sopravviene Rinaldo appiedato,
e ingiunge a Sacripante di smontare dal cavallo non suo.
Questo, per dirla in termini educati: in realtà il signore di
Montalbano e il re di Circassia si danno reciprocamen-
te del ladro come in una rissa di taverna (canto II, 3-5).

    CANTO II
3   Rinaldo al Saracin con molto orgoglio
      gridò: – Scendi, ladron, del mio cavallo!
      Che mi sia tolto il mio, patir non soglio,
      ma ben fo, a chi lo vuol, caro costallo[70]:
      e levar questa donna anco ti voglio;
      che sarebbe a lasciartela gran fallo.
      Sì perfetto destrier, donna sì degna
      a un ladron non mi par che si convegna. –

4   – Tu te ne menti[71] che ladrone io sia
      (rispose il Saracin non meno altiero):

chi dicesse a te ladro, lo diria
(quanto io n'odo per fama) più con vero[72].
La pruova or si vedrà, chi di noi sia
più degno de la donna e del destriero;
ben che, quanto a lei, teco io mi convegna
che non è cosa al mondo altra sì degna. –

5 Come soglion talor duo can mordenti,
o per invidia o per altro odio mossi,
avicinarsi digrignando i denti,
con occhi bieci[73] e più che bracia rossi;
indi a' morsi venir, di rabbia ardenti,
con aspri ringhi e ribuffati dossi[74]:
così alle spade e dai gridi e da l'onte[75]
venne il Circasso e quel di Chiaramonte.

Il duello sarebbe impari, ma Baiardo si rifiuta di combattere contro il suo padrone, e Sacripante è costretto dalle sgroppate a scendere di sella e ad affrontare Rinaldo a corpo a corpo.

Come mai Baiardo, così fedele a Rinaldo, gli era scappato? Non tarderemo a comprendere che questa fuga (da cui, a ben vedere, si scatenano tutte le vicissitudini dell'*Orlando furioso*) era una straordinaria prova di fedeltà e intelligenza. Per servire il suo padrone innamorato, Baiardo s'era messo di sua iniziativa sulle tracce d'Angelica, di modo che Rinaldo, correndo dietro al destriero, avrebbe trovato la sua bella. Se si lasciava montare dal padrone, sarebbe stato il padrone a dirigerlo, come sempre avviene a ogni cavallo; fuggendo è Baiardo a dirigere Rinaldo. Questo Baiardo, così corposamente cavallo, tende a sconfinare dalla natura equina, proprio perché vuole essere un cavallo ideale. Processo inverso a quello che vedremo compiere all'altro illustre animale del poema, l'Ippogrifo, che di caratteristiche equine ne avrebbe poche, ma verrà condotto a servire docilmente da cavallo, ancorché volante.

BRADAMANTE
E L'IPPOGRIFO

In una locanda presso i Pirenei servivano la cena. Tutt'a un tratto, un gran rumore: l'oste e i suoi garzoni corrono, chi alle finestre, chi per strada, e guardano verso il cielo a bocca aperta. Le donne invece lasciano i fornelli e si nascondono in cantina.

– Che diavolo succede? un'eclisse? una cometa? – I due avventori non sembrano tipi da perdere la calma: uno è un cavaliere dalla splendida armatura, dal viso radioso e dalle lunghe chiome d'oro; l'altro è un brutto ceffo in calzamaglia, basso basso e nero nero.

L'oste si affretta a scusarsi: – Niente, niente, è già passato. Passa volando tutte le sere, non bisogna fargli caso. È un cavallo, un cavallo con le ali, con un mago sopra. Se vede una bella donna cala giù e la rapisce. Per quello scappano, le donne: le belle e quelle che credono d'esserlo, cioè tutte. Le porta in un castello incantato, su per i

Pirenei, e le tiene lì. Anche i cavalieri, li chiude, quelli che vince in duello, perché finora chiunque ha provato a sfidarlo è finito in mano sua (canto IV, 4-7).

CANTO IV

4   E vede[1] l'oste e tutta la famiglia[2],
     e chi a finestre e chi fuor ne la via,
     tener levati al ciel gli occhi e le ciglia,
     come l'eclisse o la cometa sia[3].
     Vede la donna un'alta maraviglia[4],
     che di leggier[5] creduta non saria:
     vede passar un gran destriero alato,
     che porta in aria un cavalliero armato.

5   Grandi eran l'ale e di color diverso[6],
     e vi sedea nel mezzo un cavalliero,
     di ferro armato luminoso e terso;
     e vêr ponente avea dritto il sentiero[7].
     Calossi, e fu tra le montagne immerso:
     e, come dicea l'oste (e dicea il vero),
     quel era un negromante, e facea spesso
     quel varco[8], or più da lungi, or più da presso.

6   Volando, talor s'alza ne le stelle,
     e poi quasi talor la terra rade;
     e ne porta con lui tutte le belle
     donne che trova per quelle contrade:
     talmente che le misere donzelle
     ch'abbino o aver si credano beltade
     (come affatto costui tutte le invole[9])
     non escon fuor sì che le veggia il sole[10].

7   – Egli sul Pireneo[11] tiene un castello
     (narrava l'oste) fatto per incanto,
     tutto d'acciaio, e sì lucente e bello,
     ch'altro al mondo non è mirabil tanto.
     Già molti cavallier sono iti a quello,

e nessun del ritorno si dà vanto:
sì ch'io penso, signore, e temo forte,
o che sian presi[12], o sian condotti a morte. –

I due avventori non battono ciglio. Sia l'uno che l'altro
erano venuti lì proprio per quello.

– Bene, – fa il cavaliere coi capelli lunghi, – se mi trovi
una guida vorrei sfidarlo io, questo mago.

– Posso insegnartela io, la strada, – dice l'omino nero,
– di me ti puoi fidare.

Era proprio quel che Bradamante s'aspettava. Perché
quel cavaliere altri non era che la più valorosa guerriera
del campo di Carlo Magno, Bradamante, sorella di Rinaldo di Montalbano, e l'omino nero era Brunello, un ladro al
servizio dell'armata saracena, famoso tra l'altro per aver
rubato ad Angelica un anello magico che veniva dal Catai. Sia Bradamante che Brunello erano lì per cercare di
liberare dal castello del mago Atlante uno dei cavalieri
che v'erano imprigionati, cioè Ruggiero. Bradamante sapeva di Brunello, anzi era scesa alla locanda proprio per
cercare di ritogliere al ladro l'anello rubato, unico mezzo per resistere agli incantesimi del mago. Brunello invece non l'aveva riconosciuta, e lei si era guardata bene dal
dirgli chi era.

È lecito rubare ai ladri? È lecito simulare coi simula-
tori? Bradamante stava appunto risolvendo affermativa-
mente questo problema di coscienza, quando l'Ippogrifo
aveva fatto la sua apparizione.

Il fine che muoveva Brunello sulle tracce di Ruggiero
era importante: doveva ricondurlo dal re Agramante e
fargli riprendere il suo posto di combattimento nelle file
saracene. Il fine che muoveva Bradamante era più importante ancora: l'amazzone era innamorata di Ruggiero.

Guerrieri d'eserciti nemici, s'erano incontrati in battaglia, innamorati l'uno dell'altra a prima vista, poi subito dispersi. C'era di mezzo tutta una questione di profezie: ogni passo di Ruggiero, uomo predestinato, era dettato dagli astri. Le stelle avevano deciso che Ruggiero dovesse convertirsi al cristianesimo e sposare Bradamante, ma era pure decretato dalle stelle che dopo questo matrimonio Ruggiero morisse per tradimento della casa di Maganza.

Queste cose il mago Atlante le sapeva bene, lui che aveva allevato Ruggiero e nutriva per il cavaliere un affetto più sollecito di quello di una mamma. Tanto che, per impedire che corresse dietro a Bradamante e incontro al suo destino, l'aveva chiuso in quel castello incantato, e lo circondava di belle donne e prodi cavalieri perché si trovasse in buona compagnia.

L'indomani all'alba, Bradamante e Brunello partono a cavallo per le gole dei Pirenei. Il castello è là, tutto d'acciaio. Bradamante cala una delle sue mani di ferro sulla collottola della sua guida. Brunello finisce legato al tronco di un abete; l'anello magico passa al dito della guerriera, che dà fiato al corno.

È un segnale di sfida: Atlante esce in sella all'Ippogrifo. Con la sinistra regge uno scudo velato che appena si scopre abbaglia l'avversario; nella destra ha un libro. Gli bastava leggere le formule magiche di quel libro e chi combatteva con lui si sentiva piovere addosso colpi di lancia, di stocco e di mazza, senza che Atlante avesse mosso un dito (canto IV, 11-18).

11   Di monte in monte e d'uno in altro bosco
      giunseno ove l'altezza di Pirene
      può dimostrar, se non è l'aer fosco,
      e Francia e Spagna e due diverse arene,
      come Apennin scopre il mar schiavo e il tósco
      dal giogo onde a Camaldoli si viene[13].

Quindi per aspro e faticoso calle
si discendea ne la profonda valle.

12   Vi sorge in mezzo un sasso[14] che la cima
d'un bel muro d'acciar tutta si fascia;
e quella tanto inverso il ciel sublima[15],
che quanto ha intorno, inferïor si lascia.
Non faccia, chi non vola, andarvi stima[16];
che spesa indarno vi saria ogni ambascia[17].
Brunel disse: – Ecco dove prigionieri
il mago tien le donne e i cavallieri. –

13   Da quattro canti era tagliato, e tale
che parea dritto a fil de la sinopia[18].
Da nessun lato né sentier né scale
v'eran, che di salir facesser copia[19]:
e ben appar che d'animal ch'abbia ale
sia quella stanza nido e tana propia.
Quivi la donna esser conosce l'ora
di tor l'annello e far che Brunel mora.

14   Ma le par atto vile a insanguinarsi
d'un uom senza arme e di sì ignobil sorte[20];
che ben potrà posseditrice farsi
del ricco annello, e lui non porre a morte.
Brunel non avea mente a riguardarsi;
sì ch'ella il prese, e lo legò ben forte
ad uno abete ch'alta avea la cima:
ma di dito l'annel gli trasse prima.

15   Né per lacrime, gemiti o lamenti
che facesse Brunel, lo vòlse sciorre.
Smontò de la montagna a passi lenti,
tanto che fu nel pian sotto la torre.
E perché alla battaglia s'appresenti
il negromante, al corno suo ricorre:
e dopo il suon, con minacciose grida
lo chiama al campo[21], et alla pugna 'l sfida.

16   Non stette molto a uscir fuor de la porta
      l'incantator, ch'udì 'l suono e la voce.
      L'alato corridor per l'aria il porta
      contra costei, che sembra uomo feroce.
      La donna da principio si conforta,
      che vede che colui poco le nuoce:
      non porta lancia né spada né mazza[22],
      ch'a forar l'abbia o romper la corazza.

17   Da la sinistra sol[23] lo scudo avea,
      tutto coperto di seta vermiglia;
      ne la man destra un libro, onde facea
      nascer, leggendo, l'alta maraviglia[24]:
      che la lancia talor correr parea[25],
      e fatto avea a più d'un batter le ciglia[26];
      talor parea ferir con mazza o stocco[27],
      e lontano era, e non avea alcun tocco.

18   Non è finto il destrier, ma naturale,
      ch'una giumenta generò d'un grifo[28]:
      simile al padre avea la piuma e l'ale,
      li piedi anterïori, il capo e il grifo[29];
      in tutte l'altre membra parea quale
      era la madre, e chiamasi ippogrifo[30];
      che nei monti Rifei vengon[31], ma rari,
      molto di là dagli aghiacciati mari.

Ma per Bradamante, con l'anello che ha al dito, non c'è magia che tenga. Atlante svolazza sull'Ippogrifo e legge le sue formule mentre lei finge di difendersi a fatica da una gragnuola di colpi immaginari. Al mago piaceva giocare come il gatto col topo, poi scoprire lo scudo e folgorare l'avversario. Così fece: Bradamante chiude gli occhi e si finge svenuta. Atlante plana, scende di sella, s'avvicina con una catena in mano. Un attimo dopo la morsa delle braccia della fortissima guerriera ha abbrancato il mago, che visto da vicino si rivela un povero vecchio inerme e disperato (canto IV, 20-29).

20 Del mago ogn'altra cosa era figmento[32];
 che comparir facea pel rosso il giallo:
 ma con la donna non fu di momento[33];
 che per l'annel non può vedere in fallo.
 Più colpi tuttavia diserra[34] al vento,
 e quinci e quindi spinge il suo cavallo;
 e si dibatte e si travaglia tutta,
 come era, inanzi che venisse, instrutta[35].

21 E poi che esercitata si fu alquanto
 sopra il destrier, smontar vòlse anco a piede,
 per poter meglio al fin venir di quanto
 la cauta maga[36] instruzïon le diede.
 Il mago vien per far l'estremo incanto;
 che del fatto ripar né sa né crede[37]:
 scuopre lo scudo, e certo si prosume
 farla cader con l'incantato lume.

22 Potea così scoprirlo al primo tratto,
 senza tenere i cavallieri a bada;
 ma gli piacea veder qualche bel tratto
 di correr l'asta o di girar la spada[38]:
 come si vede ch'all'astuto gatto
 scherzar col topo alcuna volta aggrada;
 e poi che quel piacer gli viene a noia,
 dargli un morso, e al fin voler che muoia.

23 Dico che 'l mago al gatto, e gli altri al topo
 s'assimigliâr ne le battaglie dianzi;
 ma non s'assimigliâr già così, dopo
 che con l'annel si fe' la donna inanzi.
 Attenta e fissa stava a quel ch'era uopo,
 acciò che nulla seco il mago avanzi[39];
 e come vide che lo scudo aperse[40],

chiuse gli occhi, e lasciò quivi caderse.

24   Non che il fulgor del lucido metallo,
come soleva agli altri, a lei nocesse;
ma così fece acciò che dal cavallo
contra sé il vano[41] incantator scendesse:
né parte andò del suo disegno in fallo[42];
che tosto ch'ella il capo in terra messe,
accelerando il volator le penne,
con larghe ruote in terra a por si venne.

25   Lascia all'arcion lo scudo, che già posto
avea ne la coperta, e a piè discende
verso la donna che, come reposto[43]
lupo alla macchia il caprïolo, attende.
Senza più indugio ella si leva tosto
che l'ha vicino, e ben stretto lo prende.
Avea lasciato quel misero in terra
il libro che facea tutta la guerra[44]:

26   e con una catena ne correa,
che solea portar cinta a simil uso;
perché non men legar colei credea,
che per adietro altri legare era uso.
La donna in terra posto già l'avea:
se quel non si difese, io ben l'escuso;
che troppo era la cosa differente
tra un debol vecchio e lei tanto possente.

27   Disegnando levargli ella la testa,
alza la man vittorïosa in fretta;
ma poi che 'l viso mira, il colpo arresta,
quasi sdegnando sì bassa vendetta;
un venerabil vecchio in faccia mesta
vede esser quel ch'ella ha giunto alla stretta[45],
che mostra al viso crespo[46] e al pelo bianco
età di settanta anni o poco manco.

28   – Tommi[47] la vita, giovene, per Dio, –

dicea il vecchio pien d'ira e di dispetto;
ma quella a torla avea sì il cor restio,
come quel di lasciarla avria diletto.
La donna di sapere ebbe disio
chi fosse il negromante, et a che effetto[48]
edificasse in quel luogo selvaggio
la ròcca, e faccia a tutto il mondo[49] oltraggio.

29   – Né per maligna intenzïone, ahi lasso!
     (disse piangendo il vecchio incantatore)
     feci la bella ròcca in cima al sasso,
     né per avidità son rubatore;
     ma per ritrar sol dall'estremo passo[50]
     un cavallier gentil[51], mi mosse amore,
     che, come il ciel mi mostra, in tempo breve
     morir cristiano a tradimento deve[52].

Bradamante non era donna da lasciarsi impietosire: per prima cosa lo costringe a spezzare certe pentole fumanti che fanno dileguare il castello nel nulla (canto IV, 37-42).

37   Legato de la sua propria catena
     andava Atlante, e la donzella appresso,
     che così ancor se ne fidava a pena,
     ben che in vista parea tutto rimesso[53].
     Non molti passi dietro se la mena[54],
     ch'à piè del monte han ritrovato il fesso[55],
     e li scaglioni onde si monta in giro,
     fin ch'alla porta del castel saliro.

38   Di su la soglia Atlante un sasso tolle,
     di caratteri[56] e strani segni insculto.
     Sotto, vasi vi son, che chiamano olle[57],
     che fuman sempre, e dentro han foco occulto.
     L'incantator le spezza; e a un tratto il colle
     riman deserto, inospite et inculto;

né muro appar né torre in alcun lato,
come se mai castel non vi sia stato.

39   Sbrigossi[58] dalla donna il mago alora,
come fa spesso il tordo da la ragna[59];
e con lui sparve il suo castello a un'ora[60],
e lasciò in libertà quella compagna[61].
Le donne e i cavallier si trovâr fuora
de le superbe stanze alla campagna:
e furon di lor molte[62] a chi ne dolse;
che tal franchezza[63] un gran piacer lor tolse.

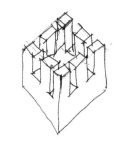

40   Quivi è Gradasso, quivi è Sacripante,
quivi è Prasildo, il nobil cavalliero
che con Rinaldo venne di Levante,
e seco Iroldo[64], il par[65] d'amici vero.
Al fin trovò la bella Bradamante
quivi il desiderato suo Ruggiero,
che, poi che n'ebbe certa conoscenza,
le fe' buona e gratissima accoglienza;

41   come a colei che più che gli occhi sui,
più che 'l suo cor, più che la propria vita
Ruggiero amò dal dì ch'essa per lui
si trasse l'elmo, onde ne fu ferita.
Lungo sarebbe a dir come, e da cui,
e quanto ne la selva aspra e romita
si cercâr poi la notte e il giorno chiaro;
né, se non qui, ma più si ritrovaro[66].

42   Or che quivi la vede, e sa ben ch'ella
è stata sola la sua redentrice[67],
di tanto gaudio ha pieno il cor, che appella
sé fortunato et unico felice.
Scesero il monte, e dismontato in quella
valle, ove fu la donna vincitrice,
e dove l'ippogrifo trovaro anco,
ch'avea lo scudo, ma coperto, al fianco.

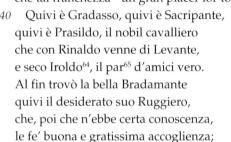

Ruggiero e i suoi compagni di prigionia si trovano liberi, all'aperto. Ecco che si sparpagliano per la valle cercando di catturare il cavallo alato. L'Ippogrifo apre le ali, svolazza, si posa qui, là, più in là, ora è in cima a una roccia, ora giù in un crepaccio, ora su un prato (canto IV, 43-44).

43   La donna va per prenderlo nel freno[68]:
    e quel l'aspetta fin che se gli accosta;
    poi spiega l'ale per l'aer sereno,
    e si ripon[69] non lungi a mezza costa.
    Ella lo segue: e quel né più né meno
    si leva in aria, e non troppo si scosta;
    come fa la cornacchia in secca arena,
    che dietro il cane or qua e là si mena[70].

44   Ruggier, Gradasso, Sacripante, e tutti
    quei cavallier che scesi erano insieme,
    chi di su, chi di giù, si son ridutti
    dove che torni il volatore han speme[71].
    Quel, poi che gli altri invano ebbe condutti
    più volte e sopra le cime supreme
    e negli umidi fondi tra quei sassi,
    presso a Ruggiero al fin ritenne i passi.

Ed ecco scatta un altro tranello del vecchio Atlante: l'Ippogrifo si lascia cavalcare solo da Ruggiero; Ruggiero monta in sella; l'Ippogrifo prende il volo. Il cavaliere appena liberato è rapito un'altra volta (canto IV, 45-50).

45   E questa opera fu del vecchio Atlante,
    di cui non cessa la pietosa voglia
    di trar Ruggier del gran periglio instante[72]:
    di ciò sol pensa e di ciò solo ha doglia.
    Però gli manda or l'ippogrifo avante,
    perché l'Europa con questa arte il toglia[73].

Ruggier lo piglia, e seco pensa trarlo;
ma quel s'arretra, e non vuol seguitarlo.

46   Or di Frontin[74] quel animoso smonta
(Frontino era nomato il suo destriero),
e sopra quel che va per l'aria monta,
e con li spron gli adizza[75] il core altiero.
Quel corre alquanto, et indi i piedi ponta,
e sale inverso il ciel, via più leggiero
che 'l girifalco, a cui lieva il capello
il mastro a tempo, e fa veder l'augello[76].

47   La bella donna, che sì in alto vede
e con tanto periglio il suo Ruggiero,
resta attonita in modo, che non riede
per lungo spazio al sentimento vero[77].
Ciò che già inteso avea di Ganimede[78]
ch'al ciel fu assunto dal paterno impero[79],
dubita assai che non accada a quello,
non men gentil di Ganimede e bello.

48   Con gli occhi fissi al ciel lo segue quanto
basta il veder; ma poi che si dilegua
sì, che la vista non può correr tanto,
lascia che sempre l'animo lo segua.
Tuttavia con sospir, gemito e pianto
non ha, né vuol aver pace né triegua.
Poi che Ruggier di vista se le tolse[80],
al buon destrier Frontin gli occhi rivolse:

49   e si deliberò di non lasciarlo,
che fosse in preda a chi venisse prima;
ma di condurlo seco, e di poi darlo
al suo signor, ch'anco veder pur stima.
Poggia[81] l'augel, né può Ruggier frenarlo:
di sotto rimaner vede ogni cima
et abbassarsi in guisa, che non scorge
dove è piano il terren né dove sorge[82].

50   Poi che sì ad alto vien[83], ch'un picciol punto
lo può stimar chi da la terra il mira,
prende la via verso ove cade a punto
il sol, quando col Granchio si raggira[84];
e per l'aria ne va come legno unto[85]
a cui nel mar propizio vento spira.
Lasciànlo andar, che farà buon camino,
e torniamo a Rinaldo paladino[86].

Duro destino è l'avere un destino. L'uomo predestinato avanza e i suoi passi non possono portarlo che là, al punto d'arrivo che le stelle hanno fissato per lui, o ai successivi punti d'arrivo, fausti e infausti, nel caso che gli astri gli abbiano decretato, come a Ruggiero, un matrimonio d'amore, una discendenza gloriosa, e pure ahimè una fine prematura. Ma tra il punto in cui egli si trova ora e l'adempiersi del destino possono succedere tante mai vicende, tanti ostacoli frapporsi, tante volontà entrare in campo a contrastare il volere degli astri: la strada che il predestinato deve percorrere può essere non una linea retta ma un interminabile labirinto. Sappiamo bene che tutti gli ostacoli saranno vani, che tutte le volontà estranee saranno sconfitte, ma ci resta il dubbio se ciò che veramente conta sia il lontano punto d'arrivo, il traguardo finale fissato dalle stelle, oppure siano il labirinto interminabile, gli ostacoli, gli errori, le peripezie che danno forma all'esistenza.

Così Ruggiero: le profezie del mago Merlino non lasciano adito a dubbi: sposerà Bradamante perché dalle loro nozze possa prendere origine la dinastia degli Estensi, duchi di Ferrara. E perché, conseguenza ancora più importante, un oscuro funzionario di casa d'Este, Ludovico Ariosto, possa – a gloria dei suoi signori e a suo proprio diletto – scrivere l'*Orlando furioso*. Questo avvenire è sicuro, incontrovertibile, lampante: Ruggiero, qualsiasi decisione prenda o non prenda, qualsiasi imprevisto lo trattenga o lo sproni, finirà per abiurare la fede maomettana, ricevere il battesimo, approdare tra le braccia amorose e salde della guerriera Bradamante.

Ruggiero incarna un destino perentorio ed inflessibile: ma sembra non aver fretta. Due forze, o due concentrazioni di forze, se lo contendono: da una parte l'innamorata Bradamante, ostinata ed instancabile, con l'aiuto della maga Melissa, profetessa delle future glorie ferraresi; dall'altra il suo re Agramante che non vuol perdere uno dei più validi campioni dell'esercito saraceno, e il suo tutore Atlante, il mago che nell'intento di smentire l'oroscopo astrale aveva invano educato il suo pupillo lontano dalle armi, nascondendolo bambino sui monti della Mauritania. Sarà Bradamante a vincere: ma per ora la disciplina militare saracena e l'affetto protettivo di A-tlante hanno su Ruggiero almeno altrettanto ascendente che il richiamo dell'amore per la bella nemica.

Bradamante ha appena liberato l'amato dal castello d'Atlante; Ruggiero monta sull'Ippogrifo e l'Ippogrifo vola via portandoselo in sella. Il suo destino è essere ogni volta liberato, oppure essere ogni volta rapito? Ruggiero non è nella situazione migliore per porsi il problema: sta già sorvolando l'Oceano, oltrepassate le colonne d'Ercole. L'isola dove l'Ippogrifo atterra è certamente incantata: piante e animali vi si muovono con tanta grazia che pare d'inoltrarsi nel ricamo di un arazzo (canto VI, 17-26).

CANTO VI

17 Ben che Ruggier sia d'animo constante[1]
    né cangiato abbia il solito colore,
    io non gli voglio creder che tremante
    non abbia dentro più che foglia il core.
    Lasciato avea di gran spazio distante
    tutta l'Europa, et era uscito fuore
    per molto spazio il segno[2] che prescritto
    avea già a' naviganti Ercole invitto.

18 Quello ippogrifo, grande e strano augello,
    lo porta via con tal prestezza d'ale,
    che lascieria di lungo tratto quello
    celer ministro del fulmineo strale[3].
    Non va per l'aria altro animal sì snello,
    che di velocità gli fosse uguale:
    credo ch'a pena il tuono e la saetta
    venga in terra dal ciel con maggior fretta.

19 Poi che l'augel trascorso ebbe gran spazio
    per linea dritta e senza mai piegarsi,
    con larghe ruote, omai de l'aria sazio,
    cominciò sopra una isola a calarsi,
    pari a quella ove, dopo lungo strazio
    far del suo amante e lungo a lui celarsi,
    la vergine Aretusa passò invano
    di sotto il mar per camin cieco e strano[4].

20 Non vide né 'l più bel né 'l più giocondo
    da tutta l'aria ove le penne stese;
    né se tutto cercato avesse il mondo,
    vedria di questo il più gentil[5] paese,
    ove, dopo un girarsi di gran tondo[6],
    con Ruggier seco il grande augel discese:
    culte pianure e delicati[7] colli,
    chiare acque, ombrose ripe e prati molli.

21 Vaghi boschetti di soavi allori,
    di palme e d'amenissime mortelle[8],

cedri et aranci ch'avean frutti e fiori
contesti[9] in varie forme e tutte belle,
facean riparo ai fervidi calori
de' giorni estivi con lor spesse ombrelle[10];
e tra quei rami con sicuri[11] voli
cantando se ne gìano i rosignuoli.

22   Tra le purpuree rose e i bianchi gigli,
che tiepida aura freschi ognora serba,
sicuri si vedean lepri e conigli,
e cervi con la fronte alta e superba,
senza temer ch'alcun gli uccida o pigli,
pascano o stiansi rominando l'erba;
saltano i daini e i capri[12] isnelli e destri[13],
che sono in copia in quei luoghi campestri.

23   Come sì presso è l'ippogrifo a terra,
ch'esser ne può men periglioso il salto,
Ruggier con fretta de l'arcion si sferra[14],
e si ritruova in su l'erboso smalto;
tuttavia in man le redine si serra,
che non vuol che 'l destrier più vada in alto:
poi lo lega nel margine marino[15]
a un verde mirto in mezzo un lauro e un pino.

24   E quivi appresso ove surgea[16] una fonte
cinta di cedri e di feconde palme,
pose lo scudo, e l'elmo da la fronte
si trasse, e disarmossi ambe le palme;
et ora alla marina et ora al monte
volgea la faccia all'aure fresche et alme[17],
che l'alte cime con mormorii lieti
fan tremolar dei faggi e degli abeti.

25   Bagna talor ne la chiara onda e fresca
l'asciutte labra, e con le man diguazza,
acciò che de le vene il calore esca
che gli ha acceso il portar de la corazza.

Né maraviglia è già ch'ella gl'incresca;
che non è stato un far vedersi in piazza[18]:
ma senza mai posar, d'arme guernito,
tre mila miglia ognor correndo era ito.

26   Quivi stando, il destrier ch'avea lasciato
tra le più dense frasche alla fresca ombra,
per fuggir si rivolta, spaventato
di non so che, che dentro al bosco adombra[19]:
e fa crollare sì il mirto ove è legato,
che de le frondi intorno il piè gli ingombra:
crollar fa il mirto e fa cader la foglia;
né succede però che se ne scioglia.

Non c'è da meravigliarsi se il primo essere parlante in cui
Ruggiero s'imbatte non ha forma umana, ma è una pianta. Il mirto al quale Ruggiero ha legato l'Ippogrifo per la
briglia, mormora, stride e alfine con mesta e flebile voce
prega il nuovo venuto d'attaccare la sua cavalcatura un
po' più in là. La cortesia del suo eloquio è insolita per un
appartenente al regno vegetale. Ruggiero è confuso e stupefatto, ma il mirto s'affretta a toglierlo d'impaccio pre-
sentandosi e raccontandogli come si trova lì: è Astolfo, figlio del re d'Inghilterra (canto VI, 27-33).

27   Come ceppo talor, che le medolle
rare e vòte abbia, e posto al fuoco sia,
poi che per gran calor quell'aria molle
resta consunta ch'in mezzo l'empìa,
dentro risuona[20], e con strepito bolle
tanto che quel furor truovi la via[21];
così murmura e stride e si coruccia
quel mirto offeso, e al fine apre la buccia[22].

28   Onde[23] con mesta e flebil voce uscìo
espedita[24] e chiarissima favella,

e disse: – Se tu sei cortese e pio,
come dimostri alla presenza bella,
lieva questo animal da l'arbor mio:
basti che 'l mio mal proprio mi flagella[25],
senza altra pena, senza altro dolore
ch'a tormentarmi ancor venga di fuore. –

29   Al primo suon di quella voce torse
Ruggiero il viso, e subito levosse;
e poi ch'uscir da l'arbore s'accorse,
stupefatto restò più che mai fosse.
A levarne il destrier subito corse;
e con le guancie di vergogna rosse:
– Qual che tu sii, perdonami (dicea),
o spirto umano, o boschereccia dea[26].

30   Il non aver saputo che s'asconda
sotto ruvida scorza umano spirto
m'ha lasciato turbar[27] la bella fronda
e far ingiuria al tuo vivace[28] mirto:
ma non restar però, che non risponda[29]
chi tu ti sia, ch'in corpo orrido et irto[30],
con voce e razionale anima vivi;
se da grandine il ciel sempre ti schivi[31].

31   E s'ora o mai potrò questo dispetto[32]
con alcun beneficio compensarte,
per quella bella donna ti prometto,
quella che di me tien la miglior parte,
ch'io farò con parole e con effetto[33],
ch'avrai giusta cagion di me lodarte. –
Come Ruggiero al suo parlar fin diede,
tremò quel mirto da la cima al piede.

32   Poi si vide sudar su per la scorza,
come legno dal bosco allora tratto[34],
che del fuoco venir sente la forza,
poscia ch'invano ogni ripar gli ha fatto;

e cominciò: – Tua cortesia mi sforza
a discoprirti in un medesimo tratto
ch'io fossi prima, e chi converso[35] m'aggia
in questo mirto in su l'amena spiaggia.

33   Il mio nome fu Astolfo[36]; e paladino
era di Francia, assai temuto in guerra:
d'Orlando e di Rinaldo era cugino,
la cui fama alcun termine non serra;
e si spettava a me tutto il domìno,
dopo il mio padre Oton, de l'Inghilterra.
Leggiadro e bel fui sì, che di me accesi
più d'una donna; e al fin me solo offesi.

Il mondo fatato è sempre per Ruggiero una forza estranea che egli subisce e in cui s'aggira spaesato; per Astolfo invece è un mondo congeniale in cui egli s'immedesima subito, ora dominandolo con oggetti e poteri magici, ora restandone prigioniero: come qui, trasformato in mirto dalla fata Alcina. La triste sorte della sua metamorfosi è riferita in un rapido, luminoso racconto.

Le isole dell'Oceano Indiano sono piene di fate e di incantesimi. Astolfo giunto laggiù dopo molte avventure e traversie, stava andando per la spiaggia con altri cavalieri, quando era incappato nelle reti invisibili della fata Alcina, sorella di un'altra fata assai potente, la famosa Morgana. Pescatrice senza reti e senz'amo, Alcina faceva affiorare dalle onde ogni sorta di pesci e perfino balene grosse come isolette o bastimenti. Su di una balena-isoletta-bastimento, Astolfo viene facilmente rapito dalla fata (canto VI, 34-42).

34   Ritornando io da quelle isole estreme
che da Levante il mar Indico lava,
dove Rinaldo et alcun'altri insieme
meco fur chiusi in parte oscura e cava,

et onde liberate le supreme
forze n'avean del cavallier di Brava;
vêr ponente io venìa lungo la sabbia
che del settentrïon sente la rabbia[37].

35   E come la via nostra e il duro e fello
destin ci trasse, uscimmo[38] una matina
sopra la bella spiaggia, ove un castello
siede sul mar, de la possente Alcina[39].
Trovammo lei ch'uscita era di quello,
e stava sola in ripa alla marina;
e senza rete e senza amo traea
tutti li pesci al lito, che volea.

36   Veloci vi correvano i delfini,
vi venìa a bocca aperta il grosso tonno;
i capidogli coi vécchi marini
vengon turbati dal lor pigro sonno;
muli, salpe, salmoni e coracini
nuotano a schiere in più fretta che ponno;
pistrici, fisiteri, orche[40] e balene
escon del mar con monstruose schiene.

37   Veggiamo una balena, la maggiore
che mai per tutto il mar veduta fosse:
undeci passi[41] e più dimostra fuore
de l'onde salse le spallacce grosse.
Caschiamo tutti insieme in uno errore[42],
perch'era ferma e che mai non si scosse:
ch'ella sia un'isoletta ci credemo[43],
così distante ha l'un da l'altro estremo.

38   Alcina i pesci uscir facea de l'acque
con semplici parole e puri incanti.
Con la fata Morgana Alcina nacque,
io non so dir s'a un parto o dopo o inanti[44].
Guardommi Alcina; e subito le piacque
l'aspetto mio, come mostrò ai sembianti:

e pensò con astuzia e con ingegno[45]
tormi ai compagni; e riuscì il disegno.

39   Ci venne incontra con allegra faccia,
con modi grazïosi e riverenti,
e disse: «Cavallier, quando vi piaccia
far oggi meco i vostri alloggiamenti[46],
io vi farò veder, ne la mia caccia,
di tutti i pesci sorti[47] differenti:
chi scaglioso, chi molle e chi col pelo;
e saran più che non ha stelle il cielo.

40   E volendo[48] vedere una sirena
che col suo dolce canto acheta[49] il mare,
passian di qui fin su quell'altra arena,
dove a quest'ora suol sempre tornare».
E ci mostrò quella maggior balena,
che, come io dissi, una isoletta pare.
Io che sempre fui troppo (e me n'increse)
volonteroso[50], andai sopra quel pesce.

41   Rinaldo m'accennava, e similmente
Dudon, ch'io non v'andassi: e poco valse.
La fata Alcina con faccia ridente,
lasciando gli altri dua, dietro mi salse[51].
La balena, all'ufficio diligente[52],
nuotando se n'andò per l'onde salse.
Di mia sciocchezza tosto fui pentito;
ma troppo mi trovai lungi dal lito.

42   Rinaldo si cacciò ne l'acqua a nuoto
per aiutarmi, e quasi si sommerse,
perché levossi un furïoso Noto[53]
che d'ombra il cielo e 'l pelago coperse.
Quel che di lui seguì poi, non m'è noto.
Alcina a confortarmi si converse[54];
e quel dì tutto e la notte che venne,
sopra quel mostro in mezzo il mar mi tenne.

Qui bisogna essere al corrente della situazione dell'isola: in realtà le fate sorelle sono tre: due dedite al peccato, Morgana e Alcina, e una dedita alla virtù, Logistilla. L'isola, che sarebbe legittima proprietà di Logistilla, è usurpata per metà dalle due sorelle. A sentir parlare di vizi e di virtù, Ruggiero già capisce quale piega sta prendendo la storia: era partito come personaggio di un poema cavalleresco, tutto avventure e meraviglie, ed ecco che rischia di ritrovarsi in mezzo ad un poema allegorico, in cui ogni apparizione ha un significato morale e pedagogico. Bisogna uscirne al più presto: Ruggiero s'affretta a farsi spiegare la strada per raggiungere Logistilla la virtuosa. Non vuol fare la fine di Astolfo che ha sì goduto le delizie di Alcina ma ha subito la sorte che attende tutti gli ex amanti della fata: una regressione al regno vegetale o minerale.

Ruggiero intraprende la traversata dell'isola allegorica. Gli viene incontro una torma di personaggi mostruosi; è chiaro che sono i vizi capitali; egli s'affretta a dar battaglia e a sgominarli. Poi c'è una gigantessa con i lunghi denti; dev'essere l'avarizia; Ruggiero sconfigge anche lei. Ed ecco che vede elevarsi le mura della splendida città d'Alcina. Questa dev'essere un'allegoria del piacere, pensa Ruggiero, e lo spirito bellicoso cede il campo a una più benigna inclinazione.

Sulla porta della città lo attende Alcina con la sua corte. Basta a Ruggiero fissare gli occhi neri della maga, scorrere con lo sguardo la sua carnagione color latte, e già tutto quel che ha sentito dire da Astolfo gli appare come una favola non degna di fede. Durante un fastoso convito, Alcina gli promette di raggiungerlo nottetempo nella sua stanza.

Ruggiero ha dimenticato che si trova in mezzo a figure allegoriche: le ore notturne passate a tendere l'orecchio, a contare con l'immaginazione i passi della maliarda, ad aspettare lo schiudersi della porta, bastano a convincer-

lo che il poema che egli vive è fatto non di fredda peda-
gogia ma di trepidante appetito vitale (canto VII, 21-26).

CANTO VII

21 Tolte che fur le mense e le vivande,
    facean, sedendo in cerchio, un giuoco lieto[55]:
    che ne l'orecchio l'un l'altro domande,
    come più piace lor, qualche secreto;
    il che agli amanti fu commodo grande[56]
    di scoprir l'amor lor senza divieto:
    e furon lor conclusïoni estreme
    di ritrovarsi quella notte insieme[57].

22 Finîr quel giuoco tosto, e molto inanzi[58]
    che non solea là dentro esser costume:
    con torchi[59] allora i paggi entrati inanzi,
    le tenebre cacciâr con molto lume.
    Tra bella compagnia dietro e dinanzi
    andò Ruggiero a ritrovar le piume
    in una adorna e fresca cameretta,
    per la miglior di tutte l'altre eletta.

23 E poi che di confetti[60] e di buon vini
    di nuovo fatti fur debiti inviti[61],
    e partîr gli altri riverenti e chini,
    et alle stanze lor tutti sono iti;
    Ruggiero entrò ne' profumati lini
    che pareano di man d'Aracne[62] usciti,
    tenendo tuttavia l'orecchie attente,
    s'ancor venir la bella donna sente.

24 Ad ogni piccol moto ch'egli udiva,
    sperando che fosse ella, il capo alzava:
    sentir credeasi, e spesso non sentiva;
    poi del suo errore accorto sospirava.
    Talvolta uscia del letto e l'uscio apriva,
    guatava fuori, e nulla vi trovava:

e maledì ben mille volte l'ora
che facea al trapassar tanta dimora[63].

25   Tra sé dicea sovente: – Or si parte ella; –
e cominciava a noverare i passi
ch'esser potean da la sua stanza a quella
donde[64] aspettando sta che Alcina passi;
e questi et altri, prima che la bella
donna vi sia, vani disegni fassi.
Teme di qualche impedimento spesso,
che tra il frutto e la man non gli sia messo[65].

26   Alcina, poi ch'a' prezïosi odori
dopo gran spazio pose alcuna meta[66],
venuto il tempo che più non dimori,
ormai ch'in casa era ogni cosa cheta,
de la camera sua sola uscì fuori;
e tacita n'andò per via secreta[67]
dove a Ruggiero avean timore e speme
gran pezzo intorno al cor pugnato insieme[68].

A rimettere in moto la macchina allegorica per farle sgombrare definitivamente il campo, sarà Bradamante; la guerriera innamorata e volitiva non si dà pace finché non ha mandato la maga Melissa a liberare Ruggiero, consegnandogli il famoso anello magico. Con l'anello magico al dito, Ruggiero vede in Alcina non più la maliarda ma una vecchia spelacchiata, e si decide a scappare. Sfugge all'inseguimento di altri oscuri personaggi simbolici, passa nel regno di Logistilla dove trova invece figure allegoriche di tutte le virtù. Per fortuna ritrova anche Astolfo liberato e restituito alla forma umana. Insieme studiano il modo di ritornare ai campi di battaglia dell'epopea, sonanti d'armi e di cavalli.

ORLANDO, OLIMPIA, L'ARCHIBUGIO

L'armata di Carlo Magno è stretta d'assedio tra le mura di Parigi. La notte le sentinelle scrutano dagli spalti i fuochi dell'accampamento saraceno che circonda da ogni lato la città. Ma non sono solo le sentinelle a vegliare. Sul suo letto da campo, Orlando continua a rivoltolarsi senza poter prendere sonno: la sua mente è occupata da un pensiero che ha insieme la fissità e l'irrequietezza d'un riflesso di luna sul mare increspato dalle onde. È all'assedio, alle battaglie, alle fortune dell'esercito franco in pericolo, che egli pensa? No, egli è lontano dai pensieri che soli dovrebbero albergare nell'animo di un paladino suo pari, esempio di dedizione al dovere e castità. Appena le sue palpebre cedono fuggevolmente al sonno è sempre la medesima immagine che gli appare: Angelica. Egli non sa pensare ad altro, non sa far altro che smaniare perché l'ha perduta e non sa dove sia.

In sogno Angelica sta danzando su una riva fiorita; ed ecco abbattersi una tempesta, un turbine di vento che sparpaglia foglie e corolle: quando il turbine trascorre Angelica è sparita. Orlando si risveglia in lacrime. Forse questo sogno è un avvertimento; forse Angelica è in pericolo… Il paladino si butta giù dal letto, si barda di piastre e maglie di ferro, e per sopravveste invece di quella bianca e rossa dell'esercito franco ne indossa una nera, che era appartenuta a un ufficiale saraceno ucciso in battaglia: così potrà attraversare il campo nemico senza dar nell'occhio. Sella il suo cavallo Brigliadoro, passa silenziosamente davanti alla tenda di suo zio Carlo Magno, e senza chiedergli permesso, di nascosto, esce da Parigi, alla ricerca d'Angelica.

La guerra, Carlo Magno, le armi cristiane, Parigi assediata devono pazientare un momento, finché il loro più valoroso paladino non abbia portato a termine la sua inchiesta amorosa. È un momento d'attesa che si prolunga dall'autunno alla primavera; ma Angelica non si trova in nessuna provincia della Francia occupata dai Mori; Orlando ha già raggiunto le coste della Manica; mentre sta cercando un traghetto, vede su un battello una fanciulla che pare voglia dirgli qualcosa (canto IX, 1-9).

CANTO IX

1   Che non può far d'un cor ch'abbia suggetto[1]
     questo crudele e traditore Amore,
     poi ch'ad Orlando può levar del petto
     la tanta fé che debbe al suo signore?
     Già savio e pieno fu d'ogni rispetto,
     e de la santa Chiesa difensore:
     or per un vano amor, poco del zio,
     e di sé poco, e men cura di Dio.

2   Ma l'escuso io pur troppo, e mi rallegro
     nel mio difetto aver compagno tale;
     ch'anch'io sono al mio ben languido et egro,
     sano e gagliardo a seguitare il male[2].
     Quel se ne va tutto vestito a negro,

né tanti amici abandonar gli cale;
e passa dove d'Africa e di Spagna
la gente era attendata alla campagna:

3   anzi non attendata, perché sotto
alberi e tetti l'ha sparsa[3] la pioggia
a dieci, a venti, a quattro, a sette, ad otto;
chi più distante e chi più presso alloggia.
Ognuno dorme travagliato e rotto[4]:
chi steso in terra, e chi alla man s'appoggia.
Dormono; e il conte uccider ne può[5] assai:
né però stringe Durindana[6] mai.

4   Di tanto core è il generoso Orlando,
che non degna ferir gente che dorma.
Or questo, e quando[7] quel luogo cercando[8]
va, per trovar de la sua donna l'orma.
Se truova alcun che veggi[9], sospirando
gli ne dipinge l'abito e la forma;
e poi lo priega che per cortesia
gl'insegni andar in parte ove ella sia.

5   E poi che venne il dì chiaro e lucente,
tutto cercò l'esercito moresco[10]:
e ben lo potea far sicuramente[11],
avendo indosso l'abito arabesco[12];
et aiutollo in questo parimente,
che sapeva altro idioma che francesco[13],
e l'africano tanto avea espedito[14],
che parea nato a Tripoli e nutrito.

6   Quivi il tutto cercò, dove dimora
fece tre giorni, e non per altro effetto[15];
poi dentro alle cittadi e a' borghi fuora[16]
non spiò sol per Francia e suo distretto[17],
ma per Uvernia[18] e per Guascogna ancora
rivide sin all'ultimo borghetto;
e cercò da Provenza alla Bretagna,

e dai Picardi ai termini di Spagna[19].

7   Tra il fin d'ottobre e il capo[20] di novembre,
ne la stagion[21] che la frondosa vesta
vede levarsi e discoprir le membre
trepida pianta[22], fin che nuda resta,
e van gli augelli[23] a strette schiere insembre,
Orlando entrò ne l'amorosa inchiesta[24];
né tutto il verno appresso lasciò quella,
né lasciò ne la stagion novella[25].

8   Passando un giorno, come avea costume,
d'un paese in un altro, arrivò dove
parte i Normandi dai Britoni un fiume[26],
e verso il vicin mar cheto si muove;
ch'allora gonfio e bianco gìa di spume
per nieve sciolta e per montane piove:
e l'impeto de l'acqua avea disciolto[27]
e tratto seco il ponte, e il passo tolto[28].

9   Con gli occhi cerca or questo lato or quello,
lungo le ripe il paladin, se vede
(quando[29] né pesce egli non è, né augello)
come abbia a por ne l'altra ripa il piede:
et ecco a sé venir vede un battello,
ne la cui poppe[30] una donzella siede,
che di volere a lui venir fa segno;
né lascia poi ch'arrivi in terra il legno.

È a un'ardita e generosa impresa che la messaggera d'Oltremanica invita Orlando: egli è chiamato ad accorrere nel Mar d'Irlanda, all'isola di Ebuda, dove incatenano ogni giorno una fanciulla a una roccia perché venga divorata da un mostro marino. E se anche Angelica fosse finita là? Basta questo agghiacciante sospetto perché Orlando s'affretti a imbarcarsi a San Malò. Ma il vento maestrale impedisce alla barca d'avvicinarsi alle bianche scogliere d'Inghilterra e la risospinge indietro fin sulla costa fiamminga.

Orlando sbarca ad Anversa. – Finalmente un cavaliere errante! – esclama un vecchio che pareva stesse lì sul molo ad aspettarlo. – Seguimi, ti scongiuro, ché Olimpia contessa d'Olanda attende il tuo soccorso!

Orlando in verità avrebbe fretta di ripartire alla ricerca d'Angelica, ma non è certo uomo da tirarsi indietro. Corre a mettere le sue armi al servizio d'Olimpia, che gli racconta la sua tremenda storia. Cimosco re di Frisia, avendo Olimpia rifiutato la mano di suo figlio Arbante, ha invaso l'Olanda e l'ha messa a ferro e fuoco; questo sovrano prepotente e superbo si fa forte di un'arma micidiale, l'arma del futuro, destinata a trasformare le guerre in carneficine e a metter fine alle gentili imprese della cavalleria: l'archibugio. Orlando naturalmente non ha mai sentito parlare d'una diavoleria simile: e a Olimpia tocca impartirgli una sommaria spiegazione tecnica sul funzionamento delle armi da fuoco. Purtroppo ella sa bene cosa sono, avendo perduto sotto i colpi dell'archibugio entrambi i fratelli e il padre (canto IX, 28-31).

28 Oltre che sia robusto, e sì possente,
    che pochi pari a nostra età ritruova[31],
    e sì astuto in mal far, ch'altrui nïente
    la possanza, l'ardir, l'ingegno giova;
    porta alcun'arme[32] che l'antica gente
    non vide mai, né fuor ch'a lui, la nuova[33]:
    un ferro bugio[34], lungo da dua braccia[35],
    dentro a cui polve et una palla caccia.

29 Col fuoco[36] dietro ove la canna è chiusa,
    tocca un spiraglio che si vede a pena;
    a guisa che toccare il medico usa
    dove è bisogno d'allacciar la vena[37]:
    onde vien con tal suon la palla esclusa[38],
    che si può dir che tuona e che balena;
    né men che soglia il fulmine ove passa,
    ciò che tocca arde, abatte, apre e fracassa.

30   Pose due volte il nostro campo in rotta
      con questo inganno, e i miei fratelli uccise:
      nel primo assalto il primo; che la botta[39],
      rotto l'usbergo, in mezzo il cor gli mise;
      ne l'altra zuffa a l'altro, il quale in frotta[40]
      fuggìa, dal corpo l'anima divise;
      e lo ferì lontan[41] dietro la spalla,
      e fuor del petto uscir fece la palla.

31   Difendendosi poi mio padre un giorno
      dentro un castel che sol gli era rimaso,
      che tutto il resto avea perduto intorno,
      lo fe' con simil colpo ire all'occaso[42];
      che mentre andava e che facea ritorno,
      provedendo or a questo or a quel caso[43],
      dal traditor fu in mezzo gli occhi còlto,
      che l'avea di lontan di mira tolto.

Caduta in mano dell'uccisore dei suoi cari, tradita dal suo popolo terrorizzato, Olimpia aveva ancora un'ultima speranza: che l'uomo da lei amato, Bireno duca di Selandia, sopraggiungesse a liberarla. Ma il tremendo archibugiere aveva sbaragliato e fatto prigioniero anche Bireno. Olimpia, piuttosto che sposare il figlio dell'invasore, era pronta a darsi la morte, ma prima voleva vendicarsi. Finge d'accondiscendere alle nozze. Le restano due sudditi fedeli e coraggiosi, due giovani fratelli. Olimpia ne apposta uno in barca giù nel canale, e nasconde l'altro armato di scure tra le tende della sua alcova. Per lo sposo Arbante, quello non sarà il talamo ma il patibolo: cadrà decapitato mentre Olimpia con una scala di corda scenderà nella barca e si metterà in salvo.

Il dolore per l'uccisione del figlio e l'ira contro la fuggitiva rendono Cimosco implacabile. Egli ha in mano Bireno: potrebbe ucciderlo, ma è su Olimpia che vuole vendicarsi. Si dichiara pronto a liberare Bireno se avrà in cambio Olimpia. Olimpia dal canto suo è pronta a sacrificarsi per salvare l'uomo amato; s'arrenderebbe subito a Cimosco, ma sa quanto quel tiranno sia infido. Chi le garantisce che, una volta avutala nelle sue mani, Cimosco non ucciderà anche Bireno? Questo Olimpia chiede ad Orlando che il caso e i venti hanno portato fino a lei: che l'accompagni mentre andrà a consegnarsi al nemico, e vegli a che Cimosco mantenga la parola e salvi Bireno.

È un'impresa che nessun cavaliere errante ha voluto finora assumersi: nessuno si sente di sfidare i proiettili infuocati contro i quali piastre e maglie di ferro non sono che fragili veli. Orlando ha già preso la sua decisione: metterà la sua lancia al servizio di Olimpia non perché ella si consegni al carnefice ma perché sia salva insieme all'uomo che ama.

Il paladino sfida re Cimosco a lancia e spada. Cimosco trama un agguato per prendere Orlando alle spalle: gli spara con l'archibugio, ma sbaglia la mira. È la battaglia del glorioso passato contro il fosco presente: il poeta potrebbe intonare le sue note più solenni; invece preferisce rappresentare lo scontro tenendosi alla vita quotidiana intorno a lui, attingendo da essa le sue metafore.

Insomma, tanto per dare un'idea: Cimosco cerca di prendere Orlando alle spalle, come nel delta del Po i pescatori circondano le anguille con le reti, e vuole prenderlo vivo, come gli uccellatori che catturano gli uccelli da richiamo; Orlando si mette a infilzare nemici sulla lancia come tortellini sul forchettone del cuoco o come i pescatori ferraresi infilzano sullo spiedo quante rane ci stanno; Cimosco s'è andato ad appostare con l'archibugio puntato come un cacciatore dell'Appennino che attende un cinghiale; l'archibugiata uccide il cavallo ma fa saltar su Orlando, che pare quella volta che a Brescia è scoppiata una polveriera (canto IX, 61-80).

61 Giunge Orlando a Dordreche[44], e quivi truova
di molta gente armata in su la porta;
sì perché sempre, ma più quando è nuova,
seco ogni signoria sospetto porta[45];
sì perché dianzi giunta era una nuova,
che di Selandia con armata scorta
di navilii e di gente un cugin viene
di quel signor che qui prigion si tiene.

62 Orlando prega uno di lor, che vada
e dica al re, ch'un cavalliero errante
disia con lui provarsi a lancia e a spada;
ma che vuol che tra lor sia patto inante:
ch se 'l re fa che, chi lo sfida, cada,
la donna abbia d'aver, ch'uccise Arbante,
che 'l cavallier l'ha in loco non lontano
da poter sempremai[46] darglila in mano;

63 et all'incontro vuol che 'l re prometta,
ch'ove egli vinto ne la pugna sia,
Bireno in libertà subito metta,
e che lo lasci andare alla sua via.
Il fante al re fa l'imbasciata in fretta:
ma quel, che né virtù né cortesia
conobbe mai, drizzò tutto il suo intento
alla fraude, all'inganno, al tradimento.

64 Gli par ch'avendo in mano il cavalliero,
avrà la donna ancor, che sì l'ha offeso,
s'in possanza di lui la donna è vero
che si ritruovi, e il fante ha ben inteso[47].
Trenta[48] uomini pigliar fece sentiero
diverso da[49] la porta ov'era atteso,
che dopo occulto et assai lungo giro,
dietro alle spalle al paladino usciro[50].

65 Il traditore intanto dar parole
fatto gli avea[51], sin che i cavalli e i fanti

vede esser giunti al loco ove gli vuole;
da la porta esce poi con altretanti.
Come le fere e il bosco cinger suole
perito cacciator da tutti i canti;
come appresso a Volana[52] i pesci e l'onda
con lunga rete il pescator circonda:

66   così per ogni via dal re di Frisa,
che quel guerrier non fugga, si provede[53].
Vivo lo vuole, e non in altra guisa:
e questo far sì facilmente crede,
che 'l fulmine terrestre[54], con che uccisa
ha tanta e tanta gente, ora non chiede;
che quivi non gli par che si convegna[55],
dove pigliar, non far morir, disegna.

67   Qual cauto ucellator che serba vivi,
intento a maggior preda, i primi augelli,
acciò in più quantitade altri captivi
faccia[56] col giuoco e col zimbel[57] di quelli;
tal esser vòlse il re Cimosco quivi:
ma già non vòlse Orlando esser di quelli
che si lascin pigliare al primo tratto;
e tosto roppe il cerchio ch'avean fatto.

68   Il cavallier d'Anglante, ove più spesse
vide le genti e l'arme, abbassò l'asta;
et uno in quella e poscia un altro messe[58],
e un altro e un altro, che sembrâr di pasta;

e fin a sei ve n'infilzò, e li resse
tutti una lancia: e perch'ella non basta
a più capir[59], lasciò il settimo fuore
ferito sì, che di quel colpo muore.

69   Non altrimente ne l'estrema arena
veggiàn le rane de canali e fosse
dal cauto arcier nei fianchi e ne la schiena,
l'una vicina all'altra, esser percosse;
né da la freccia, fin che tutta piena
non sia da un capo all'altro, esser rimosse[60].
La grave lancia Orlando da sé scaglia,
e con la spada entrò ne la battaglia.

70   Rotta la lancia, quella spada strinse,
quella che mai non fu menata in fallo;
e ad ogni colpo, o taglio o punta[61], estinse
quando uomo a piedi, e quando uomo a cavallo:
dove toccò, sempre in vermiglio[62] tinse
l'azzurro, il verde, il bianco, il nero, il giallo[63].
Duolsi Cimosco che la canna e il fuoco[64]
seco or non ha, quando v'avrian più loco[65].

71   E con gran voce e con minaccie chiede
che portati gli sian, ma poco è udito;
che chi ha ritratto a salvamento il piede
ne la città, non è d'uscir più ardito.
Il re frison, che fuggir gli altri vede,
d'esser salvo egli ancor piglia partito[66]:
corre alla porta, e vuole alzare il ponte[67];
ma troppo è presto ad arrivare il conte.

72   Il re volta le spalle, e signor lassa
del ponte Orlando e d'amendue le porte[68];
e fugge, e inanzi a tutti gli altri passa,
mercé che[69] 'l suo destrier corre più forte.
Non mira Orlando a quella plebe bassa:
vuole il fellon, non gli altri, porre a morte;

ma il suo destrier sì al corso poco vale,
che restio sembra, e chi fugge, abbia l'ale.

73   D'una in un'altra via si leva ratto
di vista al paladin; ma indugia poco,
che torna con nuove armi; che s'ha fatto[70]
portare intanto il cavo ferro e il fuoco:
e dietro un canto postosi di piatto[71],
l'attende, come il cacciatore al loco[72],
coi cani armati[73] e con lo spiedo, attende
il fier cingial che ruinoso[74] scende;

74   che spezza i rami e fa cadere i sassi,
e ovunque drizzi l'orgogliosa fronte,
sembra a tanto rumor che si fracassi
la selva intorno, e che si svella il monte.
Sta Cimosco alla posta, acciò non passi
senza pagargli il fio l'audace conte:
tosto ch'appare, allo spiraglio tocca
col fuoco il ferro, e quel subito scocca[75].

75   Dietro lampeggia a guisa di baleno,
dinanzi scoppia, e manda in aria il tuono.
Trieman le mura, e sotto i piè il terreno;
il ciel rimbomba al paventoso[76] suono.
L'ardente stral[77], che spezza e venir meno
fa ciò ch'incontra, e dà a nessun perdono[78],
sibila e stride; ma, come è il desire
di quel brutto assassin, non va a ferire.

76   O sia la fretta, o sia la troppa voglia
d'uccider quel baron, ch'errar lo faccia;
o sia che il cor, tremando come foglia,
faccia insieme tremare e mani e braccia;
o la bontà divina che non voglia
che 'l suo fedel campion sì tosto giaccia:
quel colpo al ventre del destrier si torse[79];
lo cacciò in terra, onde mai più non sorse.

77   Cade a terra il cavallo e il cavalliero:
     la preme l'un[80], la tocca l'altro a pena;
     che si leva sì destro[81] e sì leggiero,
     come cresciuto gli sia possa e lena.
     Quale il libico Anteo[82] sempre più fiero
     surger solea da la percossa arena,
     tal surger parve, e che la forza, quando
     toccò il terren, si radoppiasse a Orlando.

78   Chi vide mai[83] dal ciel cadere il foco[84]
     che con sì orrendo suon Giove disserra[85]
     e penetrare ove un rinchiuso loco
     carbon con zolfo e con salnitro serra[86];
     ch'a pena arriva, a pena tocca un poco,
     che par[87] ch'avampi il ciel, non che la terra;
     spezza le mura, e i gravi marmi svelle,
     e fa i sassi volar sin alle stelle;

79   s'imagini[88] che tal, poi che cadendo
     toccò la terra, il paladino fosse:
     con sì fiero sembiante aspro et orrendo
     da far tremar nel ciel Marte, si mosse.
     Di che smarrito il re frison, torcendo
     la briglia indietro, per fuggir voltosse;
     ma gli fu dietro Orlando con più fretta
     che non esce da l'arco una saetta:

80   e quel che non avea potuto prima
     fare a cavallo, or farà essendo a piede.
     Lo séguita sì ratto, ch'ogni stima
     di chi nol vide, ogni credenza eccede[89].
     Lo giunse[90] in poca strada[91]; et alla cima
     de l'elmo alza la spada, e sì lo fiede,
     che gli parte la testa fin al collo,
     e in terra il manda a dar l'ultimo crollo[92].

Nel momento in cui Cimosco stramazza con la testa spartita in due, entrano in Dordrecht i rinforzi dell'esercito di

Selandia, e sterminano i Frisoni. L'Olanda è liberata, Olimpia e Bireno s'abbracciano, Orlando ha portato a termine l'impresa e può accomiatarsi.

Ma prima di rimettersi sulle tracce d'Angelica vuole assicurarsi d'una cosa: che quell'ordigno infernale sparisca dalla faccia della terra e non contesti all'arma bianca la signoria delle battaglie. Con una barca va dove il mare è più profondo e getta negli abissi archibugio e polvere e pallottole (canto IX, 90-91).

90   E così, poi che fuor de la marea[93]
      nel più profondo mar si vide uscito,
      sì che segno lontan non si vedea
      del destro più né del sinistro lito;
      lo tolse[94], e disse: – Acciò più non istea
      mai cavallier per te d'essere ardito,
      né quanto il buono val, mai più si vanti
      il rio per te valer[95], qui giù rimanti.

91   O maledetto, o abominoso ordigno,
      che fabricato nel tartareo fondo[96]
      fosti per man di Belzebù maligno
      che ruinar per te disegnò il mondo,
      all'inferno, onde uscisti, ti rasigno[97]. –
      Così dicendo, lo gittò in profondo.
      Il vento intanto le gonfiate vele
      spinge alla via[98] de l'isola crudele[99].

Laggiù la macchina infernale dovrà giacere per alcuni secoli, finché il diavolo non la farà riemergere attraverso gli incantesimi d'un negromante. Ed ecco i cavalieri dileguarsi, il fumo e le vampe invadere i campi di battaglia, colubrine, bombarde, cannoni mettere Italia ed Europa a ferro e a fuoco (canto XI, 23-27).

23   La machina infernal, di più di cento
passi d'acqua[100] ove stè ascosa molt'anni,
al sommo tratta per incantamento,
prima portata fu tra gli Alamanni[101];
li quali uno et un altro[102] esperimento
facendone, e il demonio a' nostri danni
assuttigliando[103] lor via più la mente,
ne ritrovaro l'uso finalmente.

24   Italia e Francia e tutte l'altre bande[104]
del mondo han poi la crudele arte appresa.
Alcuno il bronzo in cave forme spande,
che liquefatto ha la fornace accesa[105];
bùgia[106] altri il ferro; e chi picciol, chi grande
il vaso forma, che più e meno pesa:
e qual bombarda e qual nomina scoppio,
qual semplice cannon, qual cannon doppio[107],

25   qual sagra, qual falcon, qual colubrina[108]
sento nomar, come al suo autor più agrada;
che 'l ferro spezza, e i marmi[109] apre e ruina,
e ovunque passa si fa dar la strada.
Rendi, miser soldato, alla fucina[110]
pur tutte l'arme c'hai, fin alla spada;
e in spalla un scoppio o un arcobugio prendi;
che senza, io so, non toccherai stipendi[111].

26   Come trovasti, o scelerata e brutta
invenzïon, mai loco in uman core?
Per te[112] la militar gloria è distrutta,
per te il mestier de l'arme[113] è senza onore;
per te è il valore e la virtù ridutta,
che spesso par del buono il rio migliore[114]:
non più la gagliardia, non più l'ardire
per te può in campo al paragon[115] venire.

27   Per te son giti et anderan sotterra[116]

tanti signori e cavallieri tanti,
prima che sia finita questa guerra,
che 'l mondo, ma più Italia, ha messo in pianti[117];
che s'io v'ho detto, il detto mio non erra,
che ben fu il più crudele e il più di quanti
mai furo al mondo ingegni empii e maligni,
ch'imaginò sì abominosi ordigni[118].

L'*Orlando furioso* è un'immensa partita di scacchi che si gioca sulla carta geografica del mondo, una partita smisurata, che si dirama in tante partite simultanee. La carta del mondo è ben più varia d'una scacchiera, ma su di essa le mosse d'ogni personaggio si susseguono secondo regole fisse come per i pezzi degli scacchi.

Se Olimpia è entrata in gioco come una bella donna perseguitata da malvagità e sventure, la sua parte continuerà ad essere quella della bella donna perseguitata da malvagità e sventure. Ora che Orlando l'ha salvata, che il suo nemico più crudele è morto, che s'è ricongiunta con l'uomo per cui era pronta a sacrificare la vita, dovrebbe cominciare per lei la felicità: no, comincerà invece un'altra sequela di guai, perché nella sua figura bellezza e disperazione non possono essere disgiunte.

Bireno, duca di Selandia, è un ben indegno oggetto di così devoto amore: appena liberato mette subito gli occhi addosso a una giovinetta, figlia del nemico ucciso, e simulando ipocritamente un sentimento di pietà, la porta con sé sulla nave, col pretesto di darla in moglie a suo fratello. La verità è che l'ingrato non vede l'ora di abbandonare Olimpia in un'isola deserta.

Dovendo enunciare una morale per questa storia, il poeta si trova in imbarazzo: deve dire alle donne di diffidare sempre degli uomini, di non mostrarsi mai innamorate? Finirebbe per darsi la zappa sui piedi. Se la cava dicendo che si guardino dai giovincelli, sempre volubili, e preferiscano gli uomini maturi (canto X, 6-9).

CANTO X

6   I giuramenti e le promesse vanno
dai venti in aria disipate e sparse,
tosto che tratta[1] questi amanti s'hanno
l'avida sete che gli accese et arse.
Siate a' prieghi et a' pianti che vi fanno,
per questo esempio, a credere più scarse[2].
Bene è felice quel, donne mie care,
ch'essere accorto all'altrui spese impare.

7   Guardatevi da questi che sul fiore
de' lor begli anni il viso han sì polito[3];
che presto nasce in loro e presto muore,
quasi un foco di paglia, ogni appetito.
Come segue la lepre il cacciatore
al freddo, al caldo, alla montagna, al lito,
né più l'estima poi che presa vede[4];
e sol dietro a chi fugge affretta il piede:

8   così fan questi giovani, che tanto
che[5] vi mostrate lor dure e proterve,
v'amano e riveriscono con quanto
studio de' far chi fedelmente serve;
ma non sì tosto si potran dar vanto
de la vittoria, che, di donne[6], serve

vi dorrete esser fatte; e da voi tolto[7]
vedrete il falso amore, e altrove volto.

9   Non vi vieto per questo (ch'avrei torto)
che vi lasciate amar; che senza amante
sareste come inculta vite in orto,
che non ha palo ove s'appoggi o piante[8].
Sol la prima lanugine[9] vi esorto
tutta a fuggir, volubile e inconstante,
e côrre i frutti non acerbi e duri,
ma che non sien però troppo maturi[10].

Dice così tanto per dire: il poeta sa di sicuro soltanto che in quel punto della sua mappa-scacchiera gli ci vuole una figura di donna che si strappa i capelli guardando una vela che s'allontana nella bruma (canto X, 17-34).

17   Tratti che si fur dentro un picciol seno,
Olimpia venne in terra; e con diletto
in compagnia de l'infedel Bireno
cenò contenta e fuor d'ogni sospetto:
indi con lui, là dove in loco ameno
teso[11] era un padiglione, entrò nel letto.
Tutti gli altri compagni ritornaro,
e sopra i legni lor si riposaro.

18   Il travaglio del mare[12] e la paura
che tenuta alcun dì l'aveano desta,
il ritrovarsi al lito ora sicura,
lontana da rumor ne la foresta,
e che nessun pensier, nessuna cura,
poi che 'l suo amante ha seco, la molesta;
fu cagion ch'ebbe Olimpia sì gran sonno,
che gli orsi e i ghiri aver maggior nol ponno.

19   Il falso amante che i pensati inganni[13]
veggiar facean, come dormir lei sente,

pian piano esce del letto, e de' suoi panni
fatto un fastel, non si veste altrimente[14];
e lascia il padiglione; e come i vanni
nati gli sian[15], rivola alla sua gente,
e li risveglia; e senza udirsi un grido,
fa entrar ne l'alto[16] e abandonare il lido.

20   Rimase a dietro il lido e la meschina
Olimpia, che dormì senza destarse,
fin che l'Aurora la gelata brina
da le dorate ruote[17] in terra sparse,
e s'udîr le Alcïone alla marina
de l'antico infortunio lamentarse[18].
Né desta né dormendo, ella la mano
per Bireno abbracciar stese, ma invano.

21   Nessuno truova: a sé la man ritira:
di nuovo tenta, e pur nessuno truova.
Di qua l'un braccio, e di là l'altro gira;
or l'una, or l'altra gamba; e nulla giova[19].
Caccia il sonno il timor: gli occhi apre, e mira:
non vede alcuno. Or già non scalda e cova
più le vedove piume[20], ma si getta
del letto e fuor del padiglione in fretta:

22   e corre al mar, graffiandosi le gote,
presaga e certa ormai di sua fortuna.
Si straccia i crini, e il petto si percuote,
e va guardando (che splendea la luna)
se veder cosa fuor che 'l lito, puote;
né, fuor che 'l lito, vede cosa alcuna.
Bireno chiama: e al nome di Bireno
rispondean gli Antri[21] che pietà n'avieno.

23   Quivi surgea nel lito estremo un sasso,
ch'aveano l'onde, col picchiar frequente,
cavo[22] e ridutto a guisa d'arco al basso;
e stava sopra il mar curvo e pendente.

Olimpia in cima vi salì a gran passo
(così la facea l'animo possente)[23],
e di lontano le gonfiate vele
vide fuggir del suo signor crudele:

24   vide lontano, o le parve vedere;
che l'aria chiara ancor non era molto.
Tutta tremante si lasciò cadere,
più bianca e più che nieve fredda in volto;
ma poi che di levarsi ebbe potere,
al camin de le navi[24] il grido volto,
chiamò, quanto potea chiamar più forte,
più volte il nome del crudel consorte:

25   e dove non potea la debil voce,
supliva il pianto e 'l batter palma a palma.
– Dove fuggi, crudel, così veloce?
Non ha il tuo legno la debita salma[25].
Fa che lievi[26] me ancor: poco gli nuoce
che porti il corpo, poi che porta l'alma. –
E con le braccia e con le vesti segno
fa tuttavia, perché ritorni il legno.

26   Ma i venti che portavano le vele
per l'alto mar di quel giovene infido,
portavano[27] anco i prieghi e le querele
de l'infelice Olimpia, e 'l pianto e 'l grido;
la qual tre volte, a se stessa[28] crudele,
per affogarsi si spiccò dal lido[29]:
pur al fin si levò da mirar l'acque,
e ritornò dove la notte giacque.

27   E con la faccia in giù stesa sul letto,
bagnandolo di pianto, dicea lui[30]:
– Iersera desti insieme a dui ricetto[31];
perché insieme al levar non siamo dui?
O perfido Bireno, o maladetto
giorno ch'al mondo generata fui!

Che debbo far? che poss'io far qui sola?
chi mi dà aiuto? ohimè, chi mi consola?

28   Uomo non veggio qui, non ci veggio opra
donde io possa stimar ch'uomo qui sia[32];
nave non veggio, a cui salendo sopra,
speri allo scampo mio ritrovar via.
Di disagio morrò; né che mi cuopra
gli occhi sarà, né chi sepolcro dia,
se forse in ventre lor non me lo dànno
i lupi, ohimè, ch'in queste selve stanno.

29   Io sto in sospetto[33], e già di veder parmi
di questi boschi orsi o leoni uscire,
o tigri o fiere tal, che natura armi
d'aguzzi denti e d'ugne da ferire.
Ma quai fere crudel potriano farmi,
fera crudel, peggio di te morire?
darmi una morte, so, lor parrà assai;
e tu di mille, ohimè, morir mi fai.

30   Ma presupongo[34] ancor ch'or ora arrivi
nochier che per pietà di qui mi porti[35];
e così lupi, orsi, leoni schivi[36],
strazi, disagi et altre orribil morti:
mi porterà forse in Olanda, s'ivi
per te si guardan[37] le fortezze e i porti?
mi porterà alla terra ove son nata
se tu con fraude già me l'hai levata?

31   Tu m'hai lo stato mio, sotto pretesto
di parentado e d'amicizia, tolto.
Ben fosti a porvi le tue genti presto[38],
per aver il dominio a te rivolto[39].
Tornerò in Fiandra? ove ho venduto il resto
di che io vivea, ben che non fossi[40] molto,
per sovenirti e di prigione trarte.
Mischina! dove andrò? non so in qual parte.

32   Debbo forse ire in Frisa, ove io potei[41],
      e per te[42] non vi vòlsi esser regina?
      il che del padre e dei fratelli miei
      e d'ogn'altro mio ben fu la ruina.
      Quel c'ho fatto per te, non ti vorrei,
      ingrato, improverar, né disciplina
      dartene[43]; che non men di me lo sai:
      or ecco il guiderdon[44] che me ne dai.

33   Deh, pur che da color che vanno in corso[45]
      io non sia presa, e poi venduta schiava!
      Prima che questo, il lupo, il leon, l'orso
      venga, e la tigre e ogn'altra fera brava[46],
      di cui l'ugna mi stracci, e franga il morso[47];
      e morta mi strascini alla sua cava[48]. –
      Così dicendo, le mani si caccia
      ne' capei d'oro, e a chiocca a chiocca[49] straccia.

34   Corre di nuovo in su l'estrema sabbia,
      e ruota il capo[50] e sparge all'aria il crine;
      e sembra forsennata, e ch'adosso abbia
      non un demonio sol, ma le decine;
      o, qual Ecuba, sia conversa in rabbia,
      vistosi morto Polidoro[51] al fine.
      Or si ferma s'un sasso, e guarda il mare;
      né men d'un vero sasso, un sasso pare.

Olimpia che si risveglia nella tenda sulla spiaggia, allunga la mano per carezzare lo sposo e trova il posto vuoto; Olimpia che corre tra gli scogli e grida il nome di Bireno, e solo l'eco delle grotte ne ha pietà e le risponde; Olimpia che in un delirio di disperazione evoca il morso dei lupi, degli orsi, delle tigri, dei leoni, cerca di distruggere se stessa in una fantasticheria di belve che l'azzannano e la sbranano: ecco che il poeta ha tratto dal suo strumento le note più struggenti e può passare, con uno dei suoi rapidi arpeggi, dagli strazi della tragedia al galoppo dell'avventura.

In ogni canto dell'*Orlando furioso* la mappa del mondo si dispiega tutta contemporaneamente sotto l'occhio del lettore, e lo stesso sguardo abbraccia sullo scoglio scozzese Olimpia come impietrita dal dolore e nelle Indie Ruggiero che fugge dai paradisi del piacere a quelli della saggezza, da Alcina a Logistilla.

Nel regno di Logistilla, Ruggiero ritorna in possesso dell'Ippogrifo, finalmente domato e obbediente al suo comando. Sulla nostra scacchiera l'Ippogrifo è un pezzo privilegiato: a chi lo cavalca è permesso di sorvolare in una sola mossa continenti interi. Una fantasiosa geografia d'Asia e d'Europa scorre sotto gli occhi di Ruggiero, finché egli non decide di calare in Inghilterra, donde sta per partire un esercito in soccorso di Carlo Magno assediato (canto X, 69-74).

69   Quindi partì Ruggier, ma non rivenne
     per quella via che fe' già suo mal grado,
     allor che sempre l'ippogrifo il tenne
     sopra il mare, e terren vide di rado:
     ma potendogli or far batter le penne
     di qua di là, dove più gli era a grado,
     vòlse al ritorno far nuovo sentiero,
     come, schivando Erode, i Magi fêro[52].

70   Al venir quivi, era, lasciando Spagna,
     venuto India a trovar per dritta riga[53],
     là dove il mare orïental la bagna;
     dove una fata avea con l'altra briga[54].
     Or veder si dispose altra campagna,
     che quella dove i venti Eolo instiga[55],
     e finir tutto il cominciato tondo,
     per aver, come il sol, girato il mondo[56].

71   Quinci il Cataio, e quindi Mangïana

sopra il gran Quinsaì vide passando[57]:
volò sopra l'Imavo[58], e Sericana[59]
lasciò a man destra; e sempre declinando
da l'iperborei Sciti[60] a l'onda ircana[61],
giunse alle parti di Sarmazia[62]: e quando
fu dove Asia da Europa si divide[63],
Russi e Pruteni e la Pomeria[64] vide.

72   Ben che di Ruggier fosse ogni desire
di ritornare a Bradamante presto;
pur, gustato il piacer ch'avea di gire
cercando il mondo, non restò per questo,
ch'alli Pollacchi, agli Ungari venire
non volesse anco, alli Germani, e al resto[65]
di quella boreale orrida terra:
e venne al fin ne l'ultima Inghilterra[66].

73   Non crediate, Signor, che però stia
per sì lungo camin sempre su l'ale:
ogni sera all'albergo se ne gìa,
schivando a suo poter[67] d'alloggiar male.
E spese giorni e mesi in questa via,
sì di veder la terra e il mar gli cale[68].
Or presso a Londra giunto una matina,
sopra Tamigi il volator declina[69].

74   Dove ne' prati alla città vicini
vide adunati uomini d'arme[70] e fanti,
ch'a suon di trombe e a suon di tamburini
venian, partiti[71] a belle schiere, avanti
il buon Rinaldo, onor de' paladini;
del qual, se vi ricorda, io dissi inanti,
che mandato da Carlo, era venuto
in queste parti a ricercare aiuto.

Oltre la Manica s'estende un paese ancora pieno d'esotismo.
Basta il suono dei nomi delle città e delle contee ad affasci-

nare Ruggiero e con lui Ariosto. Descrivere una sfilata delle truppe d'Inghilterra Scozia e Irlanda potrebbe ridursi a un arido elenco se non fosse per la scommessa che il poeta fa con se stesso: riuscire a italianizzare quanti più nomi inglesi può. Come far entrare in un poema italiano i nomi di Lancaster, di Warwick, di Gloucester? Li trasformeremo in Lincastro, Varvecia, Glocestra. E Clarence? e Norfolk? e Kent? Basterà dire Chiarenza, Nortfozia, Cancia. È un gioco che può continuare quanto si vuole: Pembroke diventa Pembrozia, Suffolk Sufolcia, Essex Essenia. E Northumberland? La faccenda comincia a complicarsi. Berkley? Richmond? Dorchester? Hampton? L'impresa fonetica di Ariosto diventa una nuova imprevista avventura del poema (canto X, 75-81).

75   Giunse a punto Ruggier, che si facea
la bella mostra fuor di quella terra[72];
e per sapere il tutto, ne chiedea
un cavallier, ma scese prima in terra:
e quel, ch'affabil era, gli dicea
che di Scozia e d'Irlanda e d'Inghilterra
e de l'isole intorno eran le schiere
che quivi alzate avean tante bandiere:

76   e finita la mostra che faceano,
alla marina se distenderanno,
dove aspettati per solcar l'Oceano
son dai navili che nel porto stanno.
I Franceschi assediati[73] si ricreano[74],
sperando in questi che a salvar li vanno.
– Ma acciò tu te n'informi pienamente,
io ti distinguerò[75] tutta la gente.

77   Tu vedi ben quella bandiera grande,
ch'insieme pon la fiordaligi e i pardi[76]:
quella il gran capitano[77] all'aria spande,
e quella han da seguir gli altri stendardi.

Il suo nome, famoso in queste bande,
è Leonetto, il fior de li gagliardi,
di consiglio e d'ardire in guerra mastro,
del re nipote, e duca di Lincastro[78].

78   La prima[79], appresso il gonfalon reale,
che 'l vento tremolar fa verso il monte,
e tien nel campo verde tre bianche ale,
porta Ricardo, di Varvecia[80] conte.
Del duca di Glocestra[81] è quel segnale[82],
c'ha duo corna di cervio e mezza fronte.
Del duca di Chiarenza[83] è quella face;
quel arbore è del duca d'Eborace[84].

79   Vedi in tre pezzi una spezzata lancia:
gli è 'l gonfalon del duca di Nortfozia[85].
La fulgure è del buon conte di Cancia[86];
il grifone è del conte di Pembrozia[87].
Il duca di Sufolcia[88] ha la bilancia.
Vedi quel giogo che due serpi assozia[89]:
è del conte d'Esenia[90]; e la ghirlanda
in campo azzurro ha quel di Norbelanda[91].

80   Il conte d'Arindelia[92] è quel c'ha messo
in mar quella barchetta che s'affonda.
Vedi il marchese di Barclei[93]; e appresso
di Marchia[94] il conte e il conte di Ritmonda[95]:
il primo porta in bianco un monte fesso,
l'altro la palma, il terzo un pin ne l'onda.
Quel di Dorsezia[96] è conte, e quel d'Antona[97],
che l'uno ha il carro, e l'altro la corona.

81   Il falcon che sul nido i vanni inchina,
porta Raimondo, il conte di Devonia[98].
Il giallo e negro ha quel di Vigorina[99];
in can quel d'Erbia[100]; un orso quel d'Osonia[101].
La croce che là vedi cristallina,
è del ricco prelato di Battonia[102].

Vedi nel bigio una spezzata sedia:
è del duca Ariman di Sormosedia[103].

Ruggiero riparte a volo d'Ippogrifo, sorvola il mare, le coste dell'Irlanda. Legata a uno scoglio, vede
una giovane offerta in pasto a un mostro marino: è Angelica. La storia d'Angelica e del mostro che sta per divorarla
apre una nuova partita favolosa. Al meraviglioso della geografia succede il meraviglioso
della fiaba ma non lo fa impallidire. Se chiudere-
mo gli occhi sui mostri marini e sui cavalli alati con-
tinueremo a vedere avanzare la foresta di lance dei bar-
buti guerrieri britanni.

Astolfo e l'Ippogrifo

Al largo dell'Irlanda, in riva all'isola di Ebuda, emergeva dal mare ogni mattino un mostro e divorava una fanciulla. Per risparmiare le proprie figlie, gli isolani s'erano fatti corsari e razziavano ragazze sulle coste intorno. Ogni mattina ne legavano una ad uno scoglio, perché l'orca marina si saziasse e li lasciasse in pace. La bella Angelica era capitata in mano loro e adesso è là ignuda e incatenata. La sua sorte pare ormai segnata, quando vede volare per il cielo un guerriero su un cavallo con le ali. È Ruggiero sull'Ippogrifo.

Con l'Ippogrifo, è rimasto in mano di Ruggiero lo scudo che era appartenuto al mago Atlante e che basta scoprire per abbagliare l'avversario. Il possesso di questo oggetto magico lo mette in una situazione di vantaggio indiscutibile: più che seguire la sua battaglia contro l'Orca, siamo attratti a seguire la tecnica usata dall'Ariosto nel raccontare questa lotta d'un mostro marino con un guerriero su un cavallo alato. La poesia ariostesca non ha l'aria di ricorrere a poteri magici neppure quando parla di magie: il suo segreto sta nel ritrovare, in mezzo al gigantesco e al meraviglioso, le proporzioni di un'aia, d'un sentiero, d'una pozza in un torrente dell'Appennino. Il muso del mostro marino è visto come quello d'una cinghialessa o porca selvatica; l'Ippogrifo gli s'avvicina schivandone il morso come l'aquila che vuol beccare una biscia, o come la mosca col mastino; l'Orca tramortita ricorda le trote che si pescano intorbidando l'acqua con la calce (canto X, 101-11).

CANTO X

101 Tenea Ruggier la lancia non in resta,
   ma sopra mano[1], e percoteva l'orca.
   Altro non so che s'assimigli a questa,
   ch'una gran massa[2] che s'aggiri e torca;
   né forma ha d'animal, se non la testa,
   c'ha gli occhi e i denti fuor, come di porca[3].
   Ruggier in fronte la ferìa tra gli occhi;
   ma par che un ferro o un duro sasso tocchi.

102 Poi che la prima botta poco vale,
   ritorna per far meglio la seconda.
   L'orca, che vede sotto le grandi ale[4]
   l'ombra di qua e di là correr su l'onda,
   lascia la preda certa litorale[5],
   e quella vana[6] segue furibonda:
   dietro quella si volve e si raggira.
   Ruggier giù cala, e spessi colpi tira.

103 Come d'alto venendo aquila suole,
   ch'errar fra l'erbe visto abbia la biscia,
   o che stia sopra un nudo sasso al sole,
   dove le spoglie d'oro[7] abbella e liscia[8];
   non assalir da quel lato la vuole
   onde la velenosa[9] e soffia e striscia,
   ma da tergo la adugna[10], e batte i vanni,
   acciò non se le volga[11] e non la azzanni:

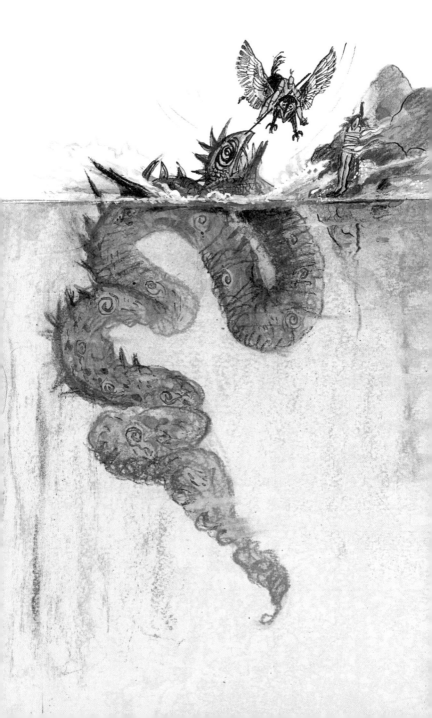

104   così Ruggier con l'asta e con la spada,
     non dove era de' denti armato il muso,
     ma vuol che 'l colpo tra l'orecchie cada
     or su le schene, or ne la coda giuso.
     Se la fera si volta, ei muta strada[12],
     et a tempo giù cala, e poggia in suso[13]:
     ma come sempre giunga in un dïaspro[14],
     non può tagliar lo scoglio[15] duro et aspro.

105   Simil battaglia fa la mosca audace
     contra il mastin nel polveroso agosto,
     o nel mese dinanzi o nel seguace[16],
     l'uno di spiche e l'altro pien di mosto:
     negli occhi il punge e nel grifo mordace[17],
     volagli intorno e gli sta sempre accosto;
     e quel[18] suonar fa spesso il dente[19] asciutto:
     ma un tratto che gli arrivi, appaga il tutto[20].

106   Sì forte ella nel mar batte la coda,
     che fa vicino al ciel l'acqua inalzare;
     tal che non sa[21] se l'ale in aria snoda[22],
     o pur se 'l suo destrier nuota nel mare.
     Gli è spesso che[23] disia trovarsi a proda;
     che se lo sprazzo[24] in tal modo ha a durare,
     teme sì l'ale inaffi all'ippogrifo,
     che brami invano avere o zucca o schifo[25].

107   Prese nuovo consiglio, e fu il migliore[26],
     di vincer con altre arme il mostro crudo:
     abbarbagliar lo vuol con lo splendore
     ch'era incantato[27] nel coperto scudo.
     Vola nel lito; e per non fare errore[28],
     alla donna legata al sasso nudo
     lascia nel minor dito de la mano
     l'annel, che potea far l'incanto vano:

108   dico l'annel che Bradamante avea,
     per liberar Ruggier, tolto a Brunello,

poi per trarlo di man d'Alcina rea,
mandato in India per Melissa a quello.
Melissa (come dianzi io vi dicea)
in ben di molti adoperò l'annello;
indi l'avea a Ruggier restituito,
dal qual poi sempre fu portato in dito[29].

109 Lo dà ad Angelica ora, perché teme
che del suo scudo il fulgurar non viete[30],
e perché a lei ne sien difesi insieme
gli occhi[31] che già l'avean preso alla rete.
Or viene al lito, e sotto il ventre preme
ben mezzo il mar la smisurata cete[32].
Sta Ruggiero alla posta[33], e lieva il velo[34];
e par ch'aggiunga un altro sole al cielo.

110 Ferì[35] negli occhi l'incantato lume
di quella fera, e fece al modo usato.
Quale o trota o scaglion[36] va giù pel fiume
c'ha con calcina[37] il montanar turbato,
tal si vedea ne le marine schiume
il mostro orribilmente riversciato[38].
Di qua di là Ruggier percuote assai,
ma di ferirlo via non truova mai.

111 La bella donna tuttavolta[39] priega
ch'invan la dura squama oltre non pesti.
– Torna, per Dio, signor: prima mi slega
(dicea piangendo), che l'orca si desti:
portami teco e in mezzo il mar mi anniega:
non far ch'in ventre al brutto pesce io resti. –
Ruggier, commosso dunque al giusto grido,
slegò la donna, e la levò dal lido.

Mettiamo ora a confronto la tecnica usata da Ruggiero
per sconfiggere l'Orca con quella che sarà messa in atto
da Orlando in una situazione identica. Lo scoglio è lo stes-

so, l'Orca è la stessa, la ragazza incatenata è un'altra ma è come se fosse la stessa. (Apprenderemo che è Olimpia contessa d'Olanda.) Passa di lì Orlando. Mentre Ruggiero s'era servito del vecchio sistema degli strumenti magici, Orlando non ha né cavalli alati né scudi fatati da mettere in gioco. Gli bastano una barchetta e un'ancora legata alla sua gomena. Entra con la barchetta nelle fauci dell'Orca, le pianta l'ancora in gola, scappa sulla scogliera e tira la gomena. Il mostro è tratto a riva morto, vinto dalla forza e dall'astuzia congiunte. Quella che non cambia è la tecnica d'Ariosto: le sue metafore stavolta riguardano i movimenti dei granchi nelle valli di Comacchio, il sistema dei minatori per sostenere le volte delle loro gallerie, e i tori presi al laccio e domati (canto XI, 32-45).

CANTO XI

32   Si tira i remi al petto, e tien le spalle
     volte alla parte ove discender vuole;
     a guisa che del mare o de la valle
     uscendo al lito, il salso granchio suole[40].
     Era ne l'ora che le chiome gialle[41]
     la bella Aurora avea spiegate al Sole,
     mezzo scoperto ancora e mezzo ascoso,
     non senza sdegno di Titon geloso[42].

33   Fattosi appresso al nudo scoglio, quanto
     potria gagliarda man gittare un sasso[43],
     gli pare udire e non udire un pianto;
     sì all'orecchie gli vien debole e lasso[44].
     Tutto si volta sul sinistro canto;
     e posto gli occhi[45] appresso all'onde al basso[46],
     vede una donna, nuda come nacque,
     legata a un tronco; e i piè bagnan l'acque.

34   Perché gli è ancor lontana, e perché china
     la faccia tien, non ben chi sia discerne.

Tira in fretta ambi i remi[47], e s'avicina
con gran disio di più notizia averne[48].
Ma muggiar[49] sente in questo la marina,
e rimbombar le selve e le caverne:
gonfiansi l'onde; et ecco il mostro appare,
che sotto il petto ha quasi ascoso il mare[50].

35   Come d'oscura valle umida ascende
nube di pioggia e di tempesta pregna,
che più che cieca notte si distende
per tutto 'l mondo, e par che 'l giorno spegna[51];
così nuota la fera, e del mar prende
tanto, che si può dir che tutto il tegna[52]:
fremono l'onde. Orlando in sé raccolto[53],
la mira altier[54], né cangia cor né volto.

36   E come quel ch'avea il pensier ben fermo
di quanto volea far, si mosse ratto;
e perché alla donzella essere schermo,
e la fera assalir potesse a un tratto[55],
entrò fra l'orca e lei col palischermo[56],
nel fodero lasciando il brando piatto[57]:
l'àncora con la gomona in man prese;
poi con gran cor[58] l'orribil mostro attese.

37   Tosto che l'orca s'accostò, e scoperse
nel schifo[59] Orlando con poco intervallo[60],
per ingiottirlo tanta bocca aperse,
ch'entrato un uomo vi saria a cavallo.
Si spinse Orlando inanzi, e se gl'immerse
con quella àncora in gola, e s'io non fallo,
col battello anco; e l'àncora attaccolle
e nel palato e ne la lingua molle[61]:

38   sì che né più si puon calar di sopra,
né alzar di sotto le mascelle orrende[62].
Così chi ne le mine[63] il ferro[64] adopra,
la terra[65], ovunque si fa via, suspende[66],

che subito ruina[67] non lo cuopra,
mentre mal cauto al suo lavoro intende.
Da un amo all'altro l'àncora è tanto alta,
che non v'arriva Orlando, se non salta[68].

39   Messo il puntello, e fattosi sicuro
che 'l mostro più serrar non può la bocca,
stringe la spada, e per quel antro oscuro
di qua e di là con tagli e punte[69] tocca.
Come si può, poi che son dentro al muro
giunti i nimici, ben difender ròcca[70];
così difender l'orca si potea
dal paladin che ne la gola avea.

40   Dal dolor vinta, or sopra il mar si lancia,
e mostra i fianchi e le scagliose schene[71];
or dentro vi s'attuffa, e con la pancia
muove dal fondo e fa salir l'arene[72].
Sentendo l'acqua il cavallier di Francia,
che troppo abonda[73], a nuoto fuor ne viene:
lascia l'àncora fitta, e in mano prende
la fune che da l'àncora depende[74].

41   E con quella ne vien nuotando in fretta
verso lo scoglio; ove fermato il piede,
tira l'àncora a sé, ch'in bocca stretta
con le due punte il brutto mostro fiede[75].
L'orca a seguire il canape è constretta
da quella forza ch'ogni forza eccede,
da quella forza che più in una scossa
tira, ch'in dieci[76] un argano far possa.

42   Come toro salvatico ch'al corno
gittar si senta un improviso laccio,
salta di qua di là, s'aggira intorno,
si colca[77] e lieva, e non può uscir d'impaccio;
così fuor del suo antico almo soggiorno[78]
l'orca tratta per forza di quel braccio,

con mille guizzi e mille strane ruote
segue la fune, e scior[79] non se ne puote.

43   Di bocca il sangue in tanta copia fonde[80],
che questo oggi il mar Rosso si può dire,
dove in tal guisa ella percuote l'onde,
ch'insino al fondo le vedreste aprire[81];
et or ne bagna il cielo, e il lume asconde
del chiaro sol: tanto le fa salire.
Rimbombano al rumor ch'intorno s'ode
le selve, i monti e le lontane prode.

44   Fuor de la grotta il vecchio Proteo[82], quando
ode tanto rumor, sopra il mare esce;
e visto entrare e uscir de l'orca Orlando,
e al lito trar sì smisurato pesce,
fugge per l'alto oceano, oblïando
lo sparso gregge: e sì il tumulto cresce,
che fatto al carro i suoi delfini porre,
quel dì Nettunno[83] in Etïopia corre.

45   Con Melicerta in collo Ino[84] piangendo,
e le Nereide coi capelli sparsi,
Glauci e Tritoni[85] e gli altri, non sappiendo
dove, chi qua chi là van per salvarsi.
Orlando al lito trasse il pesce orrendo,
col qual non bisognò più affaticarsi;
che pel travaglio e per l'avuta pena,
prima morì, che fosse in su l'arena.

Orlando era sicuro d'aver liberato Angelica. La slega e chi si ritrova davanti? Olimpia che già lui aveva salvato un'altra volta. Abbandonata dall'ingrato suo sposo Bireno, era stata anche lei catturata dai pirati dell'isola di Ebuda e incatenata allo scoglio. È destino d'Orlando compiere imprese disinteressate e lasciarsi scappare la sua bella.

Ma che ne è stato d'Angelica? Salvata da Ruggiero era

volata via con lui in groppa all'Ippogrifo. Con Angelica tra le braccia, Ruggiero non tarda a dimenticare la sua Bradamante. Angelica, la preda più ambita e inafferrabile, stavolta è in mano di qualcuno deciso a non lasciarsela scappare. Ruggiero fa atterrare l'Ippogrifo in un bosco di Bretagna, s'affretta a togliersi la corazza, si volta: Angelica non c'è più.

Troppo tardi ricorda che, mentre lottava col mostro marino, le aveva messo al dito l'anello magico perché non dovesse soffrire dell'abbagliante splendore dell'elmo. Adesso è bastato ad Angelica mettersi l'anello in bocca per rendersi invisibile e fuggire.

Quanto a Orlando, uccisa l'Orca, si trova a dover fronteggiare gli isolani di Ebuda, che anziché essergli grati d'averli liberati dal mostro temono le vendette delle divinità marine e vorrebbero uccidere lui per propiziarsele. Orlando ne stermina una trentina a colpi di Durindana e poco dopo arriva a fare il resto la spedizione dell'irlandese Oberto re d'Ibernia (canto XI, 48-53).

48 Chi d'una fromba e chi d'un arco armato,
    chi d'asta, chi di spada, al lito scende;
    e dinanzi e di dietro e d'ogni lato,
    lontano e appresso, a più poter l'offende.
    Di sì bestiale insulto e troppo ingrato
    gran meraviglia il paladin si prende:
    pel mostro ucciso ingiuria far si vede,
    dove aver ne sperò gloria e mercede.

49 Ma come l'orso suol, che per le fiere
    menato sia da Rusci[86] o da Lituani,
    passando per la via, poco temere
    l'importuno abbaiar di picciol cani,
    che pur no se li degna di vedere[87];
    così poco temea di quei villani

il paladin, che con un soffio solo
ne potrà fracassar tutto lo stuolo.

50   E ben si fece far subito piazza[88]
che[89] lor si volse, e Durindana prese.
S'avea creduto quella gente pazza
che le dovesse far poche contese[90],
quando[91] né indosso gli vedea corazza,
né scudo in braccio, né alcun altro arnese;
ma non sapea che dal capo alle piante
dura la pelle avea più che diamante[92].

51   Quel che d'Orlando agli altri far non lece,
di far degli altri a lui già non è tolto[93].
Trenta n'uccise, e furo in tutto diece[94]
botte, o se più, non le passò di molto.
Tosto intorno sgombrar l'arena fece;
e per slegar la donna era già volto,
quando nuovo tumulto e nuovo grido
fe' risuonar da un'altra parte il lido.

52   Mentre avea il paladin da questa banda
così tenuto i barbari impediti,
eran senza contrasto quei d'Irlanda[95]
da più parte ne l'isola saliti[96];
e spenta ogni pietà, strage nefanda
di quel popul facean per tutti i liti:
fosse iustizia, o fosse crudeltade,
né sesso riguardavano né etade.

53   Nessun ripar[97] fan gl'isolani, o poco;
parte, ch'accolti son troppo improviso,
parte, che poca gente ha il picciol loco,
e quella poca è di nessuno aviso[98].
L'aver[99] fu messo a sacco; messo fuoco
fu ne le case: il populo fu ucciso:
le mura fur tutte adeguate[100] al suolo:
non fu lasciato vivo un capo[101] solo.

Oberto era da tempo in viaggio per mettere fine a quel barbaro scempio di fanciulle. Vede Olimpia appena liberata e se ne innamora. La poverina, abituata ogni volta a cadere dalla padella nella brace, esce di scena con l'augurio d'Orlando di non doverla andare a liberare una terza volta.

122

Valore e grandezza d'animo sono nell'*Orlando furioso* equamente distribuiti tra Cristiani e Maomettani; e lo stesso si dica per le debolezze umane. Ma come abbondanza d'ammazzasette, di soldatacci giganteschi, brutali e millantatori, non c'è dubbio che la bilancia pende tutta dalla parte del campo saraceno. Non per niente i nomi d'alcuni dei campioni di re Agramante come Gradasso, Rodomonte, Sacripante, sono diventati epiteti usuali della nostra lingua; e il ruolino completo dei guerrieri mori costituisce una specie di calendario di appellativi dal terrificante fragore. Cosicché, quando Agramante, preoccupato per le troppe perdite tra le sue truppe, decide di passarle in rivista per fare i conti delle forze di cui dispone, le strofe ariostesche rimbombano come tamburi (canto XIV, 10-13).

CANTO XIV

10   Come di capitani bisogna ora
      che 'l re di Francia al campo suo proveggia,

così Marsilio et Agramante allora,
per dar buon reggimento[1] alla sua greggia[2],
dai lochi dove il verno fe' dimora[3]
vuol ch'in campagna all'ordine[4] si veggia;
perché vedendo ove bisogno sia,
guida e governo ad ogni schiera dia.

11   Marsilio prima, e poi fece Agramante
passar la gente sua schiera per schiera.
I Catalani a tutti gli altri inante
di Dorifebo[5] van con la bandiera.
Dopo vien, senza il suo re Folvirante,
che per man di Rinaldo già morto era,
la gente di Navarra; e lo re ispano
halle dato Isolier per capitano.

12   Balugante del popul di Leone[6],
Grandonio cura degli Algarbi piglia[7];
il fratel di Marsilio, Falsirone,
ha seco armata la minor Castiglia[8].
Seguon di Madarasso il gonfalone
quei che lasciato han Malaga e Siviglia,
dal mar di Gade[9] a Cordova feconda
le verdi ripe ovunque il Beti inonda[10].

13   Stordilano e Tesira e Baricondo,
l'un dopo l'altro, mostra la sua gente:
Granata al primo, Ulisbona[11] al secondo,
e Maiorica[12] al terzo è ubidïente.
Fu d'Ulisbona re (tolto dal mondo
Larbin) Tesira, di Larbin parente.
Poi vien Gallizia, che sua guida, in vece
di Maricoldo, Serpentino fece.

Due capitani mancano all'appello: Alzirdo e Manilardo, uccisi in uno scontro con un cavaliere dalla sopravveste nera. Si tratta d'Orlando, il quale, sempre rincor-

rendo l'inafferrabile Angelica, era tornato d'Irlanda in Francia, e cercava di mettersi la coscienza a posto per la sua lunga assenza dall'accampamento cristiano, sterminando ogni squadra di Saraceni che gli capitava sulla strada.

Ma il campo maomettano ora contava un nuovo campione: Mandricardo re di Tartaria, il quale combatteva solo con la lancia perché pensava che nessuna spada fosse degna di lui se non quella che era stata di Ettore troiano e adesso apparteneva a Orlando: la famosa Durindana. Appena sente parlare delle carneficine d'Orlando, Mandricardo parte per cercarlo e conquistarsi la Durindana (canto XIV, 28-34).

28   In campo non aveano altri a venire,
    che quei di Tremisenne e di Norizia[13];
    né si vedea alla mostra comparire
    il segno lor, né dar di sé notizia.
    Non sapendo Agramante che si dire,
    né che pensar di questa lor pigrizia,
    uno scudiero al fin gli fu condutto
    del re di Tremisen, che narrò il tutto.

29   E gli narrò ch'Alzirdo e Manilardo
    con molti altri de' suoi giaceano al campo.
    – Signor (diss'egli), il cavallier gagliardo
    ch'ucciso ha i nostri, ucciso avria il tuo campo,
    se fosse stato a tôrsi via più tardo
    di me[14], ch'a pena ancor così ne scampo.
    Fa[15] quel de' cavallieri e de' pedoni,
    che 'l lupo fa di capre e di montoni. –

30   Era venuto pochi giorni avante
    nel campo del re d'Africa un signore;
    né in Ponente era, né in tutto Levante,
    di più forza di lui, né di più core[16].

Gli facea grande onore il re Agramante,
per esser costui figlio e successore
in Tartaria del re Agrican[17] gagliardo:
suo nome era il feroce Mandricardo[18].

31 Per molti chiari gesti era famoso,
e di sua fama tutto il mondo empìa;
ma lo facea più d'altro glorïoso,
ch'al castel de la fata di Soria
l'usbergo avea acquistato luminoso
ch'Ettor troian portò mille anni pria,
per strana e formidabile aventura,
che 'l ragionarne pur mette paura[19].

32 Trovandosi costui dunque presente
a quel parlar, alzò l'ardita faccia;
e si dispose andare immantinente,
per trovar quel guerrier, dietro alla traccia.
Ritenne occulto[20] il suo pensier in mente,
o sia perché d'alcun stima non faccia[21]
o perché tema, se 'l pensier palesa,
ch'un altro inanzi a lui pigli l'impresa[22].

33 Allo scudier fe' dimandar come era
la sopravesta di quel cavalliero.
Colui rispose: – Quella è tutta nera,
lo scudo nero, e non ha alcun cimiero. –
E fu, Signor, la sua risposta vera,
perché lasciato Orlando avea il quartiero;
che come dentro l'animo era in doglia,
così imbrunir di fuor vòlse la spoglia[23].

34 Marsilio e Mandricardo avea donato
un destrier baio a scorza di castagna[24],
con gambe e chiome nere; et era nato
di frisa[25] madre e d'un villan[26] di Spagna.
Sopra vi salta Mandricardo armato,
e galoppando va per la campagna;

e giura non tornare a quelle schiere,
se non truova il campion da l'arme nere.

Seguire le tracce d'Orlando è facile: dove si trovano cadaveri fatti a pezzi, ossa, armi sparse, cavalli sbudellati, di là
è passato il paladino. Invece Mandricardo fa tutt'altro incontro: su un praticello ombroso in riva a un fiume, c'è un
accampamento con in mezzo una tenda tutta frange e piz-
zi, custodita da uno stuolo d'armati. Mandricardo apprende che accompagnano la figlia del re di Granata, Doralice, la quale va sposa a Rodomonte, re di Sarza e d'Algeri.
   – E che aspettate lì all'ombra?
   – Eh, che vada giù un po' il sole, Señor, – rispondono
le guardie granatine, – perché noi si vuol viaggiare più
sul fresco.
   – E questa reginetta, la tenete nascosta?
   – Fin che cantano le cicale dorme, poi si sveglia.
   – Me la fareste vedere, solo un tantino così, di tra i lem-
bi della tenda? – chiede Mandricardo (canto XIV, 35-41).

35   Molta incontrò de la paurosa gente
     che da le man d'Orlando era fuggita,
     chi del figliuol, chi del fratel dolente,
     ch'inanzi agli occhi suoi perdé la vita.
     Ancora la codarda e triste mente
     ne la pallida faccia era sculpita[27];
     ancor, per la paura che avuta hanno,
     pallidi, muti et insensati[28] vanno.

36   Non fe' lungo camin, che venne dove
     crudel spettaculo ebbe et inumano,
     ma testimonio alle mirabil pruove
     che fur raconte[29] inanzi al re africano.
     Or mira questi, or quelli morti, e muove[30],
     e vuol le piaghe misurar con mano,

mosso da strana[31] invidia ch'egli porta
al cavallier ch'avea la gente morta.

37   Come lupo o mastin ch'ultimo giugne
al bue lasciato morto da' villani,
che truova sol le corna, l'ossa e l'ugne,
del resto son sfamati[32] augelli e cani;
riguarda invano il teschio che non ugne[33]:
così fa il crudel barbaro in que' piani.
Per duol bestemmia, e mostra invidia immensa
che venne tardi a così ricca mensa[34].

38   Quel giorno e mezzo l'altro segue incerto
il cavallier dal negro[35], e ne domanda.
Ecco vede un pratel d'ombre coperto,
che sì d'un alto fiume si ghirlanda[36],
che lascia appena un breve spazio aperto,
dove l'acqua si torce ad altra banda.
Un simil luogo con girevol onda
sotto Ocricoli il Tevere circonda[37].

39   Dove entrar si potea[38], con l'arme indosso
stavano molti cavallieri armati.
Chiede il pagan, chi gli avea in stuol sì grosso,
et a che effetto[39] insieme ivi adunati.
Gli fe' risposta il capitano, mosso[40]
dal signoril sembiante e da' fregiati
d'oro e di gemme arnesi[41] di gran pregio,
che lo mostravan cavalliero egregio.

40   – Dal nostro re siàn (disse) di Granata
chiamati in compagnia de la figliuola[42],
la quale al re di Sarza[43] ha maritata[44],
ben che di ciò la fama ancor non vola.
Come appresso la sera racchetata
la cicaletta sia[45], ch'or s'ode sola,
avanti al padre fra l'ispane torme
la condurremo: intanto ella si dorme. –

41   Colui[46], che tutto il mondo vilipende,
     disegna[47] di veder tosto la pruova,
     se quella gente o bene o mal difende
     la donna, alla cui guardia si ritruova.
     Disse: – Costei, per quanto se n'intende[48],
     è bella; e di saperlo ora mi giova[49].
     A-llei[50] mi mena, o falla qui venire;
     ch'altrove mi convien subito gire.

Le guardie granatine gli ridono in faccia. – Uh, il sole deve avervi dato volta alle cervella, Señor!

Mandricardo non era tipo da lasciarsi dire cose di questo genere: un colpo di lancia all'uno, un altro all'altro, e non si ferma più finché non ha ridotto la lancia a un troncone, e ancora con questo troncone fa più strage che con la lancia intera. Ora la tenda di pizzo era circondata solo di cadaveri. Doralice si sveglia, vede aprirsi la tenda e affacciarsi un gran guerriero moro lordo di sangue dalla testa ai piedi. Cacciò un urlo.

Ma l'impressione di Mandricardo era ancor più forte, a vedere quella delicata bellezza: cadde innamorato in quel medesimo istante.

– Via, via, – disse alle dame e damigelle e ai servi del seguito, – tornatevene a Granata, per la principessa basto io, le farò da cameriere, da maggiordomo, da balia: tutto io! (Canto XIV, 42-54).

42   – Esser per certo déi pazzo solenne[51], –
     rispose il Granatin[52], né più gli disse.
     Ma il Tartaro a ferir tosto lo venne
     con l'asta bassa, e il petto gli trafisse;
     che la corazza il colpo non sostenne,
     e forza fu che morto in terra gisse.
     L'asta ricovra[53] il figlio d'Agricane[54],
     perché altro da ferir non gli rimane[55].

43   Non porta spada né baston; che quando
l'arme acquistò, che fur d'Ettor troiano,
perché trovò che lor mancava il brando,
gli convenne giurar[56] (né giurò invano)
che fin che non togliea quella d'Orlando,
mai non porrebbe ad altra spada mano:
Durindana ch'Almonte ebbe in gran stima,
e Orlando or porta, Ettor portava prima.

44   Grande è l'ardir del Tartaro, che vada[57]
con disvantaggio tal contra coloro,
gridando: – Chi mi vuol vietar la strada? –
E con la lancia si cacciò tra loro.
Chi l'asta abbassa, e chi tra' fuor la spada;
e d'ogn'intorno subito gli fôro.
Egli ne fece morire una frotta,
prima che quella lancia fosse rotta.

45   Rotta che se la vede, il gran troncone,
che resta intero, ad ambe mani afferra;
e fa morir con quel tante persone,
che non fu vista mai più crudel guerra.
Come tra' Filistei l'ebreo Sansone
con la mascella che levò di terra,
scudi spezza[58], elmi schiaccia, e un colpo spesso
spenge i cavalli ai cavallieri apresso.

46   Correno a morte que' miseri a gara,
né perché cada l'un, l'altro andar cessa;
che la maniera del morire, amara
lor par più assai che non è morte istessa.
Patir non ponno che la vita cara
tolta lor sia da un pezzo d'asta fessa,
e sieno sotto alle picchiate strane[59]
a morir giunti, come biscie o rane.

47   Ma poi ch'a spese lor si furo accorti
che male in ogni guisa era morire,

sendo già presso alli duo terzi morti,
tutto l'avanzo[60] cominciò a fuggire.
Come del proprio aver via se gli porti[61],
il Saracin crudel non può patire
ch'alcun di quella turba sbigottita
da lui partir si debba con la vita.

48   Come in palude asciutta dura[62] poco
stridula canna[63], o in campo àrrida stoppia
contra il soffio di borea e contra il fuoco
che 'l cauto[64] agricultore insieme accoppia,
quando la vaga[65] fiamma occupa il loco,
e scorre per li solchi, e stride e scoppia;
così costor contra la furia accesa
di Mandricardo fan poca difesa.

49   Poscia ch'egli restar vede l'entrata[66],
che mal guardata fu, senza custode;
per la via che di nuovo[67] era segnata
ne l'erba, e al suono dei ramarchi[68] ch'ode,
viene a veder la donna di Granata,
se di bellezze è pari alle sue lode[69]:
passa tra i corpi de la gente morta,
dove gli dà, torcendo, il fiume porta[70].

50   E Doralice[71] in mezzo il prato vede
(che così nome la donzella avea),
la qual, suffolta[72] da l'antico piede[73]
d'un frassino silvestre, si dolea.
Il pianto, come un rivo che succede[74]
di viva vena, nel bel sen cadea;
e nel bel viso si vedea che insieme
de l'altrui mal si duole, e del suo teme.

51   Crebbe il timor, come venir lo vide
di sangue brutto[75] e con faccia empia e oscura[76],
e 'l grido sin al ciel l'aria divide,
di sé e de la sua gente per paura;

che, oltre i cavallier, v'erano guide,
che de la bella infante[77] aveano cura,
maturi vecchi, e assai donne e donzelle
del regno di Granata, e le più belle.

52   Come il Tartaro vede quel bel viso
che non ha paragone in tutta Spagna,
e c'ha nel pianto (or ch'esser de' nel riso?)
tesa d'Amor l'inestricabil ragna[78];
non sa se vive o in terra o in paradiso:
né de la sua vittoria altro guadagna,
se non che in man de la sua prigioniera
si dà prigione, e non sa in qual maniera[79].

53   A-llei[80] però non si concede tanto,
che del travaglio suo le doni il frutto[81];
ben che piangendo ella dimostri, quanto
possa donna mostrar, dolore e lutto.
Egli, sperando volgerle[82] quel pianto
in sommo gaudio, era disposto al tutto[83]
menarla seco; e sopra un bianco ubino[84]
montar la fece, e tornò al suo camino.

54   Donne e donzelle e vecchi et altra gente,
ch'eran con lei venuti di Granata,
tutti licenzïò benignamente,
dicendo: – Assai da me fia accompagnata[85];
io mastro, io balia, io le sarò sergente[86]
in tutti i suoi bisogni: a Dio, brigata[87]. –
Così, non gli possendo far riparo[88],
piangendo e sospirando se n'andaro.

Fece salire Doralice su un cavallino scozzese, di quelli
che chiamano «hobby» (in italiano: «ubino»), e partirono.

Mentre cavalcava al suo fianco, le disse: – Cosa conta per te al mondo? L'amore? Ebbene, io t'amo! La nobil-
tà? Io sono il re dei Tartari! La ricchezza? Sono il sovra-

no più ricco del mondo! Il valore? Aspetta a vedermi alla prova e saprai!

Erano argomenti che non facevano una grinza. La principessa Doralice smise di piangere. Del resto, il suo promesso sposo, Rodomonte, non si poteva dire che fosse un tipo molto più fine; e questo Mandricardo, per quanto prepotente, era certo un uomo deciso ed espansivo.

Doralice sorrise e lo guardò come per dire: – Se è così…

Da lungo tempo il re d'Africa Agramante stringe d'assedio Parigi, ultimo ridotto dell'esercito di Francia. Sparsi per il mondo dietro ad amori ed avventure i suoi più valorosi paladini, Carlo Magno attende impaziente il ritorno di Rinaldo, con i rinforzi dall'Inghilterra. La notizia che l'esercito inglese ha passato la Manica raggiunge per primo Agramante e lo mette in allarme: bisogna che entro l'indomani Parigi sia espugnata, altrimenti sarà tardi. Dagli spalti, i Cristiani vedono al piede delle mura approntare scale e travi e canestre cariche di frecce: i Mori certo attaccheranno domattina.

Re Carlo prega il Signore; anzi, più che pregarlo, da quell'incallito uomo politico ch'egli è, cerca di far leva su argomenti di prestigio: se Parigi cade, che idea si faranno i Pagani del potere divino? Il Signore, nella sua infinita pazienza, chiude un occhio sull'impostazione teologicamente discutibile della preghiera imperiale, e manda l'Arcangelo Michele a cercare il Silenzio per averlo alleato dell'esercito franco. Nel convento dove cerca il Silenzio, Michele trova invece la Discordia. Può esser utile anche lei, se si insinua nel campo d'Agramante.

Parigi è cinta da un alto muro sopra il quale i difensori sono in attesa con pietroni e secchi di pece bollente e di calcina. Suonano le trombe: i Saraceni vengono su formicolando sulle loro scale a pioli, e i Cristiani appollaiati sulle bertesche li innaffiano di olio bollente e di macigni, li prendono di mira con certi cerchi infuocati che s'infilano nelle teste come corone o collane (canto XIV, 104-12).

CANTO XIV

104 Siede Parigi in una gran pianura,
　　ne l'ombilico[1] a Francia, anzi nel core;
　　gli passa la riviera entro le mura,
　　e corre, et esce in altra parte fuore.
　　Ma fa un'isola prima, e v'assicura
　　de la città una parte, e la migliore;
　　l'altre due (ch'in tre parti è la gran terra)
　　di fuor la fossa, e dentro il fiume serra[2].

105 Alla città, che molte miglia gira[3],
　　da molte parti si può dar battaglia:
　　ma perché sol da un canto assalir mira,
　　né volentier l'esercito sbarraglia[4],
　　oltre il fiume Agramante si ritira
　　verso ponente, acciò che quindi assaglia[5];
　　però che né cittade né campagna
　　ha dietro, se non sua, fin alla Spagna[6].

106 Dovunque intorno il gran muro circonda[7],
　　gran munizioni[8] avea già Carlo fatte,
　　fortificando d'argine ogni sponda
　　con scannafossi dentro e case matte[9];
　　onde entra ne la terra, onde esce l'onda,
　　grossissime catene aveva tratte[10]:

ma fece, più ch'altrove, provedere
là dove avea più causa di temere.

107   Con occhi d'Argo[11] il figlio di Pipino[12]
previde ove assalir dovea Agramante;
e non fece disegno il Saracino,
a cui non fosse riparato[13] inante.
Con Ferraù, Isoliero, Serpentino,
Grandonio, Falsirone e Balugante[14],
e con ciò[15] che di Spagna avea menato,
restò Marsilio alla campagna armato.

108   Sobrin[16] gli era a man manca in ripa a Senna,
con Pulïan[17], con Dardinel[18] d'Almonte,
col re d'Oran[19], ch'esser gigante accenna,
lungo sei braccia dai piedi alla fronte.
Deh perché a muover men son io la penna,
che quelle genti a muover l'arme pronte?
che 'l re di Sarza[20], pien d'ira e di sdegno,
grida e bestemmia, e non può star più a segno.

109   Come assalire o vasi pastorali,
o le dolci reliquie de' convivi
soglion con rauco suon di stridule ali
le impronte[21] mosche a' caldi giorni estivi;
come li storni a' rosseggianti pali[22]
vanno de mature uve: così quivi,
empiendo il ciel di grida e di rumori,
veniano a dare il fiero assalto i Mori.

110   L'esercito cristian sopra le mura
con lancie, spade e scure[23] e pietre e fuoco
difende la città senza paura,
e il barbarico orgoglio estima poco;
e dove Morte uno et un altro fura[24],
non è chi per viltà ricusi il loco[25].
Tornano[26] i Saracin giù ne le fosse
a furia di ferite e di percosse.

111   Non ferro solamente vi s'adopra,
      ma grossi massi, e merli integri e saldi[27],
      e muri dispiccati con molt'opra[28],
      tetti[29] di torri, e gran pezzi di spaldi[30].
      L'acque bollenti che vengon di sopra,
      portano a' Mori insupportabil caldi;
      e male a questa pioggia si resiste,
      ch'entra per gli elmi, e fa acciecar le viste[31].

112   E questa più nocea che 'l ferro quasi:
      or che de' far la nebbia di calcine[32]?
      or che doveano far li ardenti vasi
      con olio e zolfo e peci e trementine?
      I cerchii in munizion non son rimasi[33],
      che d'ogn'intorno hanno di fiamma di crine:
      questi, scagliati per diverse bande,
      mettono a' Saracini aspre ghirlande[34].

Ma laggiù nel campo degli assalitori si sta muovendo qualcosa di grosso. È un guerriero gigantesco che prende la rincorsa, attraversa il fosso al piede delle mura sollevando un turbine d'acqua e di fango, sembra si vada a spaccare la testa contro la muraglia, no: va così forte che continua a correre su per il muro in verticale, ed arriva fino in cima, tra i merli. Eccolo che mulina la spada in mezzo alle squadre francesi assiepate per resistergli, e ogni fendente innalza al cielo un vortice di teste e braccia mozze, e orecchie e piedi e altri pezzi di cristiano.

    È Rodomonte, re d'Algeri e Sarza. Indossa un'armatura di scaglie di drago che era appartenuta al suo antenato Nembrotte, quello della Torre di Babele, feroce bestemmiatore al par di lui. Sventola una bandiera sulla quale è ricamata una damigella che tiene un leone al guinzaglio: il leone dovrebbe rappresentare lui, Rodomonte, e la damigella la sua promessa sposa, Doralice di Granata, ora in viaggio per raggiungerlo. Rodomonte ha fretta d'espugnare Parigi perché aspetta da un momento all'altro l'arrivo della bella Doralice; ma se non era che per quello, poteva pur prendersela calma: egli non sa che Doralice è stata rapita da Mandricardo re di Tartaria, e quel che è peggio è stata ben felice di farsi rapire (canto XIV, 113-25).

138

113 Intanto il re di Sarza avea cacciato[35]
    sotto le mura la schiera seconda,
    da Buraldo, da Ormida accompagnato,
    quel Garamante, e questo di Marmonda.
    Clarindo e Soridan gli sono allato,
    né par che 'l re di Setta si nasconda;
    segue il re di Marocco e quel di Cosca[36],
    ciascun perché il valor suo si conosca.

114 Ne la bandiera, ch'è tutta vermiglia,
    Rodomonte di Sarza il leon spiega,
    che la feroce bocca ad una briglia
    che gli pon la sua donna, aprir non niega.
    Al leon se medesimo assimiglia;
    e per la donna che lo frena e lega,
    la bella Doralice ha figurata[37],
    figlia di Stordilan re di Granata:

115 quella che tolto avea, come io narrava,
    re Mandricardo, e dissi dove e a cui[38].
    Era costei che Rodomonte amava
    più che 'l suo regno e più che gli occhi sui;
    e cortesia e valor per lei mostrava,
    non già sapendo ch'era in forza altrui[39]:
    se saputo l'avesse, allora allora
    fatto avria quel che fe' quel giorno ancora[40].

116 Sono appoggiate a un tempo mille scale,
    che non han men di dua per ogni grado[41].
    Spinge il secondo quel ch'inanzi sale;

che 'l terzo lui montar fa suo mal grado.
Chi per virtù, chi per paura vale[42]:
convien ch'ognun per forza entri nel guado[43];
che qualunque s'adagia[44], il re d'Algiere,
Rodomonte crudele, uccide o fere.

117   Ognun dunque si sforza di salire
tra il fuoco e le ruine in su le mura.
Ma tutti gli altri guardano, se aprire
veggiano passo ove sia poca cura[45]:
sol Rodomonte sprezza di venire,
se non dove la via meno è sicura.
Dove[46] nel caso disperato e rio
gli altri fan voti, egli bestemmia Dio.

118   Armato era d'un forte e duro usbergo,
che fu di drago una scagliosa pelle.
Di questo già si cinse il petto e 'l tergo
quello avol suo ch'edificò Babelle,
e si pensò cacciar de l'aureo albergo,
e tôrre a Dio il governo de le stelle:
l'elmo e lo scudo fece far perfetto,
e il brando insieme; e solo a questo effetto[47].

119   Rodomonte non già men di Nembrotte
indomito, superbo e furibondo,
che d'ire al ciel non tarderebbe a notte[48],
quando la strada si trovasse al mondo,
quivi non sta a mirar s'intere o rotte
sieno le mura, o s'abbia l'acqua fondo[49]:
passa la fossa, anzi la corre[50] e vola,
ne l'acqua e nel pantan fin alla gola.

120   Di fango brutto[51], e molle d'acqua vanne
tra il foco e i sassi e gli archi e le balestre,
come andar suol tra le palustri canne
de la nostra Mallea[52] porco silvestre,
che col petto, col grifo[53] e con le zanne

fa, dovunque si volge, ample finestre[54].
Con lo scudo alto il Saracin sicuro
ne vien sprezzando il ciel, non che quel muro.

121 Non sì tosto all'asciutto è Rodomonte,
che giunto si sentì[55] su le bertresche[56]
che dentro alla muraglia facean ponte
capace e largo alle squadre francesche[57].
Or si vede spezzar più d'una fronte,
far chieriche maggior de le fratesche[58],
braccia e capi volare; e ne la fossa
cader da' muri una fiumana rossa.

122 Getta il pagan lo scudo, e a duo man prende
la crudel spada, e giunge[59] il duca Arnolfo.
Costui venìa di là dove discende
l'acqua del Reno nel salato golfo[60].
Quel miser contra lui non si difende
meglio che faccia contra il fuoco il zolfo;
e cade in terra, e dà l'ultimo crollo,
dal capo fesso un palmo sotto il collo[61].

123 Uccise di rovescio[62] in una volta
Anselmo, Oldrado, Spineloccio e Prando[63]:
il luogo stretto e la gran turba folta
fece girar sì pienamente[64] il brando.
Fu la prima metade[65] a Fiandra tolta,
l'altra scemata[66] al populo normando.
Divise appresso da la fronte al petto,
et indi al ventre, il maganzese Orghetto.

124 Getta da' merli Andropono[67] e Moschino[68]
giù ne la fossa: il primo è sacerdote;
non adora il secondo altro che 'l vino,
e le bigonce a un sorso n'ha già vuote.
Come veneno e sangue viperino
l'acque fuggia quanto fuggir si puote:
or quivi muore; e quel che più l'annoia,
è 'l sentir che ne l'acqua se ne muoia.

125 Tagliò in due parti il provenzal Luigi,
     e passò il petto al tolosano Arnaldo.
     Di Torse Oberto, Claudio, Ugo e Dionigi
     mandâr lo spirto fuor col sangue caldo;
     e presso a questi, quattro da Parigi,
     Gualtiero, Satallone, Odo et Ambaldo[69],
     et altri molti: et io non saprei come
     di tutti nominar la patria e il nome.

Dietro a Rodomonte, i Saraceni assaltano il muro come le
mosche d'estate le tavole imbandite, o d'autunno gli uccelletti le vigne. Ma il muro non è che la linea di difesa più
esterna della città, e nemmeno la più forte: all'interno del
muro c'è un fossato, che cinge un secondo argine. I Mori di-
lagano nel fossato interno, e lì scatta la trappola: i Cristiani
ritirandosi danno fuoco alle esche di salnitro e zolfo che comunicano con certe cataste di fascine unte di pece. Il fosso si trasforma in un girone di fuoco. E Rodomonte? Dalla
cima del muro spicca un salto, e con tutto il peso che ha addosso d'armi e armatura supera d'un balzo i trenta piedi o
giù di lì che separano il muro dall'argine, cioè a dire nove
metri, atterrando leggero come sul tappeto d'una palestra,
e lasciandosi alle spalle fiamme e scoppi. È riuscito a sfon-
dare tutte le linee di difesa ma ha perso i suoi uomini. Ora è
solo e si lancia alla conquista di Parigi. (Canto XIV, 126-34).

126 La turba dietro a Rodomonte presta[70]
     le scale appoggia, e monta in più d'un loco.
     Quivi non fanno i Parigin più testa[71];
     che la prima difesa[72] lor val poco.
     San ben ch'agli nemici assai più resta
     dentro da fare, e non l'avran da gioco[73];
     perché tra il muro e l'argine secondo
     discende il fosso orribile e profondo[74].

127 Oltra che i nostri facciano difesa
     dal basso all'alto[75], e mostrino valore;
     nuova gente succede alla contesa[76]
     sopra l'erta pendice interïore[77],
     che fa con lancie e con saette offesa
     alla gran moltitudine di fuore[78],
     che credo ben, che saria stata meno[79],
     se non v'era il figliuol del re Ulïeno[80].

128 Egli questi conforta, e quei riprende,
     e lor mal grado inanzi se gli caccia:
     ad altri il petto, ad altri il capo fende,
     che per fuggir veggia voltar la faccia.
     Molti ne spinge et urta; alcuni prende
     pei capelli, pel collo e per le braccia:
     e sozzopra[81] là giù tanti ne getta,
     che quella fossa a capir[82] tutti è stretta.

129 Mentre lo stuol de' barbari si cala,
     anzi trabocca[83] al periglioso[84] fondo,
     et indi cerca per diversa scala[85]
     di salir sopra l'argine secondo;
     il re di Sarza (come avesse un'ala
     per ciascun de' suoi membri) levò il pondo
     di sì gran corpo e con tant'arme indosso,
     e netto[86] si lanciò di là dal fosso.

130 Poco era men di trenta piedi, o tanto[87],
     et egli il passò destro[88] come un veltro,
     e fece nel cader strepito, quanto
     avesse avuto sotto i piedi il feltro[89]:
     et a questo et a quello affrappa il manto[90],
     come sien l'arme di tenero peltro[91],
     e non di ferro, anzi pur sien di scorza[92]:
     tal la sua spada, e tanta è la sua forza!

131 In questo tempo i nostri, da chi[93] tese
     l'insidie son ne la cava[94] profonda,

ch v'han scope[95] e fascine in copia stese,
intorno a quai[96] di molta pece abonda[97]
(né però alcuna si vede palese,
ben che n'è piena l'una e l'altra sponda
dal fondo cupo insino all'orlo quasi),
e senza fin v'hanno appiattati vasi,

132   qual con salnitro, qual con oglio, quale
con zolfo, qual con altra simil esca[98];
i nostri[99] in questo tempo, perché male
ai Saracini il folle ardir riesca,
ch'eran nel fosso, e per diverse scale
credean montar su l'ultima bertresca[100];
udito il segno da oportuni lochi,
di qua e di là fenno avampare i fochi.

133   Tornò la fiamma sparsa, tutta in una[101],
che tra una ripa e l'altra ha 'l tutto pieno;
e tanto ascende in alto, ch'alla luna
può d'appresso asciugar l'umido seno[102].
Sopra si volve[103] oscura nebbia[104] e bruna,
che 'l sole adombra[105], e spegne ogni sereno.
Sentesi un scoppio in un perpetuo suono,
simile a un grande e spaventoso tuono.

134   Aspro concento, orribile armonia
d'alte querele, d'ululi e di strida
de la misera gente che peria
nel fondo per cagion de la sua guida[106],
istranamente concordar s'udia
col fiero suon de la fiamma omicida.
Non più, Signor, non più di questo canto;
ch'io son già rauco, e vo' posarmi alquanto[107].

Le case di Parigi, a quel tempo tutte di legno, sono in fiamme: Rodomonte appicca incendi e semina strage dappertutto dove arriva. Ma i Saraceni che l'avevano seguito

nella scalata delle mura, in numero di undicimila e ventotto, sono morti tutti nella fossa tra mura e argine, tanto che non ci sarebbe stato posto per contenere tanti cadaveri se le fiamme non li avessero immediatamente inceneriti (canto XVI, 21-27).

CANTO XVI

21 Quando fu noto il Saracino atroce
all'arme istrane, alla scagliosa pelle[108],
là dove i vecchi e 'l popul men feroce[109]
tendean l'orecchie a tutte le novelle,
levossi un pianto, un grido, un'alta voce,
con un batter di man[110] ch'andò alle stelle;
e chi poté fuggir non vi rimase,
per serrarsi ne' templi e ne le case.

22 Ma questo[111] a pochi il brando rio conciede,
ch'intorno ruota il Saracin robusto.
Qui fa restar con mezza gamba un piede,
là fa un capo sbalzar lungi dal busto;
l'un tagliare a traverso se gli vede,
dal capo all'anche un altro fender giusto:
e di tanti ch'uccide, fere e caccia[112],
non se gli vede alcun segnare in faccia[113].

23 Quel che la tigre[114] de l'armento imbelle
ne' campi ircani[115] o là vicino al Gange[116],
o 'l lupo de le capre e de l'agnelle
nel monte che Tifeo sotto si frange[117];
quivi il crudel pagan facea di quelle
non dirò squadre, non dirò falange[118],
ma vulgo e populazzo[119] voglio dire,
degno, prima che nasca, di morire.

24 Non ne trova un che veder possa in fronte[120],
fra tanti che ne taglia, fora e svena.
Per quella strada che vien dritto al ponte

di San Michel[121], sì popolata e piena,
corre il fiero e terribil Rodomonte,
e la sanguigna[122] spada a cerco mena[123]:
non riguarda né al servo né al signore,
né al giusto ha più pietà ch'al peccatore.

25   Religïon non giova al sacerdote,
né la innocenzia al pargoletto giova:
per sereni occhi o per vermiglie gote
mercé[124] né donna né donzella truova:
la vecchiezza si caccia e si percuote[125];
né quivi il Saracin fa maggior pruova
di gran valor, che di gran crudeltade;
che non discerne sesso, ordine[126], etade.

26   Non pur nel sangue uman l'ira si stende
de l'empio re, capo e signor degli empi,
ma contra i tetti[127] ancor, sì che n'incende[128]
le belle case e i profanati[129] tempî.
Le case eran, per quel che se n'intende[130],
quasi tutte di legno in quelli tempi:
e ben creder si può, ch'in Parigi ora
de le diece le sei son così ancora.

27   Non par, quantunque il fuoco ogni cosa arda,
che sì grande odio ancor saziar si possa.
Dove s'aggrappi con le mani, guarda[131],
sì che ruini un tetto ad ogni scossa.
Signor, avete a creder che bombarda
mai non vedeste a Padova sì grossa[132],
che tanto muro possa far cadere,
quanto fa in una scossa il re d'Algiere.

In quel mentre l'Arcangelo Michele ed il Silenzio guidano verso Parigi Rinaldo e l'esercito alleato d'Inghilterra. Divisi in tre schiere, Inglesi, Scozzesi, Irlandesi attaccano gli assedianti dalla campagna e mettono lo scompiglio nelle schiere maomettane (canto XVI, 66-68).

66   Non crediate, Signor, che fra campagna
      pugna minor[133] che presso al fiume sia,
      né ch'a dietro l'esercito rimagna,
      che di Lincastro il buon duca seguia[134].
      Le bandiere assalì questo di Spagna,
      e molto ben di par la cosa gìa;
      che fanti, cavallieri e capitani
      di qua e di là sapean menar le mani.

67   Dinanzi vien Oldrado e Fieramonte,
      un duca di Glocestra, un d'Eborace;
      con lor Ricardo, di Varvecia conte,
      e di Chiarenza il duca, Enrigo[135] audace.
      Han Matalista e Follicone a fronte,
      e Baricondo et ogni lor seguace.
      Tiene il primo Almeria, tiene il secondo
      Granata, tien Maiorca Baricondo[136].

68   La fiera pugna un pezzo andò di pare;
      che vi si discernea poco vantaggio.
      Vedeasi or l'uno or l'altro ire e tornare,
      come le biade al ventolin di maggio,
      o come sopra 'l lito un mobil mare
      or viene or va, né mai tiene un vïaggio[137].
      Poi che Fortuna ebbe scherzato un pezzo,
      dannosa ai Mori ritornò da sezzo[138].

Carlo Magno, impegnato a difendere una porta contro
Agramante, non ha ancora appreso queste belle notizie,
ma è raggiunto da un messaggero che gliene porta di cattive. Rodomonte da solo sta distruggendo la città e i suoi
abitanti armati o inermi (canto XVI, 85-88).

85   Mentre di fuor con sì crudel battaglia,
      odio, rabbia, furor l'un l'altro offende,
      Rodomonte in Parigi il popul taglia,
      le belle case e i sacri templi accende[139].

Carlo, ch'in altra parte si travaglia,
questo non vede, e nulla ancor ne 'ntende[140]:
Odoardo raccoglie[141] et Arimanno
ne la città, col lor popul britanno.

86   A-llui[142] venne un scudier pallido in volto,
che potea a pena trar del petto il fiato.
– Ahimè! Signor, ahimè – replica molto,
prima ch'abbia a dir altro incominciato:
– Oggi il romano Imperio, oggi è sepolto;
oggi ha il suo popul Cristo abandonato:
il demonio[143] dal cielo è piovuto oggi,
perché in questa città più non s'alloggi[144].

87   Satanasso (perch'altri esser non puote)
strugge e ruina la città infelice.
Volgiti e mira le fumose ruote[145]
de la rovente fiamma predatrice;
ascolta il pianto che nel ciel percuote[146];
e faccian fede a quel che 'l servo dice.
Un solo è quel ch'a ferro e a fuoco strugge
la bella terra, e inanzi ognun gli fugge. –

88   Quale è colui che prima oda il tumulto,
de le sacre squille[147] il batter spesso,
che vegga il fuoco a nessun altro occulto,
ch'a sé[148], che più gli tocca[149], e gli è più presso;
tal è il re Carlo, udendo il nuovo insulto[150],
e conoscendol poi con l'occhio istesso[151]:
onde lo sforzo[152] di sua miglior gente
al grido drizza[153] e al gran rumor che sente.

Carlo accorre. È il palazzo reale che ora Rodomonte sta
assaltando, tra le cui robuste mura quei poveracci di Pa-
rigini avevano cercato riparo, e dai cui tetti ora stavano
buttando addosso al gigante tegole e travi e pietre e merli.
    L'assalto contemporaneo d'otto paladini e di tutti quelli

che li seguono non scalfisce neppure la squamosa scorza di Rodomonte. Ma la presenza dell'imperatore rincuora la turba dei fuggiaschi che tornano ad assieparsi contro il re di Sarza. Ormai la calca è tanto fitta che anche se lui la taglia come si trattasse di rape o di torsi di cavolo, essa continua a premerlo d'ogni parte, mentre dai tetti e dalle finestre gli piombano addosso valanghe di roba. Finora Rodomonte si è serbato incolume; forse gli conviene mettersi in salvo prima che riescano a ferirlo. Sbaragliata una schiera d'Inglesi, raggiunge gli spalti sulla Senna e con tutte le sue armi addosso si tuffa e fugge a nuoto. Emerso sulla riva opposta si volta verso la città in fiamme, come pentito d'esserne fuori, e già pieno di voglia di ritornare (canto XVIII, 9-25).

CANTO XVIII

9   Otto scontri[154] di lance, che da forza
di tali otto guerrier cacciati[155] fôro,
sostenne a un tempo la scagliosa scorza[156]
di ch'avea armato il petto il crudo Moro.
Come legno si drizza, poi che l'orza
lenta il nochier[157] che crescer sente il Coro[158],
così presto rizzossi Rodomonte
dai colpi che gittar[159] doveano un monte.

10   Guido, Ranier, Ricardo, Salamone,
Ganelon traditor, Turpin fedele,
Angioliero, Angiolino, Ughetto, Ivone,
Marco e Matteo[160] dal pian di San Michele,
e gli otto di che dianzi fei menzione,
son tutti intorno al Saracin crudele,
Arimanno e Odoardo d'Inghilterra,
ch'entrati eran pur dianzi ne la terra.

11   Non così freme in su lo scoglio alpino[161]
di ben fondata ròcca alta parete,

quando il furor di borea o di garbino[162]
svelle dai monti il frassino e l'abete;
come freme d'orgoglio il Saracino,
di sdegno acceso e di sanguigna sete[163]:
e com'a un tempo è il tuono e la saetta[164],
così l'ira de l'empio e la vendetta.

12 Mena alla testa a quel che gli è più presso,
che gli è[165] il misero Ughetto di Dordona:
lo pone in terra[166] insino ai denti fesso,
come che l'elmo era[167] di tempra buona.
Percosso fu tutto in un tempo anch'esso
da molti colpi in tutta la persona;
ma non gli fan più ch'all'incude l'ago:
sì duro intorno ha lo scaglioso drago[168].

13 Furo tutti i ripar, fu la cittade
d'intorno intorno abandonata tutta;
che la gente alla piazza, dove accade[169]
maggior bisogno, Carlo avea ridutta[170].
Corre alla piazza da tutte le strade
la turba, a chi il fuggir sì poco frutta[171].
La persona del re sì i cori accende,
ch'ognun prend'arme, ognuno animo prende.

14 Come se dentro a ben rinchiusa gabbia
d'antiqua leonessa usata in guerra,
perch'averne piacere il popul abbia,
talvolta il tauro indomito si serra;
i leoncin che veggion per la sabbia
come altiero e mugliando animoso erra,
e veder sì gran corna non son usi,
stanno da parte timidi e confusi[172]:

15 ma se la fiera madre a quel si lancia,
e ne l'orecchio attacca il crudel dente,
vogliono anch'essi insanguinar la guancia[173],
e vengono in soccorso arditamente;

chi morde al tauro il dosso e chi la pancia:
così contra il pagan fa quella gente.
Da tetti e da finestre e più d'appresso
sopra gli piove un nembo d'arme e spesso[174].

16   Dei cavallieri e de la fanteria
tanta è la calca, ch'a pena vi cape[175].
La turba che vi vien per ogni via,
v'abbonda ad or ad or[176] spessa come ape [177];
che quando, disarmata e nuda, sia
più facile a tagliar che torsi o rape,
non la potria, legata a monte a monte,
in venti giorni spenger Rodomonte[178].

17   Al pagan, che non sa come ne possa
venir a capo, omai quel gioco incresce.
Poco, per far[179] di mille, o di più, rossa
la terra intorno, il populo discresce[180].
Il fiato tuttavia se gl'ingrossa,
sì che comprende al fin che, se non esce
or c'ha vigore e in tutto il corpo è sano,
vorrà da tempo uscir, che sarà invano[181].

18   Rivolge[182] gli occhi orribili, e pon mente[183]
che d'ogn'intorno sta chiusa l'uscita;
ma con ruina d'infinita gente
l'aprirà tosto, e la farà espedita[184].
Ecco, vibrando la spada tagliente,
che vien quel empio, ove il furor lo 'nvita,
ad assalire il nuovo stuol britanno
che vi trasse[185] Odoardo et Arimanno.

19   Chi ha visto in piazza rompere steccato,
a cui la folta turba ondeggi intorno,
immansueto[186] tauro accaneggiato[187],
stimulato e percosso tutto 'l giorno;
che 'l popul[188] se ne fugge ispaventato,
et egli or questo or quel leva sul corno:

pensi che tale o più terribil fosse
il crudele African quando si mosse.

20   Quindici o venti ne tagliò a traverso,
altritanti lasciò del capo tronchi,
ciascun d'un colpo sol dritto o riverso[189];
che viti o salci par che poti e tronchi.
Tutto di sangue il fier pagano asperso,
lasciando capi fessi e bracci monchi,
e spalle e gambe et altre membra sparte,
ovunque il passo volga, al fin si parte.

21   De la piazza si vede in guisa tôrre,
che non si può notar ch'abbia paura[190];
ma tuttavolta col pensiero discorre[191],
dove sia per uscir via più sicura.
Capita al fin dove la Senna corre
sotto all'isola[192], e fa fuor de le mura.
La gente d'arme e il popul fatto audace
lo stringe e incalza, e gir nol lascia in pace.

22   Qual per le selve nomade o massile[193]
cacciata va la generosa[194] belva,
ch'ancor fuggendo mostra il cor gentile[195],
e minacciosa e lenta si rinselva;
tal Rodomonte, in nessun atto vile,
da strana circondato e fiera selva
d'aste e di spade e di volanti dardi,
si tira al fiume a passi lunghi e tardi.

23   E sì tre volte e più l'ira il sospinse,
ch'essendone già fuor, vi tornò in mezzo,
ove di sangue la spada ritinse,
e più di cento ne levò di mezzo.
Ma la ragione al fin la rabbia vinse
di non far sì, ch'a Dio n'andasse il lezzo[196];
e da la ripa, per miglior consiglio,
si gittò all'acqua, e uscì di gran periglio.

24   Con tutte l'arme andò per mezzo l'acque,
     come s'intorno avesse tante galle[197].
     Africa, in te pare a costui non nacque,
     ben che d'Anteo[198] ti vanti e d'Anniballe.
     Poi che fu giunto a proda, gli dispiacque,
     che si vide restar dopo le spalle[199]
     quella città ch'avea trascorsa tutta,
     e non l'avea tutta arsa né distrutta.

25   E sì lo rode la superbia e l'ira,
     che, per tornarvi un'altra volta, guarda,
     e di profondo cor[200] geme e sospira,
     né vuolne uscir, che non[201] la spiani et arda.
     Ma lungo il fiume, in questa furia, mira
     venire chi l'odio estingue e l'ira tarda[202].
     Chi fosse io vi farò ben tosto udire;
     ma prima un'altra cosa v'ho da dire.

Dall'India dove era stato prigioniero d'Alcina, Astolfo, liberato da Logistilla, fa ritorno in Occidente. Il suo cavallo Rabicano è così leggero che non lascia orma né sulla sabbia né sulla neve, e quando galoppa su di un prato non spezza neppure un filo d'erba: è un cavallo senza peso, nato dall'incontro d'una fiamma a forma di cavalla e d'un colpo di vento. Sotto i suoi zoccoli impalpabili scorre una carta geografica sontuosamente istoriata di figure e di cartigli, dove le meraviglie dei viaggi di Marco Polo si sommano alle profezie delle scoperte cinquecentesche, le notizie tramandate dagli autori classici agli echi delle spedizioni di Cortez.

Sotto lo sguardo d'Astolfo per l'ultima volta il mondo tenta di dispiegare sulla stessa mappa tutte le dimensioni dell'immaginazione umana: ogni nome di luogo evoca spettacoli della natura, monumenti, costumi dei popoli, ma anche dèi della mitologia classica e orchi e fate delle fiabe. L'Egitto è quello d'Erodoto e della Bibbia e insieme quello delle cronache dei pellegrini che hanno visto le Piramidi di Menfi e al Cairo il palazzo del Sultano abitato da quindicimila mamelucchi; ma vi si trova pure la rete d'acciaio fabbricata da Vulcano per catturare Venere adultera insieme a Marte, rete che dopo essere stata custodita nel tempio di Anubi a Canopo, ora è in mano d'un gigante che se ne serve per catturare i viandanti e divorarli.

Le carovane s'affidano al deserto ignare della rete nascosta nella sabbia, e tutt'a un tratto ecco uomini, donzelle, cavalli e cammelli sollevati in aria tra maglie d'acciaio, mentre risuona la risata del gigante. Il castello di Caligorante (così si chiama l'orco) è sulle rive del Nilo, tutto pavesato d'ossa umane, con pelli scuoiate stese ad ornamento sui merli e i davanzali; teschi disseccati sono appesi come trofei alle porte, cui fanno da fastigio braccia e gambe mozze. Là Caligorante trascina la rete colma di malcapitati che lui spolpa uno per uno come uccelletti, sputa le ossa al deserto e per ultimo succhia le cervella con un piccolo schiocco delle labbra.

Ecco avvicinarsi un cavaliere: Caligorante s'apposta in un canneto; tra poco gli zoccoli del cavallo calpesteranno la rete d'acciaio sepolta nella sabbia e scatterà la trappola. Ma il Cavaliere è Astolfo; e il galoppo di Rabicano è così leggero che sfiora il suolo come fosse una libellula. Caligorante esce dal canneto per rincorrerlo; in quel momento Astolfo si ricorda d'un regalo che gli ha fatto Logistilla: un corno magico dal suono così tremendo che chiunque l'ode impazzisce dal terrore. È il momento di provarlo: Astolfo dà fiato al corno, il gigante fugge in preda al panico ed è così frastornato che incappa nella sua stessa trappola. Ha un bel dibattersi: la rete d'acciaio gli si serra addosso e lo impacchetta. Astolfo potrà portarselo dietro al guinzaglio e servirsene come facchino; così continua il suo viaggio lungo il Nilo (canto XV, 40-64).

CANTO XV

40   Lungo il fiume Traiano[1] egli cavalca
su quel destrier[2] ch'al mondo è senza pare,
che tanto leggiermente e corre e valca[3],
che ne l'arena l'orma non n'appare:
l'erba non pur[4], non pur la nieve calca;
coi piedi asciutti andar potria sul mare;
e sì si stende al corso, e sì s'affretta,
che passa e vento e folgore e saetta.

41   Questo è il destrier che fu de l'Argalia,
che di fiamma e di vento era concetto;
e senza fieno e biada, si nutria
de l'aria pura, e Rabican fu detto.
Venne, seguendo il duca la sua via,
dove dà il Nilo a quel fiume ricetto[5];
e prima che giugnesse in su la foce,
vide un legno venire a sé veloce.

42   Naviga in su la poppa uno eremita
con bianca barba, a mezzo il petto lunga,
che sopra il legno il paladino invita,
e: – Figliuol mio (gli grida da la lunga[6]),
se non t'è in odio la tua propria vita,
se non brami che morte oggi ti giunga[7],
venir ti piaccia su quest'altra arena;
ch'a morir quella via dritto ti mena.

43   Tu non andrai più che sei miglia inante,
che troverai la sanguinosa stanza
dove s'alberga un orribil gigante
che d'otto piedi ogni statura avanza[8].
Non abbia cavallier né vïandante
di partirsi da lui, vivo, speranza:
ch'altri il crudel ne scanna, altri ne scuoia,
molti ne squarta, e vivo alcun ne 'ngoia.

44   Piacer, fra tanta crudeltà, si prende
d'una rete[9] ch'egli ha, molto ben fatta:

poco lontana al tetto suo la tende,
e ne la trita[10] polve in modo appiatta,
che chi prima nol sa, non la comprende[11],
tanto è sottil, tanto egli ben l'adatta:
e con tai gridi i peregrin minaccia,
che spaventati dentro ve li caccia.

45   E con gran risa, aviluppati in quella
se li strascina sotto il suo coperto[12];
né cavallier riguarda[13] né donzella,
o sia di grande o sia di picciol merto:
e mangiata la carne, e le cervella
succhiate e 'l sangue, dà l'ossa al deserto;
e de l'umane pelli intorno intorno
fa il suo palazzo orribilmente adorno.

46   Prendi quest'altra via, prendila, figlio,
che fin al mar ti fia tutta sicura. –
– Io ti ringrazio, padre, del consiglio
(rispose il cavallier senza paura),
ma non istimo per l'onor periglio,
di ch'assai più che de la vita ho cura[14].
Per far ch'io passi, invan tu parli meco;
anzi vo al dritto[15] a ritrovar lo speco[16].

47   Fuggendo, posso con disnor salvarmi;
ma tal salute ho più che morte a schivo[17].
S'io vi vo, al peggio che potrà incontrarmi[18],
fra molti resterò di vita privo;
ma quando Dio così mi drizzi[19] l'armi,
che colui morto, et io rimanga vivo,
sicura a mille renderò la via:
sì che l'util maggior che 'l danno fia.

48   Metto all'incontro[20] la morte d'un solo
alla salute di gente infinita. –
– Vattene in pace (rispose), figliuolo;
Dio mandi in difension de la tua vita

l'arcangelo Michel dal sommo polo[21]: –
e benedillo il semplice[22] eremita.
Astolfo lungo il Nil tenne la strada,
sperando più nel suon[23] che ne la spada.

49   Giace tra l'alto fiume[24] e la palude
picciol sentier ne l'arenosa riva:
la solitaria casa lo richiude[25],
d'umanitade e di commercio priva[26].
Son fisse intorno teste e membra nude
de l'infelice gente che v'arriva.
Non v'è finestra, non v'è merlo alcuno,
onde penderne almen non si veggia uno.

50   Qual ne le alpine ville o ne' castelli
suol cacciator che gran perigli ha scorsi[27],
su le porte attaccar l'irsute pelli,
l'orride zampe e i grossi capi d'orsi;
tal dimostrava il fier gigante quelli
che di maggior virtù gli erano occorsi[28].
D'altri infiniti sparse appaion l'ossa;
et è di sangue uman piena ogni fossa.

51   Stassi Caligorante in su la porta;
che così ha nome il dispietato mostro
ch'orna la sua magion di gente morta,
come alcun suol de panni d'oro o d'ostro[29].
Costui per gaudio a pena si comporta[30],
come il duca lontan se gli è dimostro[31];
ch'eran duo mesi, e il terzo ne venìa,
che non fu cavallier per quella via.

52   Vêr la palude, ch'era scura e folta
di verdi canne, in gran fretta ne viene;
che disegnato avea correre in volta[32],
e uscire[33] al paladin dietro alle schene;
che ne la rete, che tenea sepolta
sotto la polve, di cacciarlo ha spene,

come avea fatto[34] gli altri peregrini
che quivi tratto avean lor rei destini.

53   Come venire il paladin lo vede,
ferma e il destrier, non senza gran sospetto
che vada in quelli lacci a dar del piede,
di che il buon vecchiarel gli avea predetto[35].
Quivi il soccorso del suo corno chiede,
e quel sonando fa l'usato effetto:
nel cor fere il gigante che l'ascolta,
di tal timor, ch'a dietro i passi volta.

54   Astolfo suona, e tuttavolta bada[36];
che gli par sempre che la rete scocchi.
Fugge il fellon, né vede ove si vada;
che, come il core, avea perduti gli occhi.
Tanta è la tema, che non sa far strada,
che ne li proprii aguati non trabocchi[37]:
va ne la rete; e quella si disserra[38],
tutto l'annoda, e lo distende in terra.

55   Astolfo, ch'andar giù vede il gran peso,
già sicuro per sé, v'accorre in fretta;
e con la spada in man, d'arcion disceso,
va per far di mill'anime vendetta.
Poi gli par che s'uccide un che sia preso,
viltà, più che virtù, ne sarà detta;
che legate le braccia, i piedi e il collo
gli vede sì, che non può dare un crollo[39].

56   Avea la rete già fatta Vulcano
di sottil fil d'acciar, ma con tal arte,
che saria stata ogni fatica invano
per ismagliarne la più debol parte[40];
et era quella che già piedi e mano
avea legate a Venere et a Marte:
la fe' il geloso, e non ad altro effetto,
che per pigliarli insieme ambi nel letto[41].

57　　Mercurio al fabbro[42] poi la rete invola;
　　　che Cloride[43] pigliar con essa vuole,
　　　Cloride bella che per l'aria vola
　　　dietro all'Aurora, all'apparir del sole,
　　　e dal raccolto lembo de la stola[44]
　　　gigli spargendo va, rose e vïole.
　　　Mercurio tanto questa ninfa attese,
　　　che con la rete in aria un dì la prese.

58　　Dove entra in mare il gran fiume etïopo[45],
　　　par che la dea presa volando fosse.
　　　Poi nel tempio d'Anubide a Canopo[46]
　　　la rete molti seculi serbosse.
　　　Caligorante tre mila anni dopo,
　　　di là, dove era sacra[47], la rimosse:
　　　se ne portò la rete il ladrone empio,
　　　et arse la cittade, e rubò[48] il tempio.

59　　Quivi adattolla in modo in su l'arena,
　　　che tutti quei ch'avean da lui la caccia
　　　vi davan dentro; et era tocca a pena,
　　　che lor legava e collo e piedi e braccia.
　　　Di questa levò Astolfo una catena[49],
　　　e le man dietro a quel fellon n'allaccia;
　　　le braccia e 'l petto in guisa gli ne fascia,
　　　che non può sciorsi: indi levar lo lascia,

60　　dagli altri nodi avendol sciolto prima,
　　　ch'era tornato uman[50] più che donzella.
　　　Di trarlo seco e di mostrarlo stima[51]
　　　per ville, per cittadi e per castella.
　　　Vuol la rete anco aver, di che né lima
　　　né martel fece mai cosa più bella:
　　　ne fa somier[52] colui ch'alla catena
　　　con pompa trionfal dietro si mena.

61　　L'elmo e lo scudo anche a portar gli diede,
　　　come a valletto, e seguitò il camino,

di gaudio empiendo, ovunque metta il piede,
ch'ir possa ormai sicuro il peregrino[53].
Astolfo se ne va tanto, che vede
ch'ai sepolcri di Memfi è già vicino,
Memfi per le piramidi famoso:
vede all'incontro il Cairo[54] populoso.

62   Tutto il popul correndo si traea[55]
per vedere il gigante smisurato.
– Come è possibil (l'un l'altro dicea)
che quel piccolo il grande abbia legato? –
Astolfo a pena inanzi andar potea,
tanto la calca il preme da ogni lato;
e come cavallier d'alto valore
ognun l'ammira, e gli fa grande onore.

63   Non era grande il Cairo così allora,
come se ne ragiona[56] a nostra etade:
che 'l populo capir, che vi dimora,
non puon diciotto mila gran contrade[57];
e che le case hanno tre palchi[58], e ancora
ne dormono infiniti in su le strade;
e che 'l soldano v'abita un castello
mirabil di grandezza, e ricco e bello;

64   e che quindici mila suoi vasalli,
che son cristiani rinegati tutti[59],
con mogli, con famiglie e con cavalli
ha sotto un tetto sol quivi ridutti.
Astolfo veder vuole ove s'avalli[60],
e quanto il Nilo entri nei salsi flutti
a Damïata[61]; ch'avea quivi inteso,
qualunque passa restar morto o preso.

Sul delta del Nilo c'è una torre circondata da coccodrilli.
V'abita il brigante Orrilo. La particolarità di Orrilo è che
non può esser vinto in duello perché se gli si taglia un

braccio lui sghignazzando raccatta il braccio e se lo riap-
piccica, se gli si taglia un piede se lo rimette come se avesse perso una scarpa, e se gli si fa volare via un'orecchia,
la prende al volo come fosse una farfalla e la riattacca al
suo posto. A tagliargli la testa e a buttargliela nel Nilo, lui
si tuffava e nuotando sott'acqua la ripescava sul fondo.

Due ragazzi, fratelli gemelli, Grifone e Aquilante, stavano combattendo con Orrilo da chissà quanto tempo.
L'avevano già smembrato e fatto a pezzi molte volte, e
ogni volta le membra di Orrilo tornavano a ricongiungersi
come gocce d'argento vivo nel mastello d'un alchimista.

Questi due gemelli erano figli d'un paladino di Carlo Magno, Oliviero, ed erano stati in tenera età rapiti da
due fate, una tutta bianca e l'altra tutta nera. Per impedire che raggiungessero i campi di battaglia, le fate li avevano mandati a duellare col brigante Orrilo, sicure che ne
avrebbero avuto per un bel pezzo.

Astolfo, oltre al corno magico, aveva avuto in dono un
libro di incantesimi, molto pratico da consultare per via
d'un indice in ordine alfabetico. Sfoglia il libro: Emme…
Enne… O… Orca… Orzaiolo… Orrilo: ecco! «Muore se
gli si strappa un capello che ha in testa.» Una parola! Orrilo aveva una capigliatura fitta fitta che s'estendeva dalle sopracciglia alla collottola. Astolfo, duellando con lui,
per prima cosa cerca di staccargli la testa dal busto. Per
Orrilo anche questo era uno scherzo, però a raccogliere
la testa ci metteva un po' più di tempo, dato che doveva
andarla a cercare nella polvere a tentoni, non avendo più
occhi per vedere. Astolfo è più svelto di lui: raccatta la testa sanguinante e galoppa via reggendola per la chioma.

Orrilo tasta per terra alla cieca, s'accorge d'esser stato
giocato, rimonta a cavallo e si dà all'inseguimento d'Astolfo. Fa per gridare: – Aspetta! Non vale! – ma il grido gli rimane in petto perché non ha più bocca per cacciarlo fuori.

Astolfo, giunto in un posto tranquillo in riva il Nilo, si siede con la testa mozza sulle ginocchia e comincia a spiluccare capelli, come sfogliasse una margherita. Ci vuol altro, con quella chioma così lunga, folta e forforosa! Allora Astolfo sfodera la sua spada affilata come un rasoio e tenendo la testa ferma per il naso, la rade a zero, anzi: la scortica. Insieme a tutti gli altri, anche il capello fatale doveva cadere troncato dalla lama: difatti ecco che la testa si fa bianca come uno straccio, torce gli occhi, spalanca le mascelle e resta secca. Orrilo, senza testa, stava sopraggiungendo a cavallo: ebbe uno scossone, rabbrividì, ruzzolò di sella a braccia aperte (canto XV, 65-88).

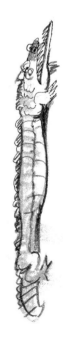

65 Però ch'in ripa al Nilo in su la foce
  si ripara un ladron dentro una torre,
  ch'a paesani e a peregrini[62] nuoce,
  e fin al Cairo, ognun rubando[63], scorre[64].
  Non gli può alcun resistere; et ha voce
  che l'uom gli cerca invan la vita tôrre[65]:
  cento mila ferite egli ha già avuto,
  né ucciderlo però mai s'è potuto.

66 Per veder se può far rompere il filo
  alla Parca di lui, sì che non viva[66],
  Astolfo viene a ritrovare Orrilo[67]
  (così avea nome), e a Damïata arriva;
  et indi passa ove entra in mare il Nilo,
  e vede la gran torre in su la riva,
  dove s'alberga l'anima incantata
  che d'un folletto nacque e d'una fata.

67 Quivi ritruova che crudel battaglia
  era tra Orrilo e dui guerrieri accesa.
  Orrilo è solo; e sì que' dui travaglia[68],
  ch'a gran fatica gli puon far difesa:
  e quanto in arme l'uno e l'altro vaglia,
  a tutto il mondo la fama palesa.

Questi erano i dui figli d'Oliviero,
Grifone il bianco et Aquilante il nero[69].

68   Gli è ver che 'l negromante[70] venuto era
alla battaglia con vantaggio grande;
che seco tratto in campo avea una fera[71],
la qual si truova solo in quelle bande:
vive sul lito e dentro alla rivera[72];
e i corpi umani son le sue vivande,
de le persone misere et incaute
de vïandanti e d'infelici naute[73].

69   La bestia ne l'arena appresso al porto
per man dei duo fratei morta giacea;
e per questo ad Orril non si fa torto,
s'a un tempo l'uno e l'altro gli nocea[74].
Più volte l'han smembrato, e non mai morto,
né, per smembrarlo[75], uccider si potea;
che se tagliato o mano o gamba gli era,
la rapiccava, che parea di cera.

70   Or fin a' denti il capo gli divide
Grifone, or Aquilante fin al petto.
Egli dei colpi lor sempre si ride:
s'adiran essi, che non hanno effetto.
Chi mai d'alto[76] cader l'argento vide,
che gli alchimisti hanno mercurio detto,
e spargere e raccor tutti i suo' membri[77],
sentendo di costui, se ne rimembri.

71   Se gli spiccano il capo, Orrilo scende[78],
né cessa brancolar fin che lo truovi;
et or pel crine et or pel naso il prende,
lo salda al collo, e non so con che chiovi.
Piglial talor Grifone, e 'l braccio stende,
nel fiume il getta, e non par ch'anco giovi;
che nuota Orrilo al fondo come un pesce,
e col suo capo salvo alla ripa esce.

72   Due belle donne onestamente ornate,

l'una vestita a bianco e l'altra a nero,
che de la pugna causa erano state,
stavano a riguardar l'assalto fiero[79].
Queste eran quelle due benigne fate
ch'avean notriti i figli d'Oliviero,
poi che li trasson teneri citelli[80]
dai curvi artigli di duo grandi augelli[81],

73   che rapiti gli avevano a Gismonda,
e portati lontan dal suo paese.
Ma non bisogna in ciò ch'io mi diffonda,
ch'a tutto il mondo è l'istoria palese;
ben che l'autor nel padre si confonda,
ch'un per un altro (io non so come) prese[82].
Or la battaglia i duo giovani fanno,
che le due donne ambi pregati n'hanno[83].

74   Era in quel clima[84] già sparito il giorno,
all'isole ancor alto di Fortuna[85];
l'ombre avean tolto ogni vedere a torno
sotto l'incerta e mal compresa[86] luna;
quando alla ròcca Orril fece ritorno,
poi ch'alla bianca e alla sorella bruna[87]
piacque di differir l'aspra battaglia
fin che 'l sol nuovo all'orizzonte saglia.

75   Astolfo, che Grifone et Aquilante,
et all'insegne e più al ferir gagliardo,
riconosciuto avea gran pezzo inante,
lor non fu altiero a salutar[88] né tardo.
Essi vedendo che quel che 'l gigante
traea legato, era il baron dal pardo[89]
(che così in corte era quel duca detto),
raccolser[90] lui con non minore affetto.

76   Le donne a riposare i cavallieri
menaro a un lor palagio indi vicino[91].
Donzelle incontra vennero e scudieri
con torchi[92] accesi, a mezzo del camino.

Diero a chi n'ebbe cura, i lor destrieri,
trassonsi l'arme; e dentro un bel giardino
trovâr ch'apparechiata era la cena
ad una fonte[93] limpida et amena.

77   Fan legare il gigante alla verdura[94]
con un'altra catena molto grossa
ad una quercia di molt'anni dura[95],
che non si romperà per una scossa[96];
e da dieci sergenti averne[97] cura,
che la notte disciór non se ne possa,
et assalirli, e forse far lor danno,
mentre sicuri e senza guardia stanno.

78   All'abondante e sontuosa mensa,
dove il manco[98] piacer fur le vivande,
del ragionar gran parte si dispensa
sopra d'Orrilo e del miracol grande[99],
che quasi par un sogno a chi vi pensa,
ch'or capo or braccio a terra se gli mande,
et egli lo raccolga e lo raggiugna[100],
e più feroce ognor torni alla pugna.

79   Astolfo nel suo libro[101] avea già letto
(quel ch'agl'incanti riparare insegna)
ch'ad Orril non trarrà l'alma del petto
fin ch'un crine fatal[102] nel capo tegna;
ma, se lo svelle o tronca, fia constretto[103]
che suo mal grado fuor l'alma ne vegna.
Questo ne dice il libro; ma non come
conosca il crine in così folte chiome.

80   Non men de la vittoria si godea,
che se n'avesse Astolfo già la palma;
come chi speme in pochi colpi avea
svellere il crine al negromante e l'alma.
Però di quella impresa promettea
tor sugli omeri suoi tutta la salma[104]:
Orril farà morir, quando non spiaccia

ai duo fratei, ch'egli la pugna faccia.

81   Ma quei gli dànno[105] volentier l'impresa,
certi che debbia affaticarsi invano.
Era già l'altra aurora in cielo ascesa,
quando calò dai muri[106] Orrilo al piano.
Tra il duca e lui fu battaglia accesa:
la mazza[107] l'un, l'altro ha la spada in mano.
Di mille attende Astolfo un colpo trarne,
che lo spirto gli sciolga da la carne.

82   Or cader gli fa il pugno con la mazza,
or l'uno or l'altro braccio con la mano;
quando taglia a traverso la corazza,
e quando il va troncando a brano a brano:
ma ricogliendo sempre de la piazza[108]
va le sue membra Orrilo, e si fa sano.
S'in cento pezzi ben l'avesse fatto,
redintegrarsi[109] il vedea Astolfo a un tratto.

83   Al fin di mille colpi un gli ne colse[110]
sopra le spalle ai termini del mento:
la testa e l'elmo dal capo gli tolse,
né fu d'Orrilo a dismontar più lento.
La sanguinosa chioma in man s'avolse,
e risalse[111] a cavallo in un momento;
e la portò correndo incontra 'l Nilo,
che riaver non la potesse Orrilo.

84   Quel sciocco, che del fatto non s'accorse,
per la polve cercando iva la testa:
ma come intese il corridor[112] via tôrse,
portare[113] il capo suo per la foresta;
immantinente al suo destrier ricorse,
sopra vi sale, e di seguir non resta.
Volea gridare: – Aspetta, volta, volta! –
ma gli avea il duca già la bocca tolta.

85   Pur, che non gli ha tolto anco le calcagna

si riconforta[114], e segue a tutta briglia.
Dietro il lascia gran spazio di campagna
quel Rabican che corre a maraviglia.
Astolfo intanto per la cuticagna[115]
va da la nuca fin sopra le ciglia
cercando in fretta, se 'l crine fatale[116]
conoscer può, ch'Orril tiene immortale.

86   Fra tanti e innumerabili capelli,
un più de l'altro non si stende o torce[117]:
qual dunque Astolfo sceglierà di quelli,
che per dar morte al rio ladron raccorce[118]?
– Meglio è (disse) che tutti io tagli o svelli[119]: –
né si trovando aver rasoi né force[120],
ricorse immantinente alla sua spada,
che taglia sì, che si può dir che rada[121].

87   E tenendo quel capo per lo naso,
dietro e dinanzi lo dischioma tutto.
Trovò fra gli altri quel fatale[122] a caso:
si fece il viso allor pallido e brutto,
travolse gli occhi, e dimostrò all'occaso[123],
per manifesti segni, esser condutto;
e 'l busto che seguia troncato al collo,
di sella cadde, e diè l'ultimo crollo.

88   Astolfo, ove le donne e i cavallieri
lasciato avea, tornò col capo in mano,
che tutti avea di morte i segni veri,
e mostrò il tronco ove giacea lontano.
Non so ben se lo vider volentieri[124]
ancor che gli mostrasser viso umano[125];
che la intercetta[126] lor vittoria forse
d'invidia ai duo germani il petto morse.

F in qui abbiamo seguito le gesta dei capitani, nelle loro prove di valore e nelle loro bravate, nella loro forza sovrumana e nel loro dominio d'oggetti magici. Ora, addentrandoci nella fitta selva di lance della battaglia di Parigi, vedremo i soldati semplici venire in primo piano, con le loro risorse umane modeste ed ostinate, il loro coraggio, le loro incertezze, la loro pietà.

Le sorti della battaglia sono avverse ai Saraceni. Ottantamila morti essi lasciano in quella giornata. Anche il loro più giovane condottiero, Dardinello figlio d'Almonte, è caduto, ucciso da Rinaldo. Re Agramante dà ordine alle sue schiere di ritirarsi negli accampamenti. Nella notte, dal campo dei Mori s'alzano i pianti per le vittime della battaglia.

Due reclute del reggimento di Dardinello, poco più che ragazzi, piangono il loro comandante e decidono d'andare a recuperarne la salma. La loro spedizione notturna è un doppio viaggio tra i morti: prima attraversano il campo nemico, tra i soldati cristiani che giacciono disordinatamente dove li ha colti il sonno e dove li inchioderà la morte portata dai due giovani vendicatori; poi, tra i cadaveri sparsi sul campo di battaglia. Come faranno, nel buio, a riconoscere Dardinello in mezzo a tanti morti? Medoro prega la Dea Luna; le nubi s'aprono; alla luce lunare tutta Parigi si dispiega sotto i loro occhi da Montmartre a Montlhéry (canto XVIII, 164-87).

CANTO XVIII

164 Tutta la notte per gli alloggiamenti
de i mal sicuri Saracini oppressi[1]
si versan pianti, gemiti e lamenti,
ma quanto più si può, cheti e soppressi[2].
Altri, perché gli amici hanno e i parenti
lasciati morti, et altri per se stessi,
che son feriti, e con disagio stanno:
ma più è la tema del futuro danno.

165 Duo Mori ivi fra gli altri si trovaro,
d'oscura stirpe nati in Tolomitta[3];
de' quai l'istoria, per esempio raro
di vero amore, è degna esser descritta.
Cloridano e Medor si nominaro,
ch'alla fortuna prospera e alla afflitta[4]
aveano sempre amato Dardinello,
et or passato in Francia il mar con quello.

166 Cloridan, cacciator tutta sua vita,
di robusta persona era et isnella:
Medoro avea la guancia colorita
e bianca e grata ne la età novella[5];
e fra la gente a quella impresa uscita
non era faccia più gioconda[6] e bella:
occhi avea neri, e chioma crespa d'oro:
angel parea di quei del sommo coro[7].

167   Erano questi duo sopra i ripari
       con molti altri a guardar[8] gli alloggiamenti,
       quando la Notte fra distanzie pari[9]
       mirava il ciel con gli occhi sonnolenti.
       Medoro quivi in tutti i suoi parlari
       non può far che 'l signor suo non rammenti,
       Dardinello d'Almonte, e che non piagna
       che resti senza onor[10] ne la campagna.

168   Vòlto al compagno, disse: – O Cloridano,
       io non ti posso dir quanto m'incresca
       del mio signor, che sia rimaso al piano,
       per lupi e corbi, ohimè! troppo degna esca[11].
       Pensando come sempre mi fu umano,
       mi par che quando ancor questa anima esca[12]
       in onor di sua fama, io non compensi
       né sciolga verso lui gli oblighi immensi.

169   Io voglio andar, perché non stia insepulto
       in mezzo alla campagna, a ritrovarlo:
       e forse Dio vorrà ch'io vada occulto
       là dove tace[13] il campo del re Carlo.
       Tu rimarrai; che quando in ciel sia sculto[14]
       ch'io vi debba morir, potrai narrarlo;
       che se Fortuna vieta[15] sì bell'opra,
       per fama almeno il mio buon cor si scuopra[16]. –

170   Stupisce Cloridan, che tanto core[17],
       tanto amor, tanta fede abbia un fanciullo:
       e cerca assai, perché gli porta amore,
       di fargli quel pensiero irrito[18] e nullo;
       ma non gli val[19], perch'un sì gran dolore
       non riceve conforto né trastullo[20].
       Medoro era disposto[21] o di morire,
       o ne la tomba il suo signor coprire.

171   Veduto che nol piega e che nol muove,
       Cloridan gli risponde: – E verrò anch'io,

anch'io vuo' pormi a sì lodevol pruove,
anch'io famosa[22] morte amo e disio.
Qual cosa sarà mai che più mi giove,
s'io resto senza te, Medoro mio?
Morir teco con l'arme è meglio molto,
che poi di duol, s'avvien che mi sii tolto. –

172 Così disposti[23], messero in quel loco
le successive[24] guardie, e se ne vanno.
Lascian fosse e steccati, e dopo poco
tra' nostri son, che senza cura[25] stanno.
Il campo dorme, e tutto è spento il fuoco,
perché dei Saracin poca tema hanno.
Tra l'arme e' carrïaggi stan roversi[26],
nel vin, nel sonno insino agli occhi immersi.

173 Fermossi alquanto Cloridano, e disse:
– Non son mai da lasciar l'occasïoni.
Di questo stuol che 'l mio signor trafisse,
non debbo far, Medoro, occisïoni?
Tu, perché sopra alcun non ci venisse[27],
gli occhi e l'orecchi in ogni parte poni;
ch'io m'offerisco[28] farti con la spada
tra gli nimici spazïosa strada. –

174 Così disse egli, e tosto il parlar tenne[29],
et entrò dove il dotto Alfeo[30] dormia,
che l'anno inanzi in corte a Carlo venne,
medico e mago e pien d'astrologia:
ma poco a questa volta gli sovenne[31];
anzi gli disse in tutto la bugia.
Predetto egli s'avea, che d'anni pieno
dovea morire alla sua moglie in seno:

175 et or gli ha messo il cauto[32] Saracino
la punta de la spada ne la gola.
Quattro altri uccide appresso all'indovino,
che non han tempo a dire una parola:

menzion dei nomi lor non fa Turpino[33],
e 'l lungo andar[34] le lor notizie invola:
dopo essi Palidon da Moncalieri,
che sicuro dormia fra duo destrieri.

176   Poi se ne vien dove col capo giace
appoggiato al barile il miser Grillo:
avealo vòto, e avea creduto in pace
godersi un sonno placido e tranquillo.
Troncògli il capo il Saracino audace:
esce col sangue il vin per uno spillo[35],
di che n'ha in corpo più d'una bigoncia;
e di ber sogna, e Cloridan lo sconcia[36].

177   E presso a Grillo, un Greco et un Tedesco
spenge in dui colpi, Andropono e Conrado,
che de la notte avean goduto al fresco
gran parte, or con la tazza, ora col dado:
felici, se vegghiar sapeano a desco
fin che de l'Indo il sol passassi il guado[37].
Ma non potria negli uomini[38] il destino,
se del futuro ognun fosse indovino.

178   Come impasto[39] leone in stalla piena,
che lunga fame abbia smacrato e asciutto[40],
uccide, scanna, mangia, a strazio mena
l'infermo[41] gregge in sua balìa condutto:
così il crudel pagan nel sonno svena
la nostra gente, e fa macel per tutto.
La spada di Medoro anco non ebe[42];
ma si sdegna di ferir l'ignobil plebe.

179   Venuto era ove il duca di Labretto
con una dama sua dormia abbracciato;
e l'un con l'altro si tenea sì stretto,
che non saria tra lor l'aere entrato.
Medoro ad ambi taglia il capo netto.
Oh felice morire! oh dolce fato!

Che come erano i corpi, ho così fede
ch'andâr l'alme abbracciate alla lor sede.

180   Malindo uccise e Ardalico il fratello,
che del conte di Fiandra erano figli;
e l'uno e l'altro cavallier novello
fatto avea Carlo, e aggiunto all'arme i gigli[43],
perché il giorno amendui d'ostil macello[44]
con gli stocchi tornar vide vermigli:
e terre in Frisa[45] avea promesso loro
e date avria; ma lo vietò Medoro.

181   Gl'insidïosi ferri[46] eran vicini
ai padiglioni che tiraro in volta[47]
al padiglion di Carlo i paladini,
facendo ognun la guardia la sua volta[48];
quando da l'empia strage i Saracini
trasson le spade, e diero a tempo volta[49];
ch'impossibil lor par, tra sì gran torma,
che non s'abbia a trovar un che non dorma.

182   E ben che possan gir di preda carchi,
salvin pur sé, che fanno assai guadagno[50].
Ove più creda aver sicuri i varchi
va Cloridano, e dietro ha il suo compagno.
Vengon nel campo, ove fra spade et archi
e scudi e lance in un vermiglio stagno
giaccion poveri e ricchi, e re e vassalli,
e sozzopra[51] con gli uomini i cavalli.

183   Quivi dei corpi l'orrida mistura,
che piena[52] avea la gran campagna intorno,
potea far vaneggiar la fedel cura[53]
dei duo compagni insino al far del giorno,
se non traea fuor d'una nube oscura,
a' prieghi di Medor, la Luna il corno[54].
Medoro in ciel divotamente fisse
verso la Luna gli occhi, e così disse:

184 – O santa dea, che dagli antiqui nostri
      debitamente sei detta triforme[55];
      ch'in cielo, in terra e ne l'inferno mostri
      l'alta bellezza tua sotto più forme,
      e ne le selve, di fere e di mostri
      vai cacciatrice seguitando l'orme;
      mostrami ove 'l mio re giaccia fra tanti,
      che vivendo imitò tuoi studi[56] santi. –

185 La Luna a quel pregar la nube aperse
      (o fosse caso o pur la tanta fede),
      bella come fu allor ch'ella s'offerse,
      e nuda in braccio a Endimïon[57] si diede.
      Con Parigi a quel lume si scoperse
      l'un campo e l'altro; e 'l monte e 'l pian si vede:
      si videro i duo colli di lontano,
      Martire a destra, e Lerì[58] all'altra mano.

186 Rifulse lo splendor molto più chiaro
      ove d'Almonte giacea morto il figlio[59].
      Medoro andò, piangendo, al signor caro;
      che conobbe[60] il quartier bianco e vermiglio[61];
      e tutto 'l viso gli bagnò d'amaro
      pianto, che n'avea un rio sotto ogni ciglio,
      in sì dolci atti, in sì dolci lamenti,
      che potea ad ascoltar fermare i venti.

187 Ma con sommessa voce e a pena udita[62];
      non che riguardi[63] a non si far sentire,
      perch'abbia alcun pensier de la sua vita,
      più tosto l'odia, e ne vorrebbe uscire:
      ma per timor che non gli sia impedita
      l'opera pia che quivi il fe' venire.
      Fu il morto re sugli omeri sospeso
      di tramendui[64], tra lor partendo il peso.

Cloridano e Medoro stanno tornando al campo sul far dell'alba reggendo la salma di Dardinello tra le braccia, quando li avvista una pattuglia di Scozzesi guidata da Zerbino. Per fuggire, Cloridano, più saggio, abbandona il carico, sicuro di venire imitato dal compagno. Ma il tenace Medoro non si sente di lasciare il corpo del suo capitano in pasto ai corvi, e procede reggendolo con le sole sue forze (canto XVIII, 188-92).

188 Vanno affrettando i passi quanto ponno,
      sotto l'amata soma che gl'ingombra[65].
      E già venia chi de la luce è donno[66]
      le stelle a tor del ciel, di terra l'ombra;
      quando Zerbino, a cui del petto il sonno
      l'alta virtude, ove è bisogno[67], sgombra,
      cacciato avendo tutta notte i Mori,
      al campo si traea nei primi albori.

189 E seco alquanti cavallieri avea,
      che videro da lunge i dui compagni.
      Ciascuno a quella parte si traea[68],
      sperandovi trovar prede e guadagni.
      – Frate, bisogna (Cloridan dicea)
      gittar la soma, e dare opra ai calcagni[69];
      che sarebbe pensier non troppo accorto[70],
      perder duo vivi per salvar un morto. –

190 E gittò il carco, perché si pensava
      che 'l suo Medoro il simil far dovesse:
      ma quel meschin, che 'l suo signor più amava,
      sopra le spalle sue tutto lo resse.
      L'altro con molta fretta se n'andava,
      come l'amico a paro [71] o dietro avesse:
      se sapea[72] di lasciarlo a quella sorte,
      mille aspettate avria, non ch'una morte.

191 Quei cavallier, con animo disposto[73]

che questi a render[74] s'abbino o a morire,
chi qua chi là si spargono, et han tosto
preso ogni passo[75] onde si possa uscire.
Da loro il capitan poco discosto,
più degli altri sollicito a seguire[76];
ch'in tal guisa vedendoli temere[77],
certo è che sian de le nimiche schiere.

192 Era a quel tempo ivi una selva antica,
d'ombrose piante spessa e di virgulti,
che, come labirinto, entro s'intrica
di stretti calli e sol da bestie culti[78].
Speran d'averla i duo pagan sì amica,
ch'abbi a tenerli entro a' suoi rami occulti[79].
Ma chi del canto mio piglia diletto,
un'altra volta ad ascoltarlo aspetto[80].

Presto finisce circondato dai nemici: già Zerbino sta per
passarlo a fil di spada, ma – commosso dalla giovinezza del soldato e dalla sua fedeltà al comandante caduto –
gli fa grazia. In quella, uno degli Scozzesi, uomo brutale,
senza tener conto degli ordini del suo capitano, pianta la
sua lancia nel petto di Medoro. Mentre Zerbino insegue
il suo sleale soldato per punirlo, Cloridano che soprag-
giungeva in cerca del compagno smarrito, al vederlo cadere si butta in mezzo ai Cristiani e ne fa strage, finché
non cade a sua volta. Una sola pozza di sangue accoglie
i corpi dei due compagni e quello già freddo del loro signore. È il dovere feudale, che si celebra in questo sacrificio? Forse qualcosa di più antico e duraturo: la solida-
rietà della giovinezza (canto XIX, 3-17).

CANTO XIX

3 Cercando già nel più intricato calle
il giovine infelice di salvarsi;

ma il grave peso ch'avea su le spalle,
gli facea uscir tutti i partiti scarsi[81].
Non conosce il paese, e la via falle[82],
e torna fra le spine a invilupparsi.
Lungi da lui tratto al sicuro s'era
l'altro, ch'avea la spalla più leggiera.

4 Cloridan s'è ridutto ove non sente
di chi segue lo strepito e il rumore:
ma quando da Medor si vede absente[83],
gli pare aver lasciato a dietro il core.
– Deh, come fui (dicea) sì negligente[84],
deh, come fui sì di me stesso fuore,
che senza te, Medor, qui mi ritrassi,
né sappia quando o dove io ti lasciassi! –

5 Così dicendo, ne la torta[85] via
de l'intricata selva si ricaccia;
et onde era venuto si ravvia[86],
e torna di sua morte in su la traccia.
Ode i cavalli e i gridi tuttavia[87],
e la nimica voce che minaccia:
all'ultimo ode il suo Medoro, e vede
che tra molti a cavallo è solo a piede.

6 Cento a cavallo, e gli son tutti intorno:
Zerbin commanda e grida che sia preso.
L'infelice s'aggira com'un torno[88],
e quanto può si tien da lor difeso,
or dietro quercia, or olmo, or faggio, or orno[89],
né si discosta mai dal caro peso.
L'ha riposato al fin su l'erba, quando
regger nol puote, e gli va intorno errando:

7 come orsa, che l'alpestre cacciatore
ne la pietrosa tana assalita abbia,
sta sopra i figli con incerto core[90],
e freme in suono di pietà e di rabbia:

ira la 'nvita e natural furore[91]
a spiegar l'ugne e a insanguinar le labbia;
amor la 'ntenerisce, e la ritira
a riguardare ai figli in mezzo l'ira.

8   Cloridan, che non sa come l'aiuti,
e ch'esser vuole a morir seco ancora,
ma non ch'in morte prima il viver muti,
che[92] via non truovi ove più d'un ne mora;
mette su l'arco un de' suoi strali acuti,
e nascoso con quel sì ben lavora,
che fora ad uno Scotto[93] le cervella,
e senza vita il fa cader di sella.

9   Volgonsi tutti gli altri a quella banda
ond'era uscito il calamo[94] omicida.
Intanto un altro il Saracin ne manda,
perché 'l secondo a lato al primo uccida;
che mentre in fretta a questo e a quel domanda[95]
chi tirato abbia l'arco, e forte grida,
lo strale arriva e gli passa la gola,
e gli taglia pel mezzo la parola.

10   Or Zerbin, ch'era il capitano loro,
non poté a questo[96] aver più pazïenza.
Con ira e con furor venne a Medoro,
dicendo: – Ne farai tu penitenza. –
Stese la mano in quella chioma d'oro,
e strascinollo a sé con vïolenza:
ma come gli occhi a quel bel volto mise
gli ne venne pietade, e non l'uccise.

11   Il giovinetto si rivolse a' prieghi[97],
e disse: – Cavallier, per lo tuo Dio,
non esser sì crudel, che tu mi nieghi
ch'io sepelisca il corpo del re mio.
Non vo' ch'altra pietà per me ti pieghi,
né pensi che di vita abbi disio:

ho tanta di mia vita, e non più, cura,
quanta ch'al mio signor dia sepultura[98].

12   E se pur pascer vòi fiere et augelli,
che 'n te il furor sia[99] del teban Creonte[100],
fa lor convito[101] di miei membri, e quelli
sepelir lascia del figliuol d'Almonte. –
Così dicea Medor con modi belli,
e con parole atte a voltare un monte[102];
e sì commosso già Zerbino avea,
che d'amor tutto e di pietade ardea.

13   In questo mezzo[103] un cavallier villano,
avendo al suo signor poco rispetto,
ferì con una lancia sopra mano[104]
al supplicante il delicato petto.
Spiacque a Zerbin l'atto crudele e strano[105];
tanto più, che del colpo il giovinetto
vide cader sì sbigottito e smorto,
che 'n tutto giudicò che fosse morto.

14   E se ne sdegnò in guisa e se ne dolse,
che disse: – Invendicato già non fia! –
e pien di mal talento[106] si rivolse
al cavallier che fe' l'impresa ria:
ma quel prese vantaggio[107], e se gli tolse
dinanzi in un momento, e fuggì via.
Cloridan, che Medor vede per terra,
salta del bosco a discoperta guerra[108].

15   E getta l'arco, e tutto pien di rabbia
tra gli nimici il ferro intorno gira,
più per morir, che per pensier ch'egli abbia
di far vendetta che pareggi l'ira.
Del proprio sangue rosseggiar la sabbia
fra tante spade, e al fin venir si mira[109];
e tolto che si sente ogni potere[110],
si lascia a canto al suo Medor cadere.

16   Seguon gli Scotti ove la guida loro
       per l'alta[111] selva alto[112] disdegno mena,
       poi che lasciato ha l'uno e l'altro Moro,
       l'un morto in tutto, e l'altro vivo a pena.
       Giacque gran pezzo il giovine Medoro,
       spicciando il sangue da sì larga vena[113],
       che di sua vita al fin saria venuto,
       se non sopravenia chi gli diè aiuto.

17   Gli sopravenne a caso una donzella[114],
       avvolta in pastorale et umil veste,
       ma di real[115] presenza e in viso bella,
       d'alte maniere e accortamente oneste[116].
       Tanto è ch'io non ne dissi più novella,
       ch'a pena riconoscer la dovreste:
       questa, se non sapete, Angelica era,
       del gran Can del Catai la figlia altiera[117].

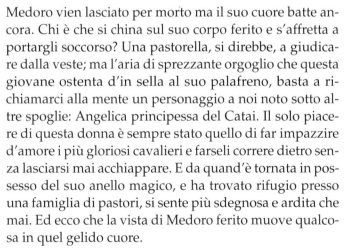

Medoro vien lasciato per morto ma il suo cuore batte ancora. Chi è che si china sul suo corpo ferito e s'affretta a portargli soccorso? Una pastorella, si direbbe, a giudicare dalla veste; ma l'aria di sprezzante orgoglio che questa giovane ostenta d'in sella al suo palafreno, basta a richiamarci alla mente un personaggio a noi noto sotto altre spoglie: Angelica principessa del Catai. Il solo piacere di questa donna è sempre stato quello di far impazzire d'amore i più gloriosi cavalieri e farseli correre dietro senza lasciarsi mai acchiappare. E da quand'è tornata in possesso del suo anello magico, e ha trovato rifugio presso una famiglia di pastori, si sente più sdegnosa e ardita che mai. Ed ecco che la vista di Medoro ferito muove qualcosa in quel gelido cuore.

Dapprima è solo la pietà, e il piacere di sfoggiare le arti mediche apprese in Oriente. Ma poi che con le erbe ha guarito la ferita, man mano che Medoro, ospitato anche lui dai pastori, riacquista colorito e bellezza, ecco che, per la prima volta senza l'intervento di incantesimi, Angelica si sente innamorare. La maliarda che aveva guardato dall'alto in basso i più audaci capitani degli opposti eserciti, da Orlando a Sacripante, da Ferraù a Rinaldo, finisce per perdere la testa per un soldato semplice di fanteria. Forse, a rassicurarla è l'aspetto solido e tranquillo di questo ragazzotto moro dalla testa bionda, così diverso dai suoi corteggiatori abituali sempre carichi di tensione e aggressività e ansia di primeggiare (canto XIX, 20-32).

20   Quando Angelica vide il giovinetto
      languir ferito, assai vicino a morte,
      che del suo re che giacea senza tetto[118],
      più che del proprio mal si dolea forte;
      insolita pietade in mezzo al petto
      si sentì entrar per disusate[119] porte,
      che le fe' il duro cor tenero e molle,
      e più, quando il suo caso egli narrolle.

21   E rivocando alla memoria l'arte
      ch'in India imparò già di chirugia[120]
      (che par che questo studio in quella parte
      nobile e degno e di gran laude sia;
      e senza molto rivoltar di carte[121],
      che 'l patre ai figli ereditario il dia),
      si dispose operar con succo d'erbe,
      ch'a più matura vita lo riserbe[122].

22   E ricordossi che passando avea
      veduta un'erba in una piaggia amena;
      fosse dittamo[123], o fosse panacea[124],
      o non so qual, di tale effetto[125] piena,
      che stagna il sangue, e de la piaga rea
      leva ogni spasmo e perigliosa pena.
      La trovò non lontana, e quella còlta,
      dove lasciato avea Medor, diè volta[126].

23   Nel ritornar s'incontra in un pastore
ch'a cavallo pel bosco ne veniva,
cercando una iuvenca[127], che già fuore
duo dì di mandra e senza guardia[128] giva.
Seco lo trasse ove perdea il vigore
Medor col sangue che del petto usciva;
e già n'avea di tanto il terren tinto,
ch'era omai presso a rimanere estinto.

24   Del palafreno Angelica giù scese,
e scendere il pastor seco fece anche.
Pestò con sassi l'erba, indi la prese,
e succo ne cavò fra le man bianche;
ne la piaga n'infuse[129], e ne distese
e pel petto e pel ventre e fin a l'anche:
e fu di tal virtù questo liquore,
che stagnò il sangue, e gli tornò[130] il vigore;

25   e gli diè forza, che poté salire
sopra il cavallo che 'l pastor condusse.
Non però vòlse indi[131] Medor partire
prima ch'in terra il suo signor non fusse[132].
E Cloridan col re fe' sepelire;
e poi dove a lei piacque si ridusse[133].
Et ella per pietà ne l'umil case
del cortese pastor seco rimase.

26   Né fin che nol tornasse in sanitade,
volea partir: così di lui fe' stima,
tanto se intenerì de la pietade
che n'ebbe, come in terra il vide prima[134].
Poi vistone i costumi e la beltade,
roder si sentì il cor d'ascosa lima;
roder si sentì il core, e a poco a poco
tutto infiammato d'amoroso fuoco.

27   Stava il pastore in assai buona e bella
stanza[135], nel bosco infra duo monti piatta[136],
con la moglie e coi figli; et avea quella

tutta di nuovo e poco inanzi fatta.
Quivi a Medoro fu per la donzella[137]
la piaga in breve a sanità ritratta[138]:
ma in minor tempo si sentì maggiore
piaga di questa avere ella nel core.

28   Assai più larga piaga e più profonda
nel cor sentì da non veduto strale,
che da' begli occhi e da la testa bionda
di Medoro aventò l'Arcier[139] c'ha l'ale.
Arder si sente, e sempre il fuoco abonda[140];
e più cura l'altrui che 'l proprio male:
di sé non cura, e non è ad altro intenta,
ch'a risanar chi lei fere e tormenta.

29   La sua piaga più s'apre e più incrudisce,
quanto più l'altra si restringe e salda.
Il giovine si sana: ella languisce
di nuova febbre, or agghiacciata, or calda.
Di giorno in giorno in lui beltà fiorisce:
la misera si strugge, come falda
strugger di nieve intempestiva suole[141],
ch'in loco aprico abbia scoperta il sole.

30   Se di disio non vuol morir, bisogna
che senza indugio ella se stessa aiti:
e ben le par che di quel ch'essa agogna[142],
non sia tempo aspettar ch'altri la 'nviti.
Dunque, rotto ogni freno di vergogna,
la lingua ebbe non me che gli occhi[143] arditi:
e di quel colpo domandò mercede,
che, forse non sapendo, esso le diede.

31   O conte Orlando, o re di Circassia[144],
vostra inclita virtù[145], dite, che giova?
Vostro alto onor dite in che prezzo sia[146],
o che mercé[147] vostro servir[148] ritruova.
Mostratemi una sola cortesia

che mai costei v'usasse, o vecchia o nuova,
per ricompensa e guidardone e merto[149]
di quanto avete già per lei sofferto.

32 Oh se potessi ritornar mai vivo,
quanto ti parria duro, o re Agricane[150]!
Che già mostrò costei sì averti a schivo
con repulse crudeli et inumane.
O Ferraù, o mille altri ch'io non scrivo,
ch'avete fatto mille pruove vane
per questa ingrata, quanto aspro vi fôra[151],
s'a costu' in braccio voi la vedesse[152] ora!

La verità è che prima d'aver incontrato Medoro, Angelica non avrebbe mai saputo immaginare un marito ideale.
E ora che l'ha trovato non se lo lascia scappare. In quattro e quattr'otto, lì tra i pastori, se lo sposa, e decide di portarlo con sé in Oriente e farlo incoronare imperatore del Catai. Prendono la via dei Pirenei per andarsi a imbarcare a Barcellona. Sulle spiagge della Catalogna balza contro gli sposi un pazzo, ignudo e lordo di fango. Chi sia costui, verrà spiegato a suo tempo.

Il poema che stiamo percorrendo è un labirinto nel quale si aprono altri labirinti. Nel cuore del poema c'è un trabocchetto, una specie di vortice che inghiotte a uno a uno i principali personaggi: il palazzo incantato del Mago Atlante. Già il Mago ci aveva fatto incontrare, tra le giogaie dei Pirenei, un castello tutto d'acciaio; poi l'aveva fatto dissolvere nel nulla. Ora, in mezzo a un tratto non lontano dalle coste della Manica, vediamo sorgere un palazzo che è un vortice di nulla, nel quale si rifrangono tutte le immagini del poema.

Attraversando un bosco, Ruggiero sente un grido: vede un gigante in lotta con un cavaliere. Sotto un colpo di mazza del gigante il cavaliere cade: dall'elmo slacciato esce un'onda di capelli biondi: è Bradamante! Ruggiero insegue il gigante che fugge trascinando la guerriera esanime e sparisce in un palazzo di marmo dalla porta d'oro. Ruggiero entra, percorre sale e logge e scale; si perde; perlustra il palazzo da cima a fondo più volte: nessuna traccia né del rapitore né della rapita.

Come Cerere cercava Proserpina rapita da Plutone, così rapimenti e ricerche affannose si intrecciano per le contrade della Francia. Anche a Orlando, a suo tempo, quando andava in cerca d'Angelica, era successa la stessa identica storia che a Ruggiero: veder rapire la sua bella, inseguire il rapitore, entrare in un misterioso palazzo, girare e girare per androni e corridoi deserti. Ossia: il palazzo è deserto di quel che si cerca, e popolato solo di cercatori. Atlante ha dato forma al regno dell'illusione; se la vita è sempre varia e imprevista e cangiante, l'illusione è monotona, batte e ribatte sempre sullo stesso chiodo.

Questi che vagano per androni e sottoscala, che frugano sotto arazzi e baldacchini sono i più famosi cavalieri cristiani e mori: tutti sono stati attratti nel palazzo dalla visione d'una donna amata, d'un nemico irraggiungibile, d'un cavallo rubato, d'un oggetto perduto. Non possono più staccarsi da quelle mura: se uno fa per allontanarsene, si sente richiamare, si volta e l'apparizione invano inseguita è là, affacciata a una finestra, che implora soccorso (canto XII, 4-20).

CANTO XII

4   L'ha cercata[1] per Francia: or s'apparecchia
     per Italia cercarla e per Lamagna[2],
     per la nuova Castiglia e per la vecchia,
     e poi passare in Libia il mar di Spagna[3].
     Mentre pensa così, sente all'orecchia
     una voce venir, che par che piagna:
     si spinge inanzi; e sopra un gran destriero
     trottar si vede inanzi un cavalliero.

5   che porta in braccio e su l'arcion davante
     per forza una mestissima donzella.
     Piange ella, e si dibatte, e fa sembiante[4]
     di gran dolore; et in soccorso appella

190

il valoroso principe d'Anglante[5];
che come mira alla giovane bella,
gli par colei, per cui la notte e il giorno
cercato Francia avea dentro e d'intorno.

6   Non dico ch'ella fosse, ma parea
Angelica gentil ch'egli tant'ama.
Egli, che la sua donna e la sua dea
vede portar sì addolorata e grama[6],
spinto da l'ira e da la furia rea,
con voce orrenda il cavallier richiama;
richiama il cavalliero e gli minaccia[7],
e Brigliadoro a tutta briglia caccia[8].

7   Non resta[9] quel fellon, né gli risponde,
all'alta preda, al gran guadagno intento;
e sì ratto ne va per quelle fronde,
che saria tardo a seguitarlo il vento.
L'un fugge, e l'altro caccia[10]; e le profonde
selve s'odon sonar d'alto lamento.
Correndo, usciro[11] in un gran prato; e quello
avea nel mezzo un grande e ricco ostello[12].

8   Di vari marmi con suttil lavoro
edificato era il palazzo altiero[13].
Corse dentro alla porta messa d'oro[14]
con la donzella in braccio il cavalliero.
Dopo non molto giunse Brigliadoro,
che porta Orlando disdegnoso e fiero.
Orlando, come è dentro, gli occhi gira;
né più il guerrier, né la donzella mira[15].

9   Subito smonta, e fulminando[16] passa
dove più dentro il bel tetto s'alloggia[17]:
corre di qua, corre di là, né lassa
che non vegga ogni camera[18], ogni loggia.
Poi che i segreti d'ogni stanza bassa[19]
ha cerco[20] invan, su per le scale poggia[21];

e non men perde anco a cercar di sopra,
che perdessi[22] di sotto, il tempo e l'opra.

10   D'oro e di seta i letti ornati vede:
nulla de muri appar né de pareti[23];
che quelle, e il suolo ove si mette il piede,
son da cortine[24] ascose e da tapeti.
Di su di giù va il conte Orlando e riede;
né per questo può far gli occhi mai lieti
che riveggiano Angelica, o quel ladro
che n'ha portato il bel viso leggiadro.

11   E mentre or quinci or quindi invano il passo
movea, pien di travaglio e di pensieri,
Ferraù, Brandimarte e il re Gradasso,
re Sacripante[25] et altri cavallieri
vi ritrovò, ch'andavano alto e basso[26],
né men facean di lui vani sentieri[27];
e si ramaricavan del malvagio
invisibil signor di quel palagio.

12   Tutti cercando il van, tutti gli dànno
colpa[28] di furto alcun che lor fatt'abbia:
del destrier che gli ha tolto, altri è in affanno;
ch'abbia perduta altri la donna, arrabbia;
altri[29] d'altro l'accusa: e così stanno,
che non si san partir di quella gabbia;
e vi son molti, a questo inganno presi,
stati le settimane intiere e i mesi.

13   Orlando, poi che quattro volte e sei[30]
tutto cercato[31] ebbe il palazzo strano,
disse fra sé: – Qui dimorar potrei,
gittare il tempo e la fatica invano:
e potria il ladro aver tratta costei
da un'altra uscita, e molto esser lontano. –
Con tal pensiero uscì nel verde prato
dal qual tutto il palazzo era aggirato[32].

14   Mentre circonda[33] la casa silvestra,
tenendo pur a terra il viso chino
per veder s'orma appare, o da man destra
o da sinistra, di nuovo camino[34];
si sente richiamar da una finestra:
e leva gli occhi; e quel parlar divino
gli pare udire, e par che miri il viso,
che l'ha, da quel che fu, tanto diviso[35].

15   Pargli Angelica udir, che supplicando
e piangendo gli dica: – Aita, aita!
la mia virginità ti raccomando
più che l'anima mia, più che la vita.
Dunque in presenza del mio caro Orlando
da questo ladro mi sarà rapita?
Più tosto di tua man dammi la morte,
che venir lasci[36] a sì infelice sorte. –

16   Queste parole una et un'altra volta
fanno Orlando tornar per ogni stanza,
con passïone e con fatica molta,
ma temperata pur d'alta speranza[37].
Talor si ferma, et una voce ascolta,
che di quella d'Angelica ha sembianza[38]
(e s'egli è da una parte, suona altronde[39]),
che chieggia aiuto; e non sa trovar donde[40].

17   Ma tornando a Ruggier[41], ch'io lasciai quando
      dissi che per sentiero ombroso e fosco
      il gigante e la donna seguitando,
      in un gran prato uscito era del bosco;
      io dico ch'arrivò qui dove Orlando
      dianzi arrivò, se 'l loco riconosco.
      Dentro la porta il gran gigante passa:
      Ruggier gli è appresso, e di seguir non lassa[42].

18   Tosto che pon dentro alla soglia il piede,
      per la gran corte e per le loggie mira;
      né più il gigante né la donna vede,
      e gli occhi indarno or quinci or quindi aggira.
      Di su di giù va molte volte e riede;
      né gli succede mai quel che desira:
      né si sa imaginar dove sì tosto
      con la donna il fellon si sia nascosto[43].

19   Poi che revisto ha quattro volte e cinque
      di su di giù camere e loggie e sale,
      pur di nuovo ritorna, e non relinque
      che non ne cerchi[44] fin sotto le scale.
      Con speme al fin che sian ne le propinque
      selve, si parte: ma una voce, quale
      richiamò Orlando, lui chiamò non manco;
      e nel palazzo il fe' ritornar anco[45].

20   Una voce medesma, una persona
      che paruta era Angelica ad Orlando,
      parve a Ruggier la donna di Dordona[46],
      che lo tenea di se medesmo in bando[47].
      Se non con Gradasso o con alcun ragiona
      di quei ch'andavan nel palazzo errando,
      a tutti par che quella cosa sia,
      che più ciascun per sé brama e desia.

Lo stesso grido d'aiuto, la stessa visione che a Ruggiero parve di Bradamante e a Orlando parve Angelica, a Bradamante parrà Ruggiero. Il desiderio è una corsa verso il nulla, l'incantesimo di Atlante concentra tutte le brame inappagate nel chiuso d'un labirinto, ma non muta le regole che governano i movimenti degli uomini nello spazio aperto del poema e del mondo.

Anche Astolfo capita da quelle parti. Nel suo veloce giro del mondo è passato un momento a casa, in Inghilterra, e adesso è di ritorno in Francia. Mentre sta bevendo a una fontana, un contadinello gli ruba il cavallo Rabicano: o almeno, così pare. Fatto sta che, inseguendo il ladruncolo e il cavallo, anche Astolfo finisce nel palazzo incantato.

Ma con Astolfo non c'è incantesimo che valga. Nel libro magico che gli ha regalato la fata Logistilla è spiegato tutto sui palazzi di quel tipo. Astolfo va dritto alla lastra di marmo della soglia: basta sollevarla perché tutto il palazzo vada in fumo. In quel momento viene raggiunto da una folla di cavalieri: sono quasi tutti amici suoi, ma invece di dargli il benvenuto gli si parano contro come se volessero passarlo a fil di spada.

– Ehi, sono Astolfo, non mi riconoscete?

Macché: quelli gridavano: – Ecco il gigante! Dagli al rapitore! Al ladro, al ladro! – Ognuno un'accusa diversa ma tutte piene d'accanimento e d'ira.

Cos'era successo? Atlante, vedendosi a mal partito, era ricorso a un ultimo incantesimo: far apparire Astolfo ai vari prigionieri del palazzo come l'avversario inseguendo il quale ciascuno di loro era entrato là dentro. Ma ad Astolfo basta dar fiato al suo corno per disperdere mago e magia e vittime della magia. Il palazzo, ragnatela di sogni e desideri e invidie si disfa: ossia cessa d'essere uno spazio esterno a noi, con porte e scale e mura, per ritornare a celarsi nelle nostre menti, nel labirinto dei pensieri (canto XXII, 11-23).

CANTO XXII

11   E giunse[48], traversando una foresta,
     a piè d'un colle ad una chiara fonte,
     ne l'ora che 'l monton di pascer resta[49],
     chiuso in capanna, o sotto un cavo monte.
     E dal gran caldo e dalla sete infesta[50]
     vinto si trasse l'elmo da la fronte;
     legò il destrier tra le più spesse fronde,
     e poi venne per bere alle fresche onde.

12   Non avea messo ancor le labra in molle,
     ch'un villanel[51] che v'era ascoso appresso,
     sbuca fuor d'una macchia, e il destrier tolle,
     sopra vi sale, e se ne va con esso.
     Astolfo il rumor sente, e 'l capo estolle[52];
     e poi che 'l danno suo vede sì espresso[53],
     lascia la fonte, e sazio senza bere[54],
     gli va dietro correndo a più potere.

13   Quel ladro non si stende a tutto corso[55]:
     che dileguato si saria di botto;
     ma or lentando, or raccogliendo il morso,
     se ne va di galoppo e di buon trotto.
     Escon del bosco dopo un gran discorso[56];
     e l'uno e l'altro al fin si fu ridotto[57]
     là dove tanti nobili baroni
     eran senza prigion più che prigioni[58].

14   Dentro il palagio il villanel si caccia
     con quel destrier che i venti al corso adegua[59].
     Forza è ch'Astolfo, il qual[60] lo scudo impaccia,
     l'elmo e l'altr'arme, di lontan lo segua.
     Pur giunge anch'egli, e tutta quella traccia[61]
     che fin qui avea seguita, si dilegua;
     che più né Rabican né 'l ladro vede,
     e gira gli occhi, e indarno affretta il piede:

15   affretta il piede e va cercando[62] invano
     e le loggie e le camere e le sale;

ma per trovare il perfido villano,
di sua fatica nulla si prevale[63].
Non sa dove abbia ascoso Rabicano,
quel suo veloce sopra ogni animale[64];
e senza frutto alcun tutto quel giorno
cercò di su di giù, dentro e d'intorno.

16   Confuso e lasso d'aggirarsi tanto,
s'avvide che quel loco era incantato;
e del libretto ch'avea sempre a canto
che Logistilla in India gli avea dato,
acciò che, ricadendo in nuovo incanto,
potesse aitarsi, si fu ricordato:
all'indice ricorse, e vide tosto
a quante carte[65] era il rimedio posto.

17   Del palazzo incantato era difuso[66]
scritto nel libro; e v'eran scritti i modi
di fare il mago rimaner confuso,
e a tutti quei prigion di sciorre i nodi.
Sotto la soglia era uno spirto chiuso,
che facea questi inganni e queste frodi:
e levata la pietra ov'è sepolto,
per lui[67] sarà il palazzo in fumo sciolto.

18   Desideroso di condurre a fine
il paladin sì glorïosa impresa,
non tarda più che 'l braccio non inchine
a provar[68] quanto il grave marmo pesa.
Come Atlante le man vede vicine
per far che l'arte sua sia vilipesa[69],
sospettoso di quel che può avvenire,
lo va con nuovi incanti ad assalire.

19   Lo[70] fa con dïaboliche sue larve[71]
parer da quel diverso, che solea:
gigante ad altri, ad altri un villan parve,
ad altri un cavallier di faccia rea.
Ognuno in quella forma in che gli apparve

nel bosco il mago, il paladin vedea;
sì che per rïaver quel che gli tolse
il mago, ognuno al paladin si volse[72].

20   Ruggier, Gradasso, Iroldo, Bradamante,
Brandimarte, Prasildo[73], altri guerrieri
in questo nuovo error si fêro inante,
per distruggere[74] il duca accesi e fieri.
Ma ricordossi il corno in quello instante,
che fe' loro abbassar gli animi altieri.
Se non si soccorrea col grave[75] suono,
morto era il paladin senza perdono[76].

21   Ma tosto che si pon quel corno a bocca[77]
e fa sentire intorno il suono orrendo,
a guisa dei colombi, quando scocca[78]
lo scoppio[79], vanno i cavallier fuggendo.
Non meno al negromante fuggir tocca,
non men fuor de la tana esce temendo
pallido e sbigottito, e se ne slunga[80]
tanto, che 'l suono orribil non lo giunga.

22   Fuggì il guardian coi suo' prigioni; e dopo
de le stalle fuggîr molti cavalli,
ch'altro che fune[81] a ritenerli era uopo,
e seguiro i patron[82] per varii calli.
In casa non restò gatta né topo[83]
al suon che par che dica: Dàlli, dàlli.
Sarebbe ito con gli altri Rabicano,
se non ch'all'uscir venne al duca in mano.

23   Astolfo, poi ch'ebbe cacciato il mago,
levò di su la soglia il grave sasso,
e vi ritrovò sotto alcuna imago[84],
et altre cose che di scriver lasso:
e di distrugger quello incanto vago[85],
di ciò che vi trovò, fece fraccasso[86],
come gli mostra il libro che far debbia;
e si sciolse il palazzo in fumo e in nebbia.

Occorre osservare che se ora, per comodità d'esposizione, abbiamo raccontato l'arrivo del liberatore Astolfo come immediatamente susseguente all'intrappolamento degli altri paladini, il poema in realtà segue un altro ritmo, ci arriva lentamente dopo un intervallo che dura ben dieci canti: dieci canti in cui la battaglia di Parigi, tra atti di eroismo incendi carneficine, cambia le sorti della guerra tra pagani e cristiani. Già ci eravamo accorti che da quell'epopea erano assenti quasi tutti i più famosi campioni; solo la robusta presenza di Rodomonte torreggiava nella mischia. Finalmente sappiamo dove si erano cacciati tutti gli altri. Atlante li aveva sequestrati nel suo labirinto, e ora ridà loro libero corso per le vie del poema. Atlante o Ariosto? La parte dell'incantatore che vuol ritardare il compiersi del destino e la parte del poeta che ora aggiunge personaggi alla storia, ora ne sottrae ora li agruppa, ora li disperde, si sovrappongono fino a identificarsi. La giostra delle illusioni è il palazzo, è il poema, è tutto il mondo.

Il Duello
per la spada Durindana

Quando tra Maomettani e Cristiani le operazioni militari ristagnano, gli opposti eserciti si dimenticano volentieri della guerra, il disinteresse cavalleresco impronta di sé ogni azione, e i campioni di Carlo e d'Agramante fanno a gara nello scambiarsi gesti di cortesia. Ma nel campo cristiano non ha mai tregua la contesa tra la casa di Chiaramonte e la casa di Maganza. Il fatto è che sui Maganzesi non c'è da sbagliarsi: chi appartiene a quella famiglia è un mendace e un traditore. Ben lo sa Bradamante che aveva un vecchio conto in sospeso con Pinabello, finalmente saldato con la morte del reo. Ma il malcapitato Zerbino, principe di Scozia, che si trovava per caso accanto al cadavere, viene accusato d'essere lui l'uccisore di Pinabello, e condannato a morte.

Per fortuna passa di lì Orlando, che viaggia insieme all'ultima fanciulla che gli è capitato di salvare: Isabella principessa di Galizia, caduta in mano di una banda di briganti mentre stava raggiungendo il suo innamorato, che era appunto Zerbino di Scozia.

Orlando non sa nulla di questa circostanza, ma appren-
de che un cavaliere viene portato al patibolo per volere dei
Maganzesi, e ciò basta a renderlo sicuro che è innocente.
Non c'è che lasciar fare a Orlando, dunque.

– Slegate il cavaliere, canaglia! – gridò Orlando ai Maganzesi.

– E che vuole costui? – fece il più zelante. – Crede che
siamo fatti di stoppa, noialtri?

Centoventi erano i Maganzesi: almeno ottanta furono
fatti a pezzi dalla Durindana. Zerbino liberato abbraccia Isabella e si prosterna davanti al suo salvatore (canto XXIII, 58-70).

CANTO XXIII

58   – Slegate il cavallier (gridò), canaglia,
(il conte a' masnadieri[1]), o ch'io v'uccido. –
– Chi è costui che sì gran colpi taglia?[2]
(rispose un che parer volle il più fido[3]).
Se di cera noi fussimo o di paglia[4],
e di fuoco egli, assai fôra quel grido[5]. –
E venne contra il paladin di Francia:
Orlando contra lui chinò la lancia.

59   La lucente armatura il Maganzese[6],
che levata la notte avea a Zerbino,
e postasela indosso, non difese
contro l'aspro incontrar[7] del paladino.
Sopra la destra guancia il ferro prese[8]:
l'elmo non passò già, perch'era fino;
ma tanto fu de la percossa il crollo,
che la vita gli tolse e roppe il collo.

60   Tutto in un corso[9], senza tor di resta
la lancia, passò un altro in mezzo 'l petto:
quivi lasciolla, e la mano ebbe presta
a Durindana[10]; e nel drappel più stretto[11]

a chi fece due parti de la testa,
a chi levò dal busto il capo netto;
forò la gola a molti; e in un momento
n'uccise e messe in rotta più di cento.

61   Più del terzo n'ha morto[12], e 'l resto caccia[13]
e taglia e fende e fiere e fora e tronca.
Chi lo scudo, e chi l'elmo che lo 'mpaccia,
e chi lascia lo spiedo[14] e chi la ronca[15];
chi al lungo, chi al traverso il camin spaccia[16];
altri s'appiatta in bosco, altri in spelonca.
Orlando, di pietà questo dì privo,
a suo poter non vuol lasciarne un vivo.

62   Di cento venti (che Turpin sottrasse
il conto[17]), ottanta ne periro almeno.
Orlando finalmente si ritrasse
dove a Zerbin tremava il cor nel seno.
S'al ritornar d'Orlando s'allegrasse,
non si potria contare in versi a pieno.
Se gli saria per onorar prostrato;
ma si trovò sopra il ronzin legato.

63   Mentre ch'Orlando, poi che lo disciolse,
l'aiutava a ripor l'arme sue intorno[18],
ch'al capitan de la sbirraglia tolse,
che per suo mal[19] se n'era fatto adorno;
Zerbino gli occhi ad Issabella volse,
che sopra il colle avea fatto soggiorno,
e poi che de la pugna vide il fine,
portò le sue bellezze più vicine.

64   Quando apparir Zerbin si vide appresso
la donna che da lui fu amata tanto,
la bella donna che per falso messo[20]
credea sommersa, e n'ha più volte pianto;
com'un ghiaccio nel petto gli sia messo,
sente dentro aggelarsi, e triema alquanto:

ma tosto il freddo manca[21], et in quel loco[22]
tutto s'avampa d'amoroso fuoco.

65 Di non tosto abbracciarla lo ritiene
la riverenza del signor d'Anglante[23];
perché si pensa, e senza dubbio tiene[24]
ch'Orlando sia de la donzella amante.
Così cadendo va di pene in pene,
e poco dura il gaudio ch'ebbe inante:
il vederla d'altrui peggio sopporta,
che non fe' quando udì ch'ella era morta.

66 E molto più gli duol che sia in podesta[25]
del cavalliero a cui cotanto debbe;
perché volerla a lui levar né onesta
né forse impresa facile sarebbe.
Nessuno altro da sé lassar con questa
preda partir senza romor[26] vorrebbe:
ma verso il conte il suo debito chiede
che se lo lasci por sul collo il piede[27].

67 Giunsero taciturni ad una fonte[28],
dove smontaro e fêr qualche dimora.
Trassesi l'elmo il travagliato[29] conte,
et a Zerbin lo fece trarre ancora.
Vede la donna il suo amatore in fronte,
e di subito gaudio si scolora;
poi torna come fiore umido suole
dopo gran pioggia all'apparir del sole.

68 E senza indugio e senza altro rispetto[30]
corre al suo caro amante, e il collo abbraccia;
e non può trar parola fuor del petto,
ma di lacrime il sen bagna e la faccia.
Orlando attento all'amoroso affetto[31],
senza che più chiarezza se gli faccia[32],
vide a tutti gl'indizii manifesto
ch'altri esser, che Zerbin, non potea questo.

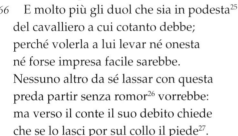

69   Come la voce aver poté Issabella,
non bene asciutta l'ancor umida guancia[33],
sol de la molta cortesia favella,
che l'avea usata il paladin di Francia.
Zerbino, che tenea questa donzella
con la sua vita pare a una bilancia[34],
si getta a' piè del conte, e quello adora
come a chi gli ha due vite date a un'ora.

70   Molti ringraziamenti e molte offerte
erano per seguir tra i cavallieri,
se non udian sonar le vie coperte
dagli arbori di frondi oscuri e neri[35].
Presti alle teste lor, ch'eran scoperte,
posero gli elmi, e presero i destrieri:
et ecco un cavalliero e una donzella
lor sopravien, ch'a pena[36] erano in sella.

In quella sopraggiunge minaccioso un cavaliere pagano.

Era Mandricardo di Tartaria che stava cercando due persone per tutta la Francia: una era il cavaliere dalla sopravveste nera, per vendicare Alzirdo e Manilardo; l'altra era Orlando, per vendicare il proprio padre Agricane e impossessarsi della spada Durindana, completando così la sua collezione delle armi appartenute a Ettore di Troia. Quando apprende che le due persone che egli cerca sono una persona sola, e che questa persona è lì di fronte a lui, non sta più nella pelle dalla voglia di battersi a duello. Dato che Durindana è l'oggetto della contesa, Orlando, con gran gesto di cortesia, non vuole impugnare nel duello la spada invincibile, ma l'appende a un albero (canto XXIII, 71-81).

71   Era questo guerrier quel Mandricardo
che dietro Orlando in fretta si condusse

per vendicar Alzirdo e Manilardo,
che 'l paladin con gran valor percusse:
quantunque poi lo seguitò più tardo;
che Doralice in suo poter ridusse,
la quale avea con un troncon di cerro
tolta a cento guerrier carchi di ferro[37].

72   Non sapea il Saracin però, che questo,
ch'egli seguia, fosse il signor d'Anglante[38]:
ben n'avea indizio e segno manifesto
ch'esser dovea gran cavalliero errante.
A lui mirò più ch'a Zerbino, e presto
gli andò con gli occhi dal capo alle piante;
e i dati contrasegni[39] ritrovando,
disse: – Tu se' colui ch'io vo cercando.

73   Sono omai dieci giorni (gli soggiunse)
che di cercar non lascio i tuo' vestigi:
tanto la fama stimolommi e punse,
che di te venne al campo di Parigi,
quando a fatica un vivo sol vi giunse
di mille che mandasti ai regni stigi[40];
e la strage contò, che da te venne
sopra i Norizii e quei di Tremisenne[41].

74   Non fui, come lo seppi, a seguir[42] lento,
e per vederti e per provarti appresso[43]:
e perché m'informai del guernimento[44]
c'hai sopra l'arme, io so che tu sei desso;
e se non l'avessi anco, e che fra cento
per celarti da me ti fossi messo,
il tuo fiero sembiante mi faria
chiaramente veder che tu quel sia. –

75   – Non si può (gli rispose Orlando) dire
che cavallier non sii d'alto valore;
però che sì magnanimo desire
non mi credo albergasse[45] in umil[46] core.

Se 'l volermi veder ti fa venire,
vo' che mi veggi dentro, come fuore:
mi leverò questo elmo da le tempie,
acciò ch'a punto il tuo desire adempie[47].

76 Ma poi che ben m'avrai veduto in faccia,
all'altro desiderio ancora attendi[48]:
resta ch'alla cagion tua satisfaccia,
che fa dietro questa via mi prendi[49];
che veggi se 'l valor mio si confaccia
a quel sembiante fier che sì commendi. –
– Orsù (disse il pagano), al rimanente[50];
ch'al primo[51] ho satisfatto interamente. –

77 Il conte tuttavia[52] dal capo al piede
va cercando[53] il pagan tutto con gli occhi:
mira ambi i fianchi, indi l'arcion; né vede
pender né qua né là mazze né stocchi.
Gli domanda di ch'arme si provede,
s'avvien che con la lancia in fallo tocchi[54].
Rispose quel: – Non ne pigliar tu cura:
così a molt'altri ho ancor fatto paura.

78 Ho sacramento[55] di non cinger spada,
fin ch'io non tolgo Durindana al conte;
e cercando lo vo per ogni strada,
acciò più d'una posta meco sconte[56].
Lo giurai (se d'intenderlo t'aggrada)
quando mi posi quest'elmo alla fronte,
il qual con tutte l'altr'arme ch'io porto,
era d'Ettòr[57], che già mill'anni è morto.

79 La spada sola manca alle buone arme:
come rubata fu, non ti so dire.
Or che la porti il paladino, parme[58];
e di qui vien ch'egli ha sì grande ardire.
Ben penso, se con lui posso accozzarme[59],
fargli il mal tolto ormai ristituire[60].

Cercolo ancor, che vendicar disio
il famoso Agrican[61] genitor mio.
80   Orlando a tradimento[62] gli diè morte:
ben so che non potea farlo altrimente. –
Il conte più non tacque, e gridò forte:
– E tu, e qualunque il dice, se ne mente[63].
Ma quel che cerchi t'è venuto in sorte[64]:
io sono Orlando, e uccisil giustamente[65];
e questa è quella spada che tu cerchi,
che tua sarà, se con virtù la merchi[66].

81   Quantunque sia debitamente[67] mia,
tra noi per gentilezza[68] si contenda:
né voglio in questa pugna ch'ella sia
più tua che mia; ma a un arbore s'appenda.
Levala tu liberamente via[69],
s'avvien che tu m'uccida o che mi prenda[70]. –
Così dicendo, Durindana prese,
e 'n mezzo il campo a un arbuscel l'appese.

Le lance vanno in pezzi al primo scontro: i cavalieri restano con due pezzi di pertica in mano, come due contadini in lite per un diritto d'irrigazione o per il confine di un prato. Buttano via anche quei tronconi, e a mani nude, d'in sella ai loro cavalli, finiscono per azzuffarsi in una lotta corpo a corpo (canto XXIII, 82-84).

82   Già l'un da l'altro è dipartito lunge[71],
quanto sarebbe un mezzo tratto d'arco:
già l'uno contra l'altro il destrier punge,
né de le lente redine gli è parco[72]:
già l'uno e l'altro di gran colpo aggiunge[73]
dove per l'elmo la veduta ha varco[74].
Parveno l'aste, al rompersi, di gielo[75];
e in mille scheggie andâr volando al cielo.

83   L'una e l'altra asta è forza che si spezzi;
    che non voglion pegarsi i cavallieri,
    i cavallier che tornano coi pezzi
    che son restati appresso i calci[76] interi.
    Quelli, che sempre fur nel ferro avezzi[77],
    or, come duo villan per sdegno fieri
    nel partir acque o termini de prati[78],
    fan crudel zuffa di duo pali armati.
84   Non stanno l'aste a quattro colpi salde,
    e mancan[79] nel furor di quella pugna.
    Di qua e di là si fan l'ire più calde;
    né da ferir lor resta altro che pugna[80].
    Schiodano piastre, e straccian maglie e falde[81],
    pur che la man, dove s'aggraffi, giugna[82].
    Non desideri alcun, perché più vaglia,
    martel più grave o più dura tanaglia.

Ogni duello di questo poema ha la sua particolarità: questo è il duello dei finimenti allacciati male.

Mandricardo ghermisce Orlando al petto e cerca di strapparlo dalla sella: naturalmente con le mani occupate non può continuare a reggere la briglia. Orlando, astuto, pur nella brutta posizione in cui si trova, divincolandosi trova il modo di dare un colpettino alla cavezza del cavallo avversario e far cascare in terra cavezza, briglia e morso. Intanto, con tutto che si tenga stretto in arcioni, finisce per esser sollevato dalle braccia di ferro di Mandricardo con la sella e le staffe. La cinghia della sella si strappa, Orlando crolla in terra ai piedi del suo Brigliadoro, ma in quel momento il cavallo di Mandricardo, che non si sente più il morso in bocca, parte in una corsa folle. Orlando è al suolo, ma l'avversario è sparito, in groppa al suo cavallo sfrenato (canto XXIII, 85-88).

85   Come può il Saracin ritrovar sesto[83]
di finir con suo onore il fiero invito[84]?
Pazzia sarebbe il perder tempo in questo[85],
che nuoce al feritor più ch'al ferito.
Andò alle strette[86] l'uno e l'altro, e presto
il re pagano Orlando ebbe ghermito:
lo stringe al petto; e crede far le prove
che sopra Anteo fe' già il figliol di Giove[87].

86   Lo piglia con molto impeto a traverso:
quando lo spinge, e quando a sé lo tira;
et è ne la gran còlera sì immerso,
ch'ove resti la briglia poco mira[88].
Sta in sé raccolto[89] Orlando, e ne va verso
il suo vantaggio[90], e alla vittoria aspira:
gli pon la cauta[91] man sopra le ciglia
del cavallo, e cader ne fa la briglia.

87   Il Saracino ogni poter vi mette[92],
che lo soffoghi[93], o de l'arcion lo svella:
negli urti il conte ha le ginocchia strette;
né in questa parte vuol piegar né in quella.
Per quel tirar che fa il pagan, constrette
le cingie[94] son d'abandonar la sella.
Orlando è in terra, e a pena sel conosce;
ch'i piedi ha in staffa, e stringe ancor le cosce.

88   Con quel rumor ch'un sacco d'arme cade,
risuona il conte, come il campo[95] tocca.
Il destrier c'ha la testa in libertade,
quello a chi[96] tolto il freno era di bocca,
non più mirando i boschi che le strade[97],
con ruinoso corso si trabocca[98],
spinto di qua e di là dal timor cieco;
e Mandricardo se ne porta seco.

Doralice, la principessa di Granata, che era stata rapita da Mandricardo, corre dietro al suo caro rapitore che è stato rapito dal cavallo. Il re di Tartaria è rotolato in un fosso. Come potrà tornare a combattere con un cavallo senza morso? Doralice gli offre i finimenti del suo palafreno, ma Mandricardo non vuole accettare. In quel momento arriva a cavallo una vecchiaccia con un vestito da fanciulletta tutto fiocchi e gale. È Gabrina, uno dei più scellerati personaggi che girino da quelle parti. Sarà al suo cavallo che Mandricardo porterà via briglie e morso, spingendolo poi a fuggire a corsa pazza, con la strega in sella che strilla come una bertuccia (canto XXIII, 89-94).

89 Doralice che vede la sua guida
  uscir del campo[99] e torlesi d'appresso,
  e mal restarne senza si confida[100],
  dietro, correndo, il suo ronzin gli ha messo.
  Il pagan per orgoglio[101] al destrier grida[102],
  e con mani e con piedi il batte spesso;
  e, come non sia bestia, lo minaccia
  perché si fermi, e tuttavia più il caccia[103].

90 La bestia, ch'era spaventosa e poltra[104],
  senza guardarsi ai piè[105], corre a traverso.
  Già corso avea tre miglia, e seguiva[106] oltra,
  s'un fosso a quel desir non era avverso;
  che, sanza aver nel fondo o letto o coltra[107],
  ricevé l'uno e l'altro in sé[108] riverso.
  Diè Mandircardo in terra aspra percossa;
  né però si fiaccò né si roppe ossa.

91 Quivi si ferma il corridore al fine;
  ma non si può guidar, che non ha freno.
  Il Tartaro lo tien preso nel crine[109],
  e tutto è di furore e d'ira pieno.
  Pensa, e non sa quel che di far destine[110].

– Pongli la briglia del mio palafreno
(la donna gli dicea); che non è molto
il mio feroce, o sia col freno o sciolto. –

92   Al Saracin parea discortesia
la proferta accettar di Doralice;
ma fren gli farà aver per altra via
Fortuna a' suoi disii molto fautrice[111].
Quivi Gabrina scelerata invia[112],
che, poi che di Zerbin fu traditrice,
fuggia, come la lupa che lontani[113]
oda venire i cacciatori e i cani.

93   Ella avea ancora indosso la gonnella,
e quei medesimi giovenili ornati
che furo alla vezzosa damigella
di Pinabel, per lei vestir, levati;
et avea il palafreno anco di quella,
dei buon del mondo e degli avantaggiati[114].
La vecchia sopra il[115] Tartaro trovosse,
ch'ancor non s'era accorta che vi fosse.

94   L'abito giovenil mosse la figlia
di Stordilano[116], e Mandricardo a riso,
vedendolo a colei che rassimiglia
a un babuino[117], a un bertuccione in viso.
Disegna il Saracin torle la briglia
pel suo destriero, e riuscì l'aviso[118].
Toltogli il morso, il palafren minaccia,
gli grida[119], lo spaventa, e in fuga il caccia.

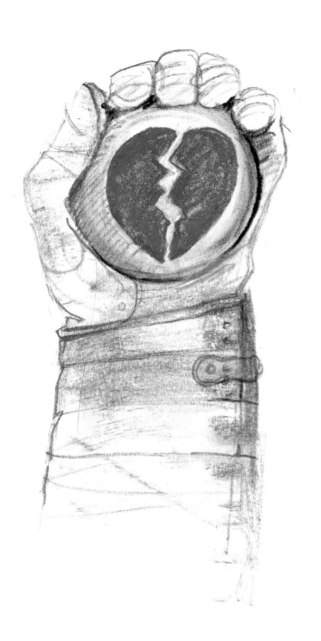

Il duello tra Orlando e Mandricardo era rimasto in sospeso. Dopo che il cavallo del re di Tartaria aveva preso la mano al padrone e l'aveva portato via a corsa sfrenata, Orlando per un po' aveva aspettato a piè dell'albero da cui pendeva la spada Durindana, oggetto della contesa.

Ma, visto che l'avversario non tornava, Orlando aveva cinto di nuovo la spada invincibile e aveva lasciato detto che si sarebbe aggirato in quei paraggi per tre giorni e tre notti. Se Mandricardo voleva riprendere il duello, lui era a sua disposizione. Così, già da due giorni, il paladino stava cavalcando in su e in giù. Ma di Mandricardo, neanche l'ombra.

Orlando passeggiava in riva a un rivo. Vede che i tronchi degli alberi sono pieni di scritte e incisioni. «Però io questa scrittura la conosco», pensa Orlando, e come fa chi s'annoia, prende distrattamente a decifrare le parole. Legge: *Angelica*. Ma certo: è la sua firma! Angelica era passata di lì!

Intorno alla firma di Angelica, cuori trafitti, nodi che s'allacciano, colombe. Angelica innamorata? E di chi mai? Orlando non ha dubbi: «Se s'innamora non può innamorarsi che di me!»

Ma su quei cuori, su quei nodi, c'è un altro nome accoppiato a quello d'Angelica, un nome sconosciuto: *Medoro.* Perché Angelica ha scritto quel nome? Perché ha scritto il nome di qualcuno che non si sa chi sia, di qualcuno che non esiste? «Forse, – pensa Orlando, – nelle sue fantasticherie amorose, Angelica mi ha soprannominato Medoro, e scrive Medoro dappertutto perché non osa scrivere Orlando» (canto XXIII, 101-6).

CANTO XXIII

101 Il merigge[1] facea grato l'orezzo[2]
        al duro[3] armento et al pastore ignudo;
        sì che né Orlando sentia alcun ribrezzo[4],
        che la corazza avea, l'elmo e lo scudo.
        Quivi egli entrò per riposarvi in mezzo;
        e v'ebbe travaglioso albergo e crudo,
        e più che dir si possa empio[5] soggiorno,
        quell'infelice e sfortunato giorno.

102 Volgendosi ivi intorno, vide scritti
        molti arbuscelli in su l'ombrosa riva.
        Tosto che fermi v'ebbe gli occhi e fitti[6],
        fu certo esser di man de la sua diva[7].
        Questo era un di quei lochi già descritti,
        ove sovente con Medor veniva
        da casa del pastore indi vicina[8]
        la bella donna del Catai regina.

103 Angelica e Medor con cento nodi
        legati insieme, e in cento lochi vede.
        Quante lettere son, tanti son chiodi
        coi quali Amore il cor gli punge e fiede[9].

Va col pensier cercando in mille modi
non creder[10] quel ch'al suo dispetto[11] crede:
ch'altra Angelica sia, creder si sforza,
ch'abbia scritto il suo nome in quella scorza.

104   Poi dice: – Conosco io pur queste note[12]:
di tal' io n'ho tante vedute e lette.
Finger questo Medoro ella si puote:
forse ch'a me questo cognome[13] mette. –
Con tali opinïon dal ver remote[14]
usando fraude a se medesmo, stette
ne la speranza il mal contento Orlando,
che[15] si seppe a se stesso ir procacciando[16].

105   Ma sempre più raccende e più rinuova,
quanto spenger più cerca, il rio sospetto:
come l'incauto augel che si ritrova
in ragna[17] o in visco[18] aver dato di petto,
quanto più batte l'ale e più si prova
di disbrigar, più vi si lega stretto.
Orlando viene ove s'incurva il monte[19]
a guisa d'arco in su la chiara fonte.

106   Aveano in su l'entrata il luogo adorno[20]
coi piedi storti edere e viti erranti.
Quivi soleano al più cocente giorno
stare abbracciati i duo felici amanti.
V'aveano i nomi lor dentro e d'intorno,
più che in altro dei luoghi circonstanti,
scritti, qual con carbone e qual con gesso,
e qual con punte di coltelli impresso.

Entra in una grotta. Le pareti di roccia erano tutte istoriate di graffiti e frasi tracciate con il carbone o coi gessetti colorati o incise col temperino. Tutte in alfabeto arabo, si capisce. Orlando, esperto in quella lingua, tante volte s'era tratto d'impaccio nelle sue spedizioni oltre le linee nemiche. Quel che c'è scritto, dunque, per lui è chiaro: eppure vorrebbe dubitare di quel che sta leggendo. C'è scritto, in una calligrafia diversa da quella d'Angelica: «Oh star qui con la principessa Angelica abbracciato mattina e sera oh com'è bello.» Firmato: «Medoro.»

Orlando riflette: «Dunque se Medoro sono io, e non sono stato io a scrivere questo, allora Angelica, fantasticando di star qui abbracciata con me, dev'essersi messa a scrivere queste cose con una calligrafia maschile per rappresentarsi quel che io avrei provato.» La spiegazione era ingegnosa, però non stava in piedi. Ormai l'ipotesi che Medoro fosse un suo rivale, Orlando non riusciva più a scartarla. Un rivale sfortunato, naturalmente, che per dar sfogo alle sue fantasie, e per calunniare la donna che l'aveva respinto, aggiungeva il proprio nome là dove Angelica aveva firmato i suoi messaggi d'amore per Orlando. Di nuovo andava troppo lontano: qualsiasi spiegazione tentasse, a un certo punto il ragionamento d'Orlando si rifiutava di seguire la via più semplice, e il pianto che già gli faceva groppo in gola si fermava lì.

Orlando cavalca assorto: è l'imbrunire; vede in fondo alla valle un fumo che si leva d'in cima a un tetto; i cani prendono ad abbaiare; risponde il mugghio d'un armento. C'è una malga di pastori, laggiù. Orlando, macchinalmente, s'avvicina, chiede asilo per la notte (canto XXIII, 113-15).

113   L'impetuosa doglia entro rimase,
        che volea tutta uscir con troppa fretta.
        Così veggiàn restar l'acqua nel vase[21],
        che largo il ventre e la bocca abbia stretta;
        che[22] nel voltar che si fa in su la base,
        l'umor[23] che vorria uscir, tanto s'affretta,
        e ne l'angusta via tanto s'intrica,
        ch'a goccia a goccia fuore esce a fatica.

114　Poi ritorna in sé alquanto, e pensa come
　　　possa esser che non sia la cosa vera:
　　　che voglia alcun cosí infamare il nome
　　　de la sua donna e crede e brama e spera,
　　　o gravar lui d'insoportabil some
　　　tanto di gelosia[24], che se ne pèra;
　　　et abbia quel, sia chi si voglia stato,
　　　molto la man di lei bene imitato.

115　In così poca, in così debol speme
　　　sveglia[25] gli spirti e gli rifranca un poco;
　　　indi al suo Brigliadoro il dosso preme,
　　　dando già il sole alla sorella loco[26].
　　　Non molto va, che da le vie supreme[27]
　　　dei tetti uscir vede il vapor del fuoco[28],
　　　sente cani abbaiar, muggiare armento:
　　　viene alla villa, e piglia alloggiamento.

I pastori si fanno in quattro per accogliere degnamente il paladino: chi gli svita l'armatura di dosso, chi gli toglie gli speroni, chi gli lustra la corazza, chi governa il cavallo. Orlando lascia fare, come un sonnambulo; poi si corica, e resta a occhi sbarrati. Sarà un'allucinazione? Quelle scritte continuano a perseguitarlo. Intorno al letto, sui muri, perfino sul soffitto, egli vede le scritte, dovunque posi gli occhi. Alza la mano per scacciarle: no, sono proprio là, tutta la casa ne è coperta.

– Non puoi dormire, cavaliere? – e il pastore, udendolo smaniare, venne a sedersi al suo capezzale. – Se vuoi ti racconto una storia che più bella non si potrebbe immaginare. Ed è una storia vera. Pensa che in questa povera casa s'era venuta a rifugiare una principessa dell'Oriente…

Orlando è tutt'orecchi.

– E questa principessa aveva raccolto sul campo di battaglia un povero fante ferito, un ragazzotto biondo… (canto XXIII, 116-122).

116 Languido smonta, e lascia Brigliadoro
     a un discreto[29] garzon che n'abbia cura;
     altri il disarma, altri gli sproni d'oro
     gli leva, altri a forbir va l'armatura.
     Era questa la casa ove Medoro
     giacque ferito, e v'ebbe alta avventura.
     Corcarsi Orlando e non cenar domanda,
     di dolor sazio e non d'altra vivanda.

117 Quanto più cerca ritrovar quïete,
     tanto ritrova più travaglio e pena;
     che de l'odiato scritto ogni parete,
     ogni uscio, ogni finestra vede piena.
     Chieder ne vuol: poi tien le labra chete;
     che teme non si far troppo serena[30],
     troppo chiara la cosa che di nebbia
     cerca offuscar, perché men nuocer debbia.

118 Poco gli giova usar fraude a se stesso;
     che senza domandarne, è chi ne parla.
     Il pastor che lo vede così oppresso
     da sua tristizia, e che voria levarla[31],
     l'istoria nota a sé, che dicea spesso
     di quei duo amanti a chi volea ascoltarla,
     ch'a molti dilettevole fu a udire,
     gl'incominciò senza rispetto[32] a dire:

119 come esso a' prieghi d'Angelica bella
     portato avea Medoro alla sua villa,
     ch'era ferito gravemente; e ch'ella
     curò la piaga, e in pochi dì guarilla:
     ma che nel cor d'una maggior di quella
     lei ferì Amor; e di poca scintilla[33]
     l'accese tanto e sì cocente fuoco,

che n'ardea tutta, e non trovava loco[34]:

120   e sanza aver rispetto ch'ella fusse
figlia del maggior re ch'abbia il Levante,
da troppo amor constretta si condusse
a farsi moglie d'un povero fante.
All'ultimo l'istoria si ridusse[35],
che 'l pastor fe' portar la gemma inante,
ch'alla sua dipartenza, per mercede
del buono albergo, Angelica gli diede.

121   Questa conclusïon fu la secure[36]
che 'l capo a un colpo gli levò dal collo,
poi che d'innumerabil battiture
si vide il manigoldo Amor satollo[37].
Celar si studia Orlando il duolo; e pure
quel gli fa forza, e male asconder pòllo:
per lacrime e suspir da bocca e d'occhi
convien, voglia o non voglia, al fin che scocchi[38].

122   Poi ch'allargare il freno al dolor puote
(che resta solo e senza altrui rispetto[39]),
giù dagli occhi rigando per le gote
sparge un fiume di lacrime sul petto:
sospira e geme, e va con spesse ruote[40]
di qua di là tutto cercando[41] il letto;
e più duro ch'un sasso, e più pungente
che se fosse d'urtica, se lo sente.

E il pastore racconta a Orlando esterrefatto tutta la storia degli amori d'Angelica e Medoro, e delle loro nozze.

– Proprio in quel letto dove stai sdraiato tu, cavaliere, la principessa e il fantaccino passarono la prima notte di nozze!

Orlando salta su come punto da una vespa.

– Non mi credi, cavaliere? Guarda cosa ci ha regalato a noi poveretti, la principessa, partendo per il Catai con il suo sposo! – e mostra un braccialetto tempestato di gemme. Era il braccialetto che Orlando aveva regalato ad Angelica in pegno d'amore. – Ehi, fermati, cavaliere, dove vai!

Orlando era montato in sella e cavalcava nella notte urlando.

Pianse tanto che si disse: «Queste non possono essere più lacrime perché ormai devo averle versate tutte: quello che mi scende giù dagli occhi è l'essenza vitale che mi sta abbandonando.»

Sospirò tanto che si disse: «Questi non possono essere sospiri perché non si fermano mai: è certamente il mio cuore che sta bruciando ed esala questo vento come per la cappa d'un camino.»

Soffrì tanto che si disse: «Questo non posso più essere io perché Orlando è morto, ucciso da Angelica. Io sono il fantasma di me stesso che non potrà più trovare pace.»

All'alba si ritrovò alla grotta dove Medoro aveva inciso la sua confessione: a colpi di Durindana sbriciolò la roccia nelle acque della fonte che s'intorbidarono per sempre. Poi si coricò sull'erba, spalancò gli occhi al cielo e restò immobile tre giorni e tre notti senza mangiare né dormire.

Al quarto giorno s'alzò, prese a spogliarsi e a gettare i pezzi d'armatura ai quattro punti cardinali. Restò nudo e senz'armi. Cominciò a svellere un pino, poi una rovere, poi un olmo. Da quel momento la pazzia d'Orlando prese a crescere, a scatenarsi, a infuriare sui campi e sui villaggi (canto XXIII, 124-136).

124   Quel letto, quella casa, quel pastore
       immantinente in tant'odio gli casca[42],
       che senza aspettar luna, o che l'albóre
       che va dinanzi al nuovo giorno nasca,
       piglia l'arme e il destriero, et esce fuore
       per mezzo il bosco alla più oscura frasca;

LA PAZZIA D'ORLANDO

e quando poi gli è aviso d'esser solo,
con gridi et urli apre le porte[43] al duolo.

125 Di pianger mai, mai di gridar non resta;
né la notte né 'l dì si dà mai pace.
Fugge cittadi e borghi, e alla foresta
sul terren duro al discoperto giace.
Di sé si maraviglia ch'abbia in testa
una fontana d'acqua sì vivace[44],
e come sospirar possa mai tanto;
e spesso dice a sé così nel pianto:

222

126 – Queste non son più lacrime, che fuore
stillo dagli occhi con sì larga vena.
Non suppliron le lacrime al dolore[45]:
finîr, ch'a mezzo era il dolore a pena.
Dal fuoco[46] spinto ora il vitale umore[47]
fugge per quella via[48] ch'agli occhi mena;
et è quel che si versa, e trarrà insieme
e 'l dolore e la vita all'ore estreme[49].

127 Questi ch'indizio fan del mio tormento,
sospir non sono, né i sospir sono tali.
Quelli han triegua[50] talora; io mai non sento
che 'l petto mio men la sua pena esali[51].
Amor che m'arde il cor, fa questo vento,
mentre dibatte intorno al fuoco l'ali[52].
Amor, con che miracolo[53] lo fai,
che 'n fuoco il tenghi[54], e nol consumi mai?

128 Non son, non sono io quel che paio in viso:
quel ch'era Orlando è morto et è sotterra;
la sua donna ingratissima l'ha ucciso:
sì, mancando di fé, gli ha fatto guerra.
Io son lo spirto[55] suo da lui diviso,
ch'in questo inferno tormentandosi erra,
acciò con l'ombra sia, che sola avanza,
esempio a chi in Amor pone speranza. –

129   Pel bosco errò tutta la notte il conte;
     e allo spuntar de la dïurna fiamma[56]
     lo tornò[57] il suo destin sopra la fonte
     dove Medoro insculse[58] l'epigramma[59].
     Veder l'ingiuria sua scritta nel monte
     l'accese sì, ch'in lui non restò dramma[60]
     che non fosse odio, rabbia, ira e furore;
     né più indugiò, che trasse il brando fuore.

130   Tagliò lo scritto e 'l sasso, e sin al cielo
     a volo alzar fe' le minute schegge.
     Infelice quell'antro, et ogni stelo[61]
     in cui Medoro e Angelica si legge!
     Così restâr quel dì, ch'ombra né gielo[62]
     a pastor mai non daran più, né a gregge:
     e quella fonte, già sì chiara e pura,
     da cotanta ira fu poco sicura[63];

131   che rami e ceppi e tronchi e sassi e zolle
     non cessò di gittar ne le bell'onde,
     fin che da sommo ad imo[64] sì turbolle
     che non furo mai più chiare né monde[65].
     E stanco al fin, e al fin di sudor molle,
     poi che la lena vinta non risponde
     allo sdegno, al grave odio, all'ardente ira,
     cade sul prato, e verso il ciel sospira.

132   Afflitto e stanco al fin cade ne l'erba,
     e ficca gli occhi al cielo, e non fa motto.
     Senza cibo e dormir così si serba[66],
     che 'l sole esce tre volte e torna sotto.
     Di crescer non cessò la pena acerba,
     che fuor del senno al fin l'ebbe condotto.
     Il quarto dì, da gran furor commosso,
     e maglie e piastre[67] si stracciò di dosso.

133   Qui riman l'elmo, e là riman lo scudo,
     lontan gli arnesi[68], e più lontan l'usbergo:

l'arme sue tutte, in somma vi concludo,
avean pel bosco differente albergo[69].
E poi si squarciò i panni, e mostrò ignudo
l'ispido ventre e tutto 'l petto e 'l tergo;
e cominciò la gran follia, sì orrenda,
che de la più non sarà mai ch'intenda[70].

134 In tanta rabbia, in tanto furor venne[71],
che rimase offuscato in ogni senso.
Di tor la spada in man non gli sovenne;
che fatte avria mirabil cose, penso.
Ma né quella, né scure, né bipenne[72]
era bisogno al suo vigore immenso.
Quivi fe' ben de le sue prove eccelse[73],
ch'un alto pino al primo crollo svelse:

135 e svelse dopo il primo altri parecchi,
come fosser finocchi, ebuli o aneti[74];
e fe' il simil di querce e d'olmi vecchi,
di faggi e d'orni e d'illici[75] e d'abeti.
Quel ch'un ucellator che s'apparecchi
il campo mondo[76], fa, per por le reti,
dei giunchi e de le stoppie e de l'urtiche,
facea[77] de cerri e d'altre piante antiche.

136 I pastor che sentito hanno il fracasso,
lasciando il gregge sparso alla foresta,
chi di qua, chi di là, tutti a gran passo
vi vengono a veder che cosa è questa.
Ma son giunto a quel segno il qual s'io passo
vi potria la mia istoria esser molesta;
et io la vo' più tosto diferire[78],
che v'abbia per lunghezza a fastidire.

Re Agramante è stretto d'assedio nei suoi quartieri dagli eserciti di Carlo Magno. Come farà a resistere, se i suoi migliori campioni sono sparpagliati per la Francia? Manda messi a raggiungerli, ordinando loro di tornare al più presto. Ma non ha fatto i conti con la Discordia e sua sorella la Superbia, che sono state sguinzagliate dall'Arcangelo Michele col preciso intento di seminare zizzania tra le file saracene.

Primo motivo di contesa è Doralice, la fidanzata di Rodomonte rapita da Mandricardo. Il re di Tartaria quando desiderava una cosa finiva sempre per averla: era pure entrato in possesso della Durindana gettata via da Orlando impazzito. (Vedremo come questa sua conquista era costata la vita al buon Zerbino.) Ed ecco che gli si para davanti Rodomonte. La lotta tra il re d'Algeri e il re di Tartaria consiste in una gragnuola di busse d'una violenza e intensità che solo può immaginarsi tra quei due campioni della forza bruta: eppure è condotta con un'esattezza tecnica perfetta, coi due cavalli che si fronteggiano girando a vite in un cerchio d'esiguo raggio, come se l'area per il combattimento la dovessero pagare a un tanto il palmo.

Mandricardo si prende sulla testa un colpo di spada vibrato a due mani che gli fa vedere tutte le stelle, ma torna a saltar su con l'elasticità d'una balestra e restituisce il colpo a Rodomonte, finché un fendente non decapita per sbaglio il suo cavallo (canto XXIV, 99-107).

CANTO XXIV

99 Ecco sono agli oltraggi, al grido, all'ire,
al trar de' brandi, al crudel suon de' ferri;
come vento che prima a pena spire,
poi cominci a crollar frassini e cerri,
et indi oscura polve in cielo aggire,
indi gli arbori svella e case atterri,
sommerga[1] in mare, e porti ria tempesta
che 'l gregge sparso uccida alla foresta.

100 De' duo pagani, senza pari in terra,
gli audacissimi cor, le forze estreme[2]
parturiscono colpi, et una guerra
convenïente a sì feroce seme[3].
Del grande e orribil suon triema la terra,
quando le spade son percosse insieme:
gettano l'arme insin al ciel scintille,
anzi lampadi[4] accese a mille a mille.

101 Senza mai riposarsi o pigliar fiato[5]
dura fra quei duo re l'aspra battaglia,
tentando ora da questo, or da quel lato
aprir le piastre e penetrar la maglia[6].
Né perde l'un, né l'altro acquista il prato[7],
ma come intorno sian fosse o muraglia,
o troppo costi ogn'oncia[8] di quel loco,
non si parton d'un cerchio angusto e poco[9].

102   Fra mille colpi il Tartaro una volta
colse a duo mani in fronte il re d'Algiere;
che gli fece veder girare in volta
quante mai furon fiacole e lumiere[10].
Come ogni forza all'African sia tolta,
le groppe del destrier col capo fere[11]:
perde la staffa, et è, presente quella
che cotant'ama[12], per uscir di sella.

103   Ma come ben composto e valido arco
di fino acciaio in buona somma greve[13],
quanto si china[14] più, quanto è più carco[15],
e più lo sforzan martinelli e lieve[16];
con tanto più furor, quanto è poi scarco[17],
ritorna, e fa più mal che non riceve[18]:
così quello African tosto risorge,
e doppio il colpo all'inimico porge.

104   Rodomonte a quel segno[19] ove fu colto,
colse a punto il figliol del re Agricane.
Per questo non poté nuocergli al volto,
ch'in difesa trovò l'arme troiane[20];
ma stordì in modo il Tartaro, che molto[21]
non sapea s'era vespero o dimane.
L'irato Rodomonte non s'arresta,
che mena l'altro[22], e pur segna alla testa[23].

105   Il cavallo del Tartaro, ch'aborre[24]
la spada che fischiando cala d'alto,
al suo signor con suo gran mal soccorre[25],
perché s'arretra, per fuggir, d'un salto:
il brando in mezzo il capo gli trascorre[26],
ch'al signor, non a lui, movea l'assalto[27].
Il miser non avea l'elmo di Troia[28],
come il patrone; onde convien che muoia.

106   Quel cade, e Mandricardo in piedi guizza,
non più stordito, e Durindana aggira[29].

Veder morto il cavallo entro gli adizza[30],
e fuor divampa[31] un grave incendio d'ira.
L'African, per urtarlo, il destrier drizza[32];
ma non più Mandricardo si ritira,
che scoglio far soglia da l'onde: e avvenne
che 'l destrier cadde, et egli in piè si tenne.

107 L'African che mancarsi il destrier sente,
lascia le staffe e sugli arcion si ponta[33],
e resta in piedi e sciolto agevolmente[34]:
così l'un l'altro poi di pari[35] affronta.
La pugna più che mai ribolle ardente,
e l'odio e l'ira e la superbia monta[36]:
et era per seguir[37]; ma quivi giunse
in fretta un messagger che gli disgiunse.

Un messaggero di re Agramante, venuto per ordinare ai due contendenti il ritorno al campo, non osa dividerli, per paura di andarci di mezzo lui. Preferisce rivolgersi a Doralice, la quale riesce a convincerli di rimandare la contesa. Mandricardo, rimasto appiedato, vede in un prato Brigliadoro, il destriero d'Orlando, che abbandonato dal padrone pazzo se ne andava per conto suo brucando erbette. Monta in sella e insieme al rivale e alla donna contesa cavalcano verso il campo d'Agramante.

Per via, incontrano una donna bella e robusta, in compagnia di quattro cavalieri cristiani. Mandricardo decide d'abbattere i cavalieri, conquistare la donna e offrirla a Rodomonte in cambio di Doralice, saldando così il suo debito. Riesce a metterli fuori combattimento tutti e quattro. – Adesso sei in mia mano, – fa alla donna.

– In tua mano un corno, – risponde lei. – Sappi che io sono la guerriera Marfisa, e so difendermi da me, armi alla mano.

Marfisa indossa l'armatura, monta in sella e incrocia la

lancia con Mandricardo: lui crede di disfarsene in quattro
e quattr'otto, invece trova quel che si dice un osso duro.

Ma Rodomonte che fino allora era stato in disparte
come se la cosa non lo riguardasse, salta su: – E no, non
vale! Avevamo interrotto il nostro duello per correre in
soccorso d'Agramante! Se ci si rimette a duellare, è il nostro duello e va portato a termine per primo!

– In soccorso d'Agramante? – esclama Marfisa. – Voi
due siete dell'esercito saraceno? Allora siamo commilitoni! Andiamo tutti insieme a dar man forte al nostro re!

S'avviano. Sulla loro strada si para Ruggiero che cercava Rodomonte perché questi s'era impossessato del suo
cavallo Frontino. Con Ruggiero anche Mandricardo aveva una questione, che verteva sul diritto di portare come
insegna l'aquila bianca d'Ettore di Troia. Ne nasce un in-
trico di liti difficili da sbrogliare. Somiglia a quando viene
l'alluvione in val di Po: si chiude un argine, e la piena esce
fuori da dieci altri sbocchi. I quattro saraceni cominciano a
battersi tra loro per stabilire chi di loro doveva o non doveva battersi con gli altri (canto XXVI, 98-118).

CANTO XXVI

98   Mentre Ruggiero all'African domanda
       o Frontino o battaglia allora allora[38],
       e quello in lungo e l'uno e l'altro[39] manda,
       né vuol dare il destrier, né far dimora[40];
       Mandricardo ne vien da un'altra banda,
       e mette in campo un'altra lite ancora,
       poi che vede Ruggier che per insegna
       porta l'augel[41] che sopra gli altri regna.

99   Nel campo azzur l'aquila bianca avea,
       che de' Troiani fu l'insegna bella:
       perché Ruggier l'origine traea
       dal fortissimo Ettòr, portava quella[42].

Ma questo Mandricardo non sapea;
né vuol patire[43], e grande ingiuria appella,
che ne lo scudo un altro debba porre
l'aquila bianca del famoso Ettorre.

100   Portava Mandricardo similmente
l'augel che rapì in Ida Ganimede[44].
Come l'ebbe quel dì che fu vincente
al Castel periglioso, per mercede,
credo vi sia con l'altre istorie a mente,
e come quella fata gli lo diede
con tutte le bell'arme che Vulcano
avea già date al cavallier troiano[45].

101   Altra volta a battaglia erano stati
Mandricardo e Ruggier solo per questo;
e per che caso fosser distornati,
io nol dirò, che già v'è manifesto[46].
Dopo non s'eran mai più raccozzati[47],
se non quivi ora; e Mandricardo presto,
visto lo scudo, alzò il superbo grido
minacciando, e a Ruggier disse: – Io ti sfido.

102   Tu la mia insegna, temerario, porti;
né questo è il primo dì ch'io te l'ho detto.
E credi pazzo, ancor ch'io tel comporti,
per una volta ch'io t'ebbi rispetto?
Ma poi che né minacce né conforti[48]
ti pôn questa follia levar del petto,
ti mostrerò quanto miglior partito
t'era d'avermi subito ubbidito. –

103   Come ben riscaldato àrrido[49] legno
a piccol soffio subito s'accende,
così s'avampa di Ruggier lo sdegno
al primo motto che di questo[50] intende.
– Ti pensi (disse) farmi stare al segno[51],
perché quest'altro ancor meco contende?

Ma mostrerotti ch'io son buon per tôrre
Frontino a lui, lo scudo a te d'Ettorre.

104   Un'altra volta pur per questo venni
teco a battaglia, e non è gran tempo anco;
ma d'ucciderti allora mi contenni,
perché tu non avevi spada al fianco[52].
Questi fatti saran, quelli fur cenni[53];
e mal sarà per te[54] quell'augel bianco,
ch'antiqua insegna è stata di mia gente:
tu te l'usurpi, io 'l porto giustamente. –

105   – Anzi t'usurpi tu l'insegna mia! –
rispose Mandricardo; e trasse il brando,
quello che poco inanzi per follia
avea gittato alla foresta Orlando[55].
Il buon Ruggier, che di sua cortesia[56]
non può non sempre ricordarsi, quando
vide il Pagan ch'avea tratta la spada,
lasciò cader la lancia ne la strada[57].

106   E tutto a un tempo Balisarda stringe,
la buona spada, e me'[58] lo scudo imbraccia:
ma l'Africano[59] in mezzo il destrier spinge,
e Marfisa con lui presta si caccia;
e l'uno questo, e l'altro quel respinge,
e priegano amendui che non si faccia[60].
Rodomonte si duol che rotto il patto
due volte ha Mandricardo, che fu fatto.

107   Prima, credendo d'acquistar Marfisa,
fermato s'era a far più d'una giostra[61];
or per privar Ruggier d'una divisa[62],
di curar poco il re Agramante mostra.
– Se pur (dicea) déi fare a questa guisa,
finiàn prima tra noi la lite nostra,
convenïente e più debita[63] assai,
ch'alcuna di quest'altre che prese hai.

108 Con tal condizïon fu stabilita
la triegua e questo accordo ch'è fra nui.
Come la pugna teco avrò finita,
poi del destrier risponderò a costui.
Tu del tuo scudo, rimanendo in vita,
la lite avrai da terminar[64] con lui;
ma ti darò da far tanto, mi spero,
che non n'avanzarà troppo a Ruggiero. –

109 – La parte che ti pensi, non n'avrai
(rispose Mandricardo a Rodomonte):
io te ne darò più che non vorrai,
e ti farò sudar dal piè alla fronte:
e me ne rimarrà per darne assai
(come non manca mai l'acqua del fonte)
et a Ruggiero et a mill'altri seco,
e a tutto il mondo che la voglia meco[65]. –

110 Moltiplicavan l'ire e le parole
quando da questo e quando da quel lato:
con Rodomonte e con Ruggier la vuole[66]
tutto in un tempo Mandricardo irato;
Ruggier, ch'oltraggio sopportar non suole,
non vuol più accordo, anzi litigio e piato[67].
Marfisa or va da questo, or da quel canto
per riparar[68], ma non può sola tanto.

111 Come il villan, se fuor per l'alte sponde
trapela[69] il fiume e cerca nuova strada,
frettoloso a vietar che non affonde[70]
i verdi paschi e la sperata biada,
chiude una via et un'altra, e si confonde[71];
che se ripara quinci che non cada[72],
quindi vede lassar[73] gli argini molli,
e fuor l'acqua spicciar[74] con più rampolli[75]:

112 così, mentre Ruggiero e Mandricardo
e Rodomonte son tutti sozzopra[76],

ch'ognun vuol dimostrarsi più gagliardo,
et ai compagni rimaner di sopra,
Marfisa ad acchetarli have riguardo[77],
e s'affatica, e perde il tempo e l'opra;
che, come ne spicca[78] uno e lo ritira,
gli altri duo risalir[79] vede con ira.

113   Marfisa, che volea porgli d'accordo,
dicea: – Signori, udite il mio consiglio:
differire ogni lite è buon ricordo[80]
fin ch'Agramante sia fuor di periglio.
S'ognun vuole al suo fatto essere ingordo[81],
anch'io con Mandricardo mi ripiglio[82];
e vo' vedere al fin se guadagnarme,
come egli ha detto, è buon per forza d'arme.

114   Ma se si de' soccorrere Agramante,
soccorrasi, e tra noi non si contenda. –
– Per me non si starà[83] d'andare inante
(disse Ruggier), pur che 'l destrier si renda.
O che mi dia il cavallo, a far di tante
una parola[84], o che da me il difenda:
o che qui morto ho da restare, o ch'io
in campo ho da tornar sul destrier mio. –

115   Rispose Rodomonte: – Ottener questo
non fia così, come quell'altro, lieve[85]. –
E seguitò dicendo: – Io ti protesto[86]
che, s'alcun danno il nostro re riceve,
fia per tua colpa; ch'io per me non resto[87]
di fare a tempo quel che far si deve. –
Ruggiero a quel protesto[88] poco bada;
ma stretto dal furor stringe la spada.

116   Al re d'Algier come cingial[89] si scaglia,
e l'urta con lo scudo e con la spalla;
e in modo lo disordina e sbarraglia[90],
che fa che d'una staffa il piè gli falla[91].

Mandricardo gli grida: – O la battaglia
differisci, Ruggiero, o meco fàlla; –
e crudele e fellon[92] più che mai fosse,
Ruggier su l'elmo in questo dir percosse.

117   Fin sul collo al destrier Ruggier s'inchina,
né, quando vuolsi rilevar, si puote;
perché gli sopragiunge la ruina[93]
del figlio d'Ulïen[94] che lo percuote.
Se non era di tempra adamantina[95],
fesso l'elmo gli avria fin tra le gote.
Apre Ruggier le mani per l'ambascia,
e l'una il fren, l'altra la spada lascia.

118   Se lo porta il destrier per la campagna:
dietro gli resta in terra Balisarda.
Marfisa che quel dì fatta compagna
se gli era d'arme, par ch'avampi et arda[96],
che solo fra que' duo così rimagna:
e come era magnanima e gagliarda,
si drizza[97] a Mandricardo[98], e col potere
ch'avea maggior, sopra la testa il fiere[99].

Ci si mettono di mezzo anche i quattro cavalieri cristiani
che erano stati disarcionati da Rodomonte. Uno di loro era
un gran mago, Malagigi. Con un suo incantesimo fece in-
demoniare il cavalluccio di Doralice, che partì a corsa folle
con la principessa di Granata in groppa. Al veder sparire
l'oggetto della loro contesa, il re d'Algeri e il re di Tartaria corrono a inseguirla, e Ruggiero e Marfisa tengono
loro dietro. Così tutti insieme finalmente s'avviano verso
il campo d'Agramante.

Troppo presto la Discordia aveva creduto compiuta la
sua opera. S'era appena allontanata, fregandosi le mani
con soddisfazione, ed ecco che le liti tra Saracini erano
state sospese e il cavallo di Doralice in fuga riconduceva

i campioni al loro quartier generale, rendendo possibile una grande vittoria maomettana sull'esercito di Carlo.

L'Arcangelo Michele, di fronte a tanto disastro, capisce che la Discordia non ha fatto il suo dovere fino in fondo. Vola a cercarla, e la trova nel solito convento intenta alle diatribe per le elezioni dei dignitari dell'ordine. L'Arcangelo Michele l'afferra per i capelli, la stende a terra a pugni e a calci, le rompe sulla schiena tutti i turiboli e i candelieri che trova sottomano. La Discordia chiede pietà e promette di non abbandonare il campo saraceno.

Subito attorno a re Agramante si affollano i guerrieri con le loro querele: Rodomonte ce l'ha con Mandricardo per via di Doralice, Mandricardo con Ruggiero per via delle insegne troiane. Ruggiero con Rodomonte per via di Frontino, Marfisa con Mandricardo perché voleva usarla come merce di scambio.

Agramante è un re ordinato: fa scrivere i nomi delle coppie di contendenti su tanti bigliettini e sorteggiare i turni dei duelli. Poi fa preparare un regolare campo di giostre e indice il torneo al cospetto dei sovrani e delle dame dei dintorni. Tutto sembra seguire le norme previste dai regolamenti, ma la Discordia continua a far soffiare i suoi mantici. Gradasso, che aiuta Mandricardo a mettersi le armi, vede che sulla spada c'è scritto «Durindana». Da tempo lui s'affannava per impossessarsi della spada d'Orlando: che ce l'abbia ora un altro non gli garba, e lo sfida a duello, turbando l'ordine delle precedenze e scatenando altre risse supplementari. Intanto Sacripante, che aiutava Rodomonte a salire in sella, riconosce il cavallo Frontalatte alias Frontino che gli era stato rubato da Brunello. Ne nasce un'altra lite, anzi due, perché contro Brunello è Marfisa che vuol far le sue vendette.

Siamo in un mondo in cui non si perde mai niente, ma in cui nessuno è mai l'unico possessore di una cosa. Nella confusione della guerra, armi, cavalli, arnesi continuano a passar di mano in mano, ognuno d'essi col suo nome e la sua storia e le sue caratteristiche inconfondibili, e si porta dietro una coda d'interminabili contese. La Discordia può ben levare il suo grido di trionfo, un grido così alto da far tremare tutta Parigi, intorbidare la Senna, rimbombare la selva delle Ardenne (canto XXVII, 100-1).

CANTO XXVII

100 Di ciò si ride la Discordia pazza,
     che pace o triegua omai più teme poco.
     Scorre di qua e di là tutta la piazza[100],
     né può trovar per allegrezza loco.
     La Superbia con lei salta e gavazza[101],
     e legne et esca va aggiungendo al fuoco:
     e grida sì, che fin ne l'alto regno
     manda a Michel de la vittoria segno.

101 Tremò Parigi e turbidossi Senna
     all'alta voce, a quello orribil grido;
     rimbombò il suon fin alla selva Ardenna[102]
     sì che lasciâr tutte le fiere il nido.
     Udiron l'Alpi e il monte di Gebenna[103],
     di Blaia[104] e d'Arli[105] e di Roano[106] il lido;
     Rodano e Sonna udì, Garonna e il Reno:
     si strinsero le madri i figli al seno.

MORTE DI ZERBINO
E ISABELLA

Una fondamentale diseguaglianza divide gli eroi d'Ariosto. Ci sono quelli costruiti di pasta fatata, che più gli fioccano addosso i colpi di lancia e di spada più si temprano, come se tanto ferro giovasse alla loro salute; e ci son quelli, non meno nobili e non meno valorosi, che essendo costruiti di pasta umana, ricevono ferite che sono ferite vere, e ne possono morire. Questa genìa di eroi umani si dimostra particolarmente vulnerabile non solo all'offesa delle armi, ma anche a quella delle sventure; brevi sono i momenti di felicità e di pace che toccano a loro e alle loro trepidanti innamorate.

Zerbino è uno di loro. S'è da poco ricongiunto con la sua Isabella, dopo che tanti ostacoli e traversie li avevano separati, e ora vanno seguendo le tracce d'Orlando, al quale entrambi devono la libertà e la vita. Da sparsi segni e testimonianze, apprendono che Orlando è impazzito, e ne raccolgono le armi seminate alla rinfusa per i prati.

Ma Mandricardo che cercava Orlando per continuare il duello incominciato, non crede alla pazzia del suo avversario: e si dichiara legittimo possessore della spada Durindana. Zerbino sguaina la sua spada a difesa di quella dell'amico. Viene ferito. Isabella, unita a Doralice, riesce a far interrompere lo scontro (canto XXIV, 76-87).

CANTO XXIV

76   Per debolezza più non potea gire;
sì che fermossi appresso una fontana.
Non sa che far né che si debba dire
per aiutarlo la donzella umana[1].
Sol di disagio[2] lo vede morire;
che quindi[3] è troppo ogni città lontana,
dove in quel punto[4] al medico ricorra,
che per pietade o premio[5] gli soccorra.

77   Ella non sa, se non invan dolersi,
chiamar fortuna e il cielo empio[6] e crudele.
  – Perché, ahi lassa! (dicea) non mi sommersi
quando levai ne l'Oceàn le vele[7]? –
Zerbin che i languidi occhi ha in lei conversi[8],
sente più doglia ch'ella si querele,
che de la passïon[9] tenace e forte
che l'ha condutto omai vicino a morte.

78   – Così, cor mio, vogliate (le diceva),
dopo ch'io sarò morto, amarmi ancora
come solo il lasciarvi è che m'aggreva[10]
qui senza guida, e non già perch'io mora:
che se in sicura parte m'accadeva
finir de la mia vita l'ultima ora[11],
lieto e contento e fortunato a pieno
morto sarei, poi ch'io vi moro in seno.

79   Ma poi che 'l mio destino iniquo e duro
vol ch'io vi lasci, e non so in man di cui[12];
per questa bocca e per questi occhi giuro,
per queste chiome onde allacciato fui,

che disperato nel profondo oscuro
vo de lo 'nferno, ove il pensar di vui
ch'abbia così lasciata, assai più ria
sarà d'ogn'altra pena che vi sia. –

80   A questo la mestissima Issabella,
declinando[13] la faccia lacrimosa
e congiungendo la sua bocca a quella
di Zerbin, languidetta come rosa,
rosa non colta in sua stagion[14], sì ch'ella
impallidisca in su la siepe ombrosa,
disse: – Non vi pensate già, mia vita,
far senza me quest'ultima partita.

81   Di ciò, cor mio, nessun timor vi tocchi;
ch'io vo' seguirvi o in cielo o ne lo 'nferno.
Convien che l'uno e l'altro spirto scocchi[15],
insieme vada, insieme stia in eterno.
Non sì tosto vedrò chiudervi gli occhi,
o che m'ucciderà il dolore interno,
o se quel non può tanto, io vi prometto
con questa spada oggi passarmi il petto.

82   De' corpi nostri ho ancor non poca speme,
che me'[16] morti che vivi abbian ventura[17].
Qui forse alcun capiterà, ch'insieme,
mosso a pietà, darà lor sepoltura. –
Così dicendo, le reliquie estreme[18]
de lo spirto vital che morte fura[19],
va ricogliendo[20] con le labra meste,
fin ch'una minima aura[21] ve ne reste.

83   Zerbin la debol voce riforzando,
disse: – Io vi priego e supplico, mia diva,
per quello amor che mi mostraste, quando
per me lasciaste la paterna riva[22];
e se commandar posso, io vel commando,
che fin che piaccia a Dio, restiate viva;

né mai per caso[23] pogniate in oblio
che quanto amar si può v'abbia amato io.

84 Dio vi provederà d'aiuto forse,
    per liberarvi d'ogni atto villano[24],
    come fe' quando alla spelonca torse,
    per indi trarvi, il senator romano.
    Così (la sua mercé) già vi soccorse
    nel mare e contra il Biscaglin profano[25]:
    e se pure avverrà che poi si deggia
    morire, allora il minor mal s'elleggia[26]. –

85 Non credo che quest'ultime parole
    potesse esprimer sì, che fosse inteso;
    e finì come il debol lume suole,
    cui cera manchi od altro in che sia acceso[27].
    Chi potrà dire a pien come si duole,
    poi che si vede pallido e disteso,
    la giovanetta, e freddo come ghiaccio
    il suo caro Zerbin restare in braccio?

86 Sopra il sanguigno[28] corpo s'abbandona,
    e di copiose lacrime lo bagna,
    e stride[29] sì, ch'intorno ne risuona
    a molte miglia[30] il bosco e la campagna.
    Né alle guancie né al petto si perdona,
    che l'uno e l'altro non percuota e fragna[31];
    e straccia a torto[32] l'auree crespe chiome,
    chiamando sempre invan l'amato nome.

87 In tanta rabbia, in tal furor sommersa
    l'avea la doglia sua, che facilmente
    avria la spada in se stessa conversa[33],
    poco al suo amante in questo ubidïente;
    s'uno eremita ch'alla fresca e tersa
    fonte avea usanza di tornar sovente
    da la sua quindi[34] non lontana cella,
    non s'opponea, venendo, al voler d'ella[35].

La ferita di Zerbino è di quelle che avrebbero fatto sorridere Orlando o Ruggiero o Rodomonte, ma Zerbino è fatto di carne e ossa e vene umane, e la guerra per lui è rischio di morte, non gioco. Non basta questo, però, per dire che personaggi come Zerbino e Isabella sono più *veri* dei giganteschi ammazzasette. Essi seguono semplicemente un'altra logica: sono eroi d'una storia lacrimosa, e in mezzo alle avventure grottesche e truculente aprono, con la loro vita e la loro morte, uno spazio poetico di dimensioni e sensibilità diverse: Zerbino ferito che giace presso una fontana, e il suo amoroso commiato da Isabella, e il pianto di lei sul corpo che diventa gelido. Salvata da un eremita mentre sta per uccidersi, Isabella lo segue con la salma di Zerbino verso la Provenza, dove conta di dare sepoltura all'amato e di chiudersi in convento.

Ed ecco che storia lacrimosa e storia grottesca si ricongiungono: Isabella incontra un prepotente che le sbarra la strada e le fa oltraggio. È Rodomonte: sdegnato contro le donne per il tradimento della sua Doralice e contro Agramante perché non ha saputo fargli giustizia, il re d'Algeri s'è ritirato alle foci del Rodano vicino a una chiesetta abbandonata. Deciso a dissuadere Isabella dal farsi monaca Rodomonte scaglia nel fiume l'eremita e si getta sulla giovane.

La storia grottesca sembra stia per trionfare sulla storia lacrimosa: invece è Isabella a vincere. Vince facendosi uccidere, obbligando con uno strattagemma il guerriero sciocco e brutale a una soluzione tragica lontana dalle sue intenzioni. Isabella dice a Rodomonte di conoscere il segreto d'una pozione d'erbe che rende invulnerabili; e prova la pozione su se stessa, invitando Rodomonte a decapitarla con un colpo di spada. Rodomonte le crede e la uccide. Così attraverso i mezzi del grottesco la storia lacrimosa torna a imporre la sua logica; e allo scriteriato

Rodomonte non resta che piangere la sventurata eroina e
farsi guardiano della sua tomba (canto XXIX, 8-31).

CANTO XXIX

8   Rodomonte crudel, poi che levato
s'ebbe da canto[36] il garrulo[37] eremita,
si ritornò con viso men turbato
verso la donna mesta e sbigottita;
e col parlar ch'è fra gli amanti usato,
dicea ch'era il suo core e la sua vita
e 'l suo conforto e la sua cara speme,
et altri nomi tai che vanno insieme.

9   E si mostrò sì costumato[38] allora,
che non le fece alcun segno di forza[39].
Il sembiante gentil che l'innamora,
l'usato orgoglio in lui spegne et ammorza[40]:
e ben che 'l frutto trar ne possa fuora,
passar non però vuole oltre a la scorza[41];
che non gli par che potesse esser buono,
quando da lei non lo accettasse in dono.

10   E così di disporre a poco a poco
a' suoi piaceri Issabella credea.
Ella, che in sì solingo e strano loco,
qual topo in piede al gatto[42] si vedea,
vorria trovarsi inanzi[43] in mezzo il fuoco;
e seco tuttavolta rivolgea[44]
s'alcun partito, alcuna via fosse atta
a trarla quindi[45] immaculata e intatta.

11   Fa ne l'animo suo proponimento
di darsi con sua man prima la morte,
che 'l barbaro crudel n'abbia il suo intento[46],
e che le sia cagion d'errar sì forte
contra quel cavallier[47] ch'in braccio spento
l'avea crudele e dispietata sorte;

a cui fatto have col pensier devoto
de la sua castità perpetuo voto.

12   Crescer più sempre l'appetito cieco[48]
vede del re pagan, né sa che farsi.
Ben sa che vuol venire all'atto bieco[49],
ove i contrasti suoi tutti fien scarsi[50].
Pur discorrendo molte cose seco[51],
il modo trovò al fin di ripararsi[52],
e di salvar la castità sua, come
io vi dirò, con lungo e chiaro nome[53].

13   Al brutto Saracin, che le venìa
già contra con parole e con effetti[54]
privi di tutta quella cortesia
che mostrata le avea ne' primi detti:
– Se fate che con voi sicura io sia
del mio onor (disse) e ch'io non ne sospetti[55],
cosa all'incontro[56] vi darò, che molto
più vi varrà, ch'avermi l'onor tolto.

14   Per un piacer di sì poco momento,
di che[57] n'ha sì abondanza tutto 'l mondo,
non disprezzate un perpetuo contento[58],
un vero gaudio a nullo altro secondo.
Potrete tuttavia[59] ritrovar cento
e mille donne di viso giocondo;
ma chi vi possa dar questo mio dono,
nessuno al mondo, o pochi altri ci sono.

15   Ho notizia d'un'erba, e l'ho veduta
venendo, e so dove trovarne appresso[60],
che bollita con elera e con ruta
ad un fuoco di legna di cipresso,
e fra mano innocenti indi premuta,
manda[61] un liquor, che, chi si bagna d'esso
tre volte il corpo, in tal modo l'indura,
che dal ferro e dal fuoco l'assicura[62].

16   Io dico, se tre volte se n'immolla,
      un mese invulnerabile si trova[63].
      Oprar conviensi ogni mese l'ampolla[64];
      che sua virtù più termine[65] non giova.
      Io so far l'acqua, et oggi ancor farolla,
      et oggi ancor voi ne vedrete prova:
      e vi può, s'io non fallo, esser più grata,
      che d'aver tutta Europa oggi acquistata.

17   Da voi domando in guiderdon[66] di questo,
      che su la fede vostra mi giuriate
      che né in detto né in opera molesto
      mai più sarete alla mia castitate. –
      Così dicendo, Rodomonte onesto[67]
      fe' ritornar; ch'in tanta voluntate
      venne ch'invïolabil si facesse,
      che più ch'ella non disse, le promesse[68]:

18   e servaralle[69] fin che vegga fatto
      de la mirabil acqua esperïenzia;
      e sforzerasse intanto a non fare atto,
      a non far segno alcun di vïolenzia.
      Ma pensa poi di non tenere[70] il patto,
      perché non ha timor né riverenzia
      di Dio o di santi; e nel mancar di fede
      tutta a lui la bugiarda Africa[71] cede.

19   Ad Issabella il re d'Algier scongiuri[72]
      di non la molestar fe' più di mille,
      pur ch'essa lavorar[73] l'acqua procuri,
      che far lo può qual fu già Cigno e Achille[74].
      Ella per balze e per valloni oscuri[75]
      da le città lontana e da le ville[76]
      ricoglie di molte[77] erbe; e il Saracino
      non l'abandona, e l'è sempre vicino.

20   Poi ch'in più parti quant'era a bastanza
      colson de l'erbe e con radici e senza,

tardi si ritornaro alla lor stanza[78];
dove quel paragon[79] di continenza
tutta la notte spende, che l'avanza[80],
a bollir erbe con molta avertenza:
e a tutta l'opra e a tutti quei misteri[81]
si trova ognor presente il re d'Algieri.

21   Che producendo[82] quella notte in giuoco
con quelli pochi servi ch'eran seco,
sentia, per lo calor del vicin fuoco
ch'era rinchiuso in quello angusto speco[83],
tal sete, che bevendo or molto or poco,
duo baril votâr pieni di greco[84],
ch'aveano tolto uno o duo giorni inanti
i suoi scudieri a certi vïandanti.

22   Non era Rodomonte usato al vino,
perché la legge sua lo vieta e danna:
e poi che lo gustò, liquor divino
gli par, miglior che 'l nettare o la manna[85];
e riprendendo[86] il rito saracino,
gran tazze e pieni fiaschi ne tracanna.
Fece il buon vino, ch'andò spesso intorno,
girare il capo a tutti come un torno[87].

23   La donna in questo mezzo la caldaia
dal fuoco tolse, ove quell'erbe cosse;
e disse a Rodomonte: – Acciò che paia[88]
che mie parole al vento non ho mosse,
quella che 'l ver da la bugia dispaia,
e che può dotte far le genti grosse,
te ne farò l'esperïenza ancora[89],
non ne l'altrui, ma nel mio corpo or ora.

24   Io voglio a far il saggio[90] esser la prima
del felice[91] liquor di virtù pieno,
acciò tu forse non facessi stima
che ci fosse mortifero veneno.

Di questo bagnerommi da la cima
del capo giù pel collo e per lo seno:
tu poi tua forza in me[92] prova e tua spada,
se questo abbia vigor, se quella rada[93]. –

25   Bagnossi, come disse, e lieta porse
all'incauto[94] pagano il collo ignudo,
incauto, e vinto anco dal vino forse,
incontra a cui non vale elmo né scudo[95].
Quel uom bestial le prestò fede, e scórse[96]
sì con la mano e sì col ferro crudo,
che del bel capo, già d'Amore albergo,
fe' tronco rimanere il petto e il tergo.

26   Quel fe' tre balzi; e funne udita chiara
voce, ch'uscendo nominò Zerbino,
per cui seguire ella trovò sì rara
via di fuggir di man del Saracino[97].
Alma, ch'avesti più la fede cara,
e 'l nome quasi ignoto e peregrino[98]
al tempo nostro, de la castitade,
che la tua vita e la tua verde etade,

27   vattene in pace, alma beata e bella!
Così i miei versi avesson forza, come
ben m'affaticherei con tutta quella
arte che tanto il parlar orna e còme[99],
perché mille e mill'anni e più, novella
sentisse il mondo del tuo chiaro nome[100].
Vattene in pace alla superna sede[101],
e lascia all'altre esempio di tua fede.

28   All'atto incomparabile e stupendo,
dal cielo il Creator giù gli occhi volse,
e disse: – Più di quella ti commendo,
la cui morte a Tarquinio il regno tolse[102];
e per questo una legge fare intendo
tra quelle mie, che mai tempo non sciolse[103],

la qual per le inviolabil'acque giuro[104]
che non muterà seculo futuro[105].

29　Per l'avvenir vo' che ciascuna ch'aggia
il nome tuo, sia di sublime ingegno,
e sia bella, gentil, cortese e saggia,
e di vera onestade arrivi al segno[106]:
onde materia agli scrittori caggia[107]
di celebrare il nome inclito e degno;
tal che Parnasso, Pindo et Elicone
sempre Issabella, Issabella risuone[108]. –

30　Dio così disse, e fe' serena intorno
l'aria, e tranquillo il mar più che mai fusse.
Fe' l'alma casta al terzo ciel[109] ritorno,
e in braccio al suo Zerbin si ricondusse.
Rimase in terra con vergogna e scorno
quel fier senza pietà nuovo Breusse[110];
che poi che 'l troppo vino ebbe digesto[111],
biasmò il suo errore, e ne restò funesto[112].

31　Placare o in parte satisfar pensosse
a l'anima beata d'Issabella,
se, poi ch'a morte il corpo le percosse,
desse almen vita alla memoria d'ella[113].
Trovò per mezzo[114], acciò che così fosse,
di convertirle quella chiesa, quella
dove abitava e dove ella fu uccisa,
in un sepolcro; e vi dirò in che guisa.

RODOMONTE,
ORLANDO PAZZO, ANGELICA

Rodomonte è un colosso dall'anima sensibile. Non ha paura di nessuno al mondo, la sua forza e tracotanza lo rendono invincibile, ma le donne si fan gioco di lui, e la sua mortificazione non ha limiti. Doralice, preferendo Mandricardo a lui, gli ha aperto una ferita immedicabile nel cuore e Isabella, che lo inganna per farsi uccidere, sconvolge talmente la sua scala dei valori, che da quel momento la sua vita è votata a un compito assurdo e sublime: onorare la tomba della giovane che egli ha scioccamente trucidato.

In riva a un fiume profondo costruisce un mausoleo, al di là d'uno stretto ponte. Egli si batterà contro ogni cavaliere che vorrà passare il ponte, lo vincerà e appenderà le armi in trofeo sulla tomba di Isabella (canto XXIX, 32-39).

CANTO XXIX

32 Di tutti i lochi intorno fa venire
    mastri[1], chi per amore e chi per tema;

e fatto ben seimila uomini unire,
de' gravi sassi[2] i vicin monti scema[3],
e ne fa una gran massa stabilire[4],
che da la cima era alla parte estrema[5]
novanta braccia; e vi rinchiude dentro
la chiesa, che i duo amanti have nel centro.

33   Imita quasi la superba mole[6]
che fe' Adriano all'onda tiberina.
Presso al sepolcro una torre alta vuole;
ch'abitarvi alcun tempo si destina[7].
Un ponte[8] stretto e di due braccia sole
fece su l'acqua che correa vicina.
Lungo il ponte, ma largo era sì poco,
che dava a pena a duo cavalli loco;

34   a duo cavalli che venuti a paro[9],
o ch'insieme si fossero scontrati:
e non avea né sponda né riparo,
e si potea cader da tutti i lati.
Il passar quindi vuol che costi caro
a guerrieri o pagani o battezzati;
che de le spoglie lor mille trofei
promette al cimiterio[10] di costei.

35   In dieci giorni e in manco[11] fu perfetta[12]
l'opra del ponticel che passa il fiume;
ma non fu già il sepolcro così in fretta,
né la torre condutta al suo cacume[13]:
pur fu levata sì, ch'alla veletta[14]
starvi in cima una guardia avea costume,
che d'ogni cavallier che venìa al ponte,
col corno facea segno a Rodomonte.

36   E quel s'armava, e se gli venìa a opporre
ora su l'una, ora su l'altra riva;
che se 'l guerrier venìa di vêr la torre[15],
su l'altra proda il re d' Algier veniva.

Il ponticello è il campo ove si corre[16];
e se 'l destrier poco del segno usciva[17],
cadea nel fiume, ch'alto era e profondo[18]:
ugual periglio a quel non avea il mondo.

37   Aveasi imaginato il Saracino,
che, per gir spesso a rischio di cadere
dal ponticel nel fiume a capo chino,
dove gli converria molt'acqua bere,
del fallo a che l'indusse il troppo vino,
dovesse netto e mondo rimanere;
come l'acqua, non men che 'l vino, estingua
l'error che fa pel vino o mano o lingua[19].

38   Molti fra pochi dì[20] vi capitaro:
alcuni la via dritta[21] vi condusse,
ch'a quei che verso Italia o Spagna andaro
altra non era che più trita[22] fusse;
altri l'ardire, e, più che vita caro,
l'onore, a farvi di sé prova indusse.
E tutti, ove acquistar credean la palma,
lasciavan l'arme, e molti insieme l'alma[23].

39   Di quelli ch'abbattea, s'eran pagani,
si contentava d'aver spoglie et armi;
e di chi prima furo, i nomi piani
vi facea sopra, e sospendeale ai marmi[24]:
ma ritenea in prigion tutti i cristiani;
e che in Algier poi li mandasse parmi[25].
Finita ancor non era l'opra, quando
vi venne a capitare il pazzo Orlando.

Un giorno sul ponte si presenta, non un guerriero a cavallo, ma un uomo nudo e scarmigliato e ossesso. È Orlando.
Quel campione d'ogni virtù, ora sconvolto dalla più fosca
pazzia, si trova a faccia a faccia col campione d'ogni arro-
ganza, ora invasato dall'ansia del sublime. Una qualità è

rimasta intatta in entrambi, ed è la forza. S'azzuffano sul ponte e finiscono in acqua tutti e due: Rodomonte, gravato dall'armatura, fatica a tenersi a galla; Orlando nudo nuota a riva e riprende il suo cammino come se non si fosse accorto di niente (canto XXIX, 40-49).

40   A caso venne il furïoso conte
a capitar su questa gran riviera[26],
dove, come io vi dico, Rodomonte
fare in fretta facea, né finito era
la torre né il sepolcro, e a pena il ponte:
e di tutte arme, fuor che di visiera,
a quell'ora il pagan si trovò in punto[27],
ch'Orlando al fiume e al ponte è sopragiunto.

41   Orlando (come il suo furor lo caccia[28])
salta la sbarra[29] e sopra il ponte corre.
Ma Rodomonte con turbata faccia,
a piè, com'era[30] inanzi a la gran torre,
gli grida di lontano e gli minaccia,
né se gli degna con la spada opporre[31]:
– Indiscreto villan, ferma le piante[32],
temerario, importuno et arrogante!

42   Sol per signori e cavallieri è fatto
il ponte, non per te, bestia balorda. –
Orlando, ch'era in gran pensier distratto,
vien pur[33] inanzi e fa l'orecchia sorda.
– Bisogna ch'io castighi questo matto –
disse il pagano; e con la voglia ingorda
venìa per traboccarlo[34] giù ne l'onda,
non pensando trovar chi gli risponda.

43   In questo tempo una gentil donzella,
per passar sovra il ponte, al fiume arriva,
leggiadramente ornata[35] e in viso bella,
e nei sembianti accortamente schiva[36].

Era (se vi ricorda, Signor) quella
che per ogni altra via cercando giva
di Brandimarte, il suo amator, vestigi,
fuor che, dove era, dentro da Parigi.

44   Ne l'arrivar di Fiordiligi al ponte
(che così la donzella nomata era),
Orlando s'attaccò con Rodomonte
che lo volea gittar ne la riviera.
La donna, ch'avea pratica del conte[37],
subito n'ebbe conoscenza vera[38]:
e restò d'alta maraviglia piena,
de la follia che così nudo il mena.

45   Fermasi a riguardar che fine avere
debba il furor dei duo tanti[39] possenti.
Per far del ponte l'un l'altro cadere
a por tutta lor forza sono intenti.
– Come è ch'un pazzo debba sì valere? –
seco il fiero pagan dice tra' denti;
e qua e là si volge e si raggira,
pieno di sdegno e di superbia e d'ira.

46   Con l'una e l'altra man va ricercando
far nuova presa, ove il suo meglio[40] vede;
or tra le gambe, or fuor gli pone, quando
con arte il destro, e quando il manco piede[41].
Simiglia Rodomonte intorno a Orlando
lo stolido orso che sveller si crede
l'arbor onde è caduto; e come n'abbia
quello ogni colpa, odio gli porta e rabbia.

47   Orlando, che l'ingegno[42] avea sommerso,
io non so dove, e sol la forza usava,
l'estrema[43] forza a cui per l'universo
nessuno o raro paragon si dava[44],
cader del ponte si lasciò riverso
col pagano abbracciato come stava.

Cadon nel fiume e vanno al fondo insieme:
ne salta in aria l'onda, e il lito geme.

48   L'acqua gli fece distaccare in fretta.
Orlando è nudo, e nuota com'un pesce:
di qua le braccia, e di là i piedi getta,
e viene a proda; e come di fuor esce,
correndo va, né per mirare aspetta,
se in biasmo o in loda questo gli riesce[45].
Ma il pagan, che da l'arme era impedito,
tornò più tardi e con più affanno al lito.

49   Sicuramente[46] Fiordiligi intanto
avea passato il ponte e la riviera;
e guardato il sepolcro in ogni canto,
se del suo Brandimarte insegna v'era,
poi che né l'arme sue vede né il manto[47],
di ritrovarlo in altra parte spera.
Ma ritorniamo a ragionar del conte,
che lascia a dietro e torre e fiume e ponte.

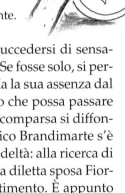

La vita d'Orlando ormai è un rotto succedersi di sensazioni, senza più un filo che le colleghi. Se fosse solo, si perderebbe nel caos della natura bruta. Ma la sua assenza dal campo di Carlo Magno non è un fatto che possa passare inosservato. Già l'allarme per la sua scomparsa si diffonde, e, primo tra tutti, il suo fedele amico Brandimarte s'è posto ad inseguirlo. Fedeltà chiama fedeltà: alla ricerca di Brandimarte è partita a sua volta la sua diletta sposa Fiordiligi, come colta da un tristo presentimento. È appunto Fiordiligi la trepidante figura femminile che ogni tanto compare sulle tracce del pazzo; è lei la sola che, avendolo visto impazzire, può garantire che quell'irriconoscibile corpo in preda ad impulsi insensati è lo stesso in cui un tempo albergava il senno d'Orlando.

Il pazzo va a zigzag per fiumi e selve, dal Rodano ai Pirenei, e se un somaro gli capita tra le mani lo scaglia in aria mulinandolo per una zampa, e se acchiappa un boscaiolo lo strappa in due pezzi come fosse carta. Giunto sulla spiaggia di Tarragona, per ripararsi dal sole si scava una tana nell'arena e ci ficca dentro la testa come uno struzzo.

Una bella donna in ricche vesti se ne veniva al trotto in riva al mare. Il suo cavallo, una puledra, inciampa nell'uomo nudo e orrendo che balza dalla sabbia. Il cavallo s'imbizzarisce. La bella amazzone dà un grido! L'incontro che stavamo aspettando dall'inizio del poema, ecco, è avvenuto. Orlando si trova di fronte ad Angelica.

È il momento fatale, ma i protagonisti non se ne rendono conto. I due non si riconoscono. E come potrebbe Angelica ravvisare in quell'energumeno dalla pelle nera, in quella faccia da teschio, in quella barba e chioma piene di foglie secche e d'alghe marine, il capitano dalla risplendente armatura che per lei è sempre stato Orlando? E quanto a Orlando, l'apparizione d'Angelica è solo un baluginare di colori in movimento seducente sì, ma come un riflesso del sole su un ruscello o il dispiegarsi della coda d'un pavone.

Medoro, che seguiva Angelica dappresso, al vedere il selvaggio che rincorre la sua sposa, sprona il cavallo contro di lui cercando di travolgerlo sotto gli zoccoli e sotto i fendenti della sua spada. Ma Orlando, da pazzo, aveva la pelle ancor più dura che da sano. Si volta come chi si sente toccare con due dita su una spalla, e nel girarsi urta il muso del cavallo di Medoro con un pugno: il cavallo cade come avesse avuto la spina dorsale di vetro.

Angelica corre per la spiaggia inseguita dal matto, lei sulla sua puledra, lui a piedi ma coi suoi passi da cavallo. Orlando spicca un salto, sta per afferrare la puledra per la coda; Angelica si ricorda in quel momento dell'anello magico che ha al dito, lo ficca sotto la lingua e diventa invisibile.

Un momento prima che la principessa del Catai sparisca definitivamente alla nostra vista, la puledra, trattenuta per la coda, inciampa. Angelica vola via di sella e finisce giù nel sabbione a gambe all'aria. Questa è l'ultima immagine che ci resta dell'irresistibile seduttrice.

Orlando ha preso per la coda la puledra: per lui, puledra o principessa ora è lo stesso. Salta in arcioni e galoppa per le spiagge della Spagna; tanto la fa correre e digiunare e precipitare in burroni che la uccide. Ma non l'abbandona: ancora se ne trascina dietro la carogna per le briglie, dicendole: «Dài! Cammina!» (canto XXIX, 50-73).

50 Pazzia sarà, se le pazzie d'Orlando
  prometto raccontarvi ad una ad una;
  che tante e tante fur, ch'io non so quando
  finir[48]: ma ve n'andrò scegliendo alcuna
  solenne[49] et atta da narrar[50] cantando,
  e ch'all'istoria mi parrà oportuna[51];
  né quella tacerò miraculosa[52],
  che fu[53] nei Pirenei sopra Tolosa.

51 Trascorso avea molto[54] paese il conte,
  come dal grave suo furor fu spinto;
  et al fin capitò sopra quel monte
  per cui dal Franco è il Tarracon distinto[55];
  tenendo tuttavia volta la fronte
  verso là dove il sol ne viene estinto[56]:
  e quivi giunse in uno angusto calle,
  che pendea[57] sopra una profonda valle.

52 Si vennero a incontrar con esso al varco[58]
  duo boscherecci giovani[59], ch'inante
  avean di legna un loro asino carco;
  e perché ben s'accorsero al sembiante,
  ch'avea di cervel sano il capo scarco[60],
  gli gridano con voce minacciante,

o ch'a dietro o da parte se ne vada,
e che si levi di mezzo la strada.

53   Orlando non risponde altro a quel detto,
se non che con furor tira d'un piede[61],
e giunge a punto[62] l'asino nel petto
con quella forza che tutte altre eccede;
et alto il leva, sì, ch'uno augelletto
che voli in aria, sembra a chi lo vede.
Quel va a cadere alla cima[63] d'un colle,
ch'un miglio oltre la valle il giogo estolle[64].

54   Indi verso i duo giovani s'aventa,
dei quali un, più che senno, ebbe aventura[65],
che da la balza, che due volte trenta
braccia cadea[66], si gittò per paura.
A mezzo il tratto trovò molle e lenta[67]
una macchia di rubi[68] e di verzura,
a cui bastò graffiargli un poco il volto:
del resto lo mandò libero e sciolto[69].

55   L'altro s'attacca ad un scheggion[70] ch'usciva
fuor de la roccia, per salirvi sopra;
perché si spera[71], s'alla cima arriva,
di trovar via che dal pazzo lo cuopra[72].
Ma quel nei piedi (che non vuol che viva)
lo piglia, mentre di salir s'adopra:
e quanto più sbarrar[73] puote le braccia,
le sbarra sì, ch'in duo pezzi lo straccia[74];

56   a quella guisa che veggiàn talora
farsi d'uno aeron[75], farsi d'un pollo,
quando si vuol de le calde interiora
che falcone o ch'astor[76] resti satollo.
Quanto è bene accaduto che non muora
quel che fu a risco di fiaccarsi il collo[77]!
ch'ad altri poi questo miracol disse,
sì che l'udì Turpino[78], e a noi lo scrisse.

57   E queste et altre assai cose stupende[79]
fece nel traversar de la montagna.
Dopo molto cercare, al fin discende
verso meriggie[80] alla terra di Spagna;
e lungo la marina il camin prende,
ch'intorno a Taracona[81] il lito bagna:
e come vuol la furia che lo mena,
pensa farsi uno albergo in quella arena,

58   dove dal sole alquanto si ricuopra;
e nel sabbion si caccia àrrido e trito[82].
Stando così, gli venne a caso sopra
Angelica la bella e il suo marito[83],
ch'eran (sì come io vi narrai di sopra[84])
scesi dai monti in su l'ispano lito.
A men d'un braccio ella gli giunse appresso,
perché non s'era accorta ancora d'esso.

59   Che fosse Orlando, nulla le soviene[85]:
troppo è diverso da quel ch'esser suole.
Da indi in qua che quel furor lo tiene[86],
è sempre andato nudo all'ombra e al sole:
se fosse nato all'aprica[87] Sïene[88],
o dove Ammone il Garamante cole[89],
o presso ai monti onde il gran Nilo spiccia[90],
non dovrebbe la carne aver più arsiccia[91].

60   Quasi ascosi avea gli occhi ne la testa,
la faccia macra, e come un osso asciutta,
la chioma rabuffata, orrida e mesta[92],
la barba folta, spaventosa e brutta[93].
Non più a vederlo Angelica fu presta,
che fosse a ritornar, tremando tutta:
tutta tremando, e empiendo il ciel di grida,
si volse per aiuto alla sua guida[94].

61   Come di lei s'accorse Orlando stolto,
per ritenerla[95] si levò di botto:

così gli piacque il delicato volto,
così ne venne immantinente giotto[96].
D'averla amata e riverita molto
ogni ricordo era in lui guasto e rotto.
Gli corre dietro, e tien quella maniera
che terria il cane a seguitar la fera.

62   Il giovine[97] che 'l pazzo seguir vede
la donna sua, gli urta[98] il cavallo adosso,
e tutto a un tempo lo percuote e fiede[99],
come lo trova che gli volta il dosso.
Spiccar dal busto il capo se gli crede[100]:
ma la pelle trovò dura come osso,
anzi via più ch'acciar; ch'Orlando nato
impenetrabile era et affatato[101].

63   Come Orlando sentì battersi dietro,
girossi, e nel girare il pugno strinse,
e con la forza che passa ogni metro[102],
ferì[103] il destrier che 'l Saracino spinse.
Feril sul capo, e come fosse vetro,
lo spezzò sì, che quel cavallo estinse:
e rivoltosse in un medesmo istante
dietro a colei che gli fuggiva inante.

64   Caccia[104] Angelica in fretta la giumenta[105],
e con sferza e con spron tocca e ritocca;
che le parrebbe a quel bisogno lenta,
se ben volasse più che stral da cocca[106].
De l'annel c'ha nel dito si ramenta,
che può salvarla, e se lo getta in bocca:
e l'annel[107], che non perde il suo costume[108],
la fa sparir come ad un soffio il lume.

65   O fosse la paura, o che pigliasse
tanto disconcio[109] nel mutar[110] l'annello,
o pur, che la giumenta traboccasse[111],
che non posso affermar questo né quello;

nel medesmo momento che si trasse
l'annello in bocca e celò il viso bello,
levò le gambe et uscì de l'arcione,
e si trovò riversa in sul sabbione.

66   Più corto che quel salto era dua dita[112],
aviluppata rimanea col matto,
che con l'urto le avria tolta la vita;
ma gran ventura l'aiutò a quel tratto[113].
Cerchi pur, ch'altro furto le dia aita
d'un'altra bestia, come prima ha fatto[114];
che più non è per rïaver mai questa
ch'inanzi al paladin l'arena pesta[115].

67   Non dubitate già ch'ella non s'abbia
a provedere; e seguitiamo Orlando,
in cui non cessa l'impeto e la rabbia
perché[116] si vada Angelica celando.
Segue la bestia per la nuda sabbia,
e se le vien più sempre approssimando:
già già la tocca, et ecco l'ha nel crine[117],
indi nel freno, e la ritiene al fine.

68   Con quella festa il paladin la piglia,
ch'un altro avrebbe fatto una donzella[118]:
le rassetta le redine e la briglia,
e spicca un salto et entra ne la sella;
e correndo la caccia molte miglia[119],
senza riposo, in questa parte e in quella:
mai non le leva né sella né freno,
né le lascia gustare erba né fieno.

69   Volendosi cacciare[120] oltre una fossa,
sozzopra se ne va[121] con la cavalla.
Non nocque a lui, né sentì la percossa;
ma nel fondo la misera si spalla[122].
Non vede Orlando come trar[123] la possa;
e finalmente se l'arreca[124] in spalla,

e su ritorna, e va con tutto il carco,
quanto in tre volte non trarrebbe un arco[125].

70   Sentendo poi che gli gravava troppo,
la pose in terra, e volea trarla a mano.
Ella il seguia con passo lento e zoppo;
dicea Orlando: – Camina! – e dicea invano.
Se l'avesse seguito di galoppo,
assai non era al desiderio insano[126].
Al fin dal capo le levò il capestro[127],
e dietro la legò sopra il piè destro;

71   e così la strascina, e la conforta[128]
che lo potrà seguir con maggior agio.
Qual leva il pelo, e quale il cuoio porta,
dei sassi[129] ch'eran nel camin malvagio.
La mal condotta[130] bestia restò morta
finalmente di strazio e di disagio.
Orlando non le pensa[131] e non la guarda,
e via correndo il suo camin non tarda.

72   Di trarla, anco che morta, non rimase[132],
continoando il corso ad occidente;
e tuttavia saccheggia[133] ville[134] e case,
se bisogno di cibo aver si sente;
e frutte e carne e pan, pur ch'egli invase[135],
rapisce; et usa forza ad ogni gente:
qual lascia morto e qual storpiato lassa;
poco si ferma, e sempre inanzi passa.

73   Avrebbe così fatto, o poco manco,
alla sua donna, se non s'ascondea[136];
perché non discernea il nero dal bianco,
e di giovar, nocendo, si credea.
Deh maledetto sia l'annello et anco
il cavallier[137] che dato le l'avea!
che se non era, avrebbe Orlando fatto
di sé vendetta e di mill'altri a un tratto.

Nella cieca pazzia d'Orlando balugina come un'ostinazione di vendetta contro la donna che l'ha ridotto in quello stato. O è una vampata di rancore d'Ariosto verso il sesso gentile? Il poeta se ne rende subito conto e se ne scusa con le amiche; i suoi assalti di misoginia sono sempre passeggeri. Svanita Angelica, finiti gli strazi della puledra espiatoria, Orlando obbliga un pastore a dargli il suo ronzino in cambio della carogna, cavalca fino a Malaga e vi semina la strage; poi s'inabissa al galoppo nello stretto di Gibilterra e riemerge a nuoto sulla costa del Marocco (canto XXX, 4-15).

CANTO XXX

4   Non men son fuor di me, che fosse Orlando;
     e non son men di lui di scusa degno,
     ch'or[138] per li monti, or per le piagge errando,
     scórse[139] in gran parte di Marsilio il regno[140],
     molti dì la cavalla strascinando
     morta, come era, senza alcun ritegno[141];
     ma giunto ove un gran fiume entra nel mare,
     gli fu forza il cadavero lasciare.

5   E perché sa nuotar come una lontra[142],
     entra nel fiume, e surge[143] all'altra riva.
     Ecco un pastor sopra un cavallo incontra,
     che per abeverarlo al fiume arriva.
     Colui, ben che gli vada Orlando incontra,
     perché egli è solo e nudo, non lo schiva.
     – Vorrei del tuo ronzin (gli disse il matto)
     con la giumenta mia far un baratto.

6   Io te la mostrerò di qui, se vuoi;
     che morta là su l'altra ripa giace:
     la potrai far tu medicar dipoi;
     altro diffetto in lei non mi dispiace[144].
     Con qualche aggiunta[145] il ronzin dar mi puoi:
     smontane in cortesia[146], perché mi piace. –

Il pastor ride, e senz'altra risposta
va verso il guado, e dal pazzo si scosta.

7   – Io voglio il tuo cavallo: olà non odi? –
suggiunse Orlando, e con furor si mosse.
Avea un baston con nodi spessi e sodi
quel pastor seco, e il paladin percosse.
La rabbia e l'ira passò tutti i modi
del conte[147]; e parve fier[148] più che mai fosse.
Sul capo del pastore un pugno serra[149],
che spezza l'osso, e morto il caccia in terra.

8   Salta a cavallo, e per diversa strada[150]
va discorrendo[151], e molti pone a sacco[152].
Non gusta il ronzin mai fieno né biada,
tanto ch'in pochi dì ne riman fiacco[153]:
ma non però ch'Orlando a piedi vada,
che di vetture[154] vuol vivere a macco[155];
e quante ne trovò, tante ne mise
in uso, poi che i lor patroni uccise.

9   Capitò al fin a Malega[156], e più danno
vi fece, ch'egli avesse altrove fatto:
che oltre che ponesse a saccomanno[157]
il popul sì, che ne restò disfatto[158],
né si poté rifar quel né l'altr'anno;
tanti n'uccise il periglioso matto,
vi spianò tante case e tante accese[159],
che disfe' più che 'l terzo del paese.

10   Quindi partito, venne ad una terra[160],
Zizera[161] detta, che siede allo stretto
di Zibeltarro, o vuoi di Zibelterra[162],
che l'uno e l'altro nome le vien detto;
ove una barca che sciogliea[163] da terra
vide piena di gente da diletto[164],
che solazzando all'aura matutina,
gìa per la tranquillissima marina.

11   Cominciò il pazzo a gridar forte: – Aspetta! –
      che gli venne disio d'andare in barca.
      Ma bene invano e i gridi e gli urli getta;
      che volentier tal merce non si carca.
      Per l'acqua il legno va con quella fretta
      che va per l'aria irondine che varca[165].
      Orlando urta il cavallo e batte e stringe,
      e con un mazzafrusto[166] all'acqua spinge.

12   Forza è ch'al fin nell'acqua il cavallo entre,
      ch'invan contrasta, e spende invano ogni opra[167]:
      bagna i genocchi, e poi la groppa e 'l ventre,
      indi la testa, e a pena appar di sopra.
      Tornare a dietro non si speri, mentre
      la verga tra l'orecchie se gli adopra[168].
      Misero! o si convien tra via[169] affogare,
      o nel lito african passare il mare[170].

13   Non vede Orlando più poppe né sponde[171]
      che tratto in mar l'avean dal lito asciutto;
      che son troppo lontane, e le nasconde
      agli occhi bassi[172] l'alto e mobil flutto:
      e tuttavia il destrier caccia[173] tra l'onde,
      ch'andar di là dal mar dispone in tutto[174].
      Il destrier, d'acqua pieno e d'alma[175] vòto,
      finalmente finì la vita e il nuoto.

14   Andò nel fondo, e vi traea la salma[176],
      se non si tenea[177] Orlando in su le braccia.
      Mena le gambe e l'una e l'altra palma,
      e soffia, e l'onda spinge[178] da la faccia.
      Era l'aria soave e il mare in calma:
      e ben vi bisognò più che bonaccia;
      ch'ogni poco che 'l mar fosse più sorto[179],
      restava il paladin ne l'acqua morto.

15   Ma la Fortuna, che dei pazzi ha cura,
      del mar lo trasse nel lito di Setta[180],

in una spiaggia, lungi da le mura
quanto sarian duo tratti di saetta[181].
Lungo il mar molti giorni alla ventura
verso levante andò correndo in fretta;
fin che trovò, dove tendea[182] sul lito
di nera gente esercito infinito.

269

RODOMONTE, ORLANDO PAZZO, ANGELICA

Nel cuore dell'Africa, non lontano dalle irraggiungibili sorgenti del Nilo, sta una città tutta d'oro, Nubia, capitale del leggendario regno cristiano dell'Etiopia, dove mai viaggiatore può metter piede, perché circondato da feroci genti pagane. Re d'Etiopia è Senàpo, detto altrimenti il Pretejanni, il più ricco sovrano del mondo, e il più infelice. Per una maledizione divina, avendo egli osato muovere alla conquista del Paradiso Terrestre col suo esercito montato su cammelli ed elefanti, Senàpo è privato della vista, e perseguitato dalle Arpie. Non può portare il cibo alla bocca senza che questi uccellacci calino dal cielo e rovescino e arraffino le vivande con le unghie e i denti, e imbrattino di fetide lordure quel che resta. La maledizione durerà – dice una profezia – finché non arriverà a Nubia un cavaliere volando su un destriero alato.

Stando così le cose, il giorno che nel cielo d'Etiopia apparve l'Ippogrifo con Astolfo in sella, lo accolsero come un angelo del cielo. – Non sono un angelo né un santo, – disse Astolfo, – ma sono pronto a fare tutto quel che posso.

Si sa che nessuno ha più disinvoltura d'Astolfo nel destreggiarsi con oggetti magici ed esseri soprannaturali. Ed è inevitabile che, a forza di passar di mano in mano, ogni cosa finisca per trovare la persona più adatta per tenerla. Così l'Ippogrifo e il corno magico erano rimasti in mano ad Astolfo, che se ne serviva per viaggiare incolume attraverso l'Africa impervia e incantata, in cerca d'alleati per la santa causa di Carlo Magno.

Persuaso che, dopo l'arrivo del cavallo che vola, le Arpie non si sarebbero più fatte vive, re Senàpo dà ordine d'imbandire finalmente un banchetto come si deve, in onore dell'ospite. Non avevano ancora portato alla bocca il primo cucchiaio di minestra, quando sentono un «Coach, coach…». I convitati alzano il capo. Un uccellaccio con la faccia d'arpia stava appollaiato sulla spalliera d'ogni sedia. Con uno strepito improvviso tutte le Arpie aprirono le ali e si buttarono sul cibo, sbranandolo e lordandolo.

Astolfo corre a slegare l'Ippogrifo e s'alza a volo. Presto il cielo fu tutto un arruffio di penne, pennacce nere e sozze di quei rapaci, e pennine candide e scattanti del cavallo alato. Astolfo dava di spada contro quei ventri gonfi, contro quelle zampe ricurve che ancora artigliavano prosciutti e provoloni. Ma lo spostamento d'aria dei fendenti faceva sì che le Arpie riuscissero a non esser mai colpite. Giù a terra si vedeva Re Senàpo piccolo piccolo che si strappava i capelli e la lordura d'uccello dal capo: neanche il cavallo alato poteva nulla contro la sua maledizione.

In quel momento Astolfo si ricordò che aveva il corno magico a tracolla. Lo porta alle labbra e soffia: al suono tremendo gli uccellacci voltano la coda e fuggono ad ali levate. Astolfo, dietro, sempre sfiatandosi a suonare.

All'orizzonte si profila un'immensa montagna sulla cui cima nascosta dalle nubi stanno le sorgenti del Nilo e il

Paradiso Terrestre d'Adamo ed Eva. Ai piedi della montagna s'apre una grotta nelle viscere della terra. È la bocca dell'Inferno. Là dentro si rifugiano le Arpie.

Astolfo s'inoltra in mezzo a un fumo di pece e subito dà contro due piedi femminili che pendono a mezz'aria. Sulla soglia dell'Inferno è l'ombra d'una donna impiccata, Lidia figlia del re di Lidia, dannata per la sua ingratitudine verso chi l'amava.

Tra tutti i pellegrini che mai calarono viventi nell'Oltretomba, Astolfo è il meno incline a indagini approfondite. Finché si tratta di constatare che sulle soglie dell'Inferno stanno gli amanti ingrati e fatui e ingannatori, questo è un tema che rientra nelle sue competenze; ascolta la confessione di Lidia figlia del re di Lidia, ma più in là non s'azzarda. S'affretta a tornare fuori e a murare la bocca dell'Inferno con sassi e tronchi d'albero; perché le Arpie vi restino chiuse, certo, ma forse anche con la segreta intenzione di non farci entrare più nessuno.

Lavatosi dal nerofumo infernale, Astolfo rimonta in sella. L'Ippogrifo vola oltre le nubi, fuori della sfera terrestre, e raggiunge la cima della montagna, che si innalza nel cielo della Luna. Sulle soglie del Paradiso Terrestre Astolfo è accolto da un santo poeta, Giovanni Evangelista. Con pacata cortesia ma senza tergiversare, Giovanni dice ad Astolfo che se crede d'esser salito lassù per qualche suo merito speciale si sbaglia di grosso: sappia che è solo uno strumento della volontà divina, per portar soccorso a Carlo Imperatore ed al suo esercito. La situazione sta in questi termini: Orlando che aveva avuto da Dio forza e invulnerabilità perché se ne servisse in difesa della santa fede, ha tralignato, innamorandosi d'una frivola pagana. Dio l'ha punito togliendogli il senno come già a Nabucodonosor, ma soltanto per tre mesi. Scaduti i tre mesi, Astolfo è stato qui chiamato appunto perché venga a riprendere il senno d'Orlando.

Nulla mai nell'universo va perduto. Le cose perse in Terra, dove vanno a finire? Sulla Luna. Nelle sue bianche valli si ritrovano la fama che non resiste al tempo, le preghiere in malafede, le lacrime e i sospiri degli amanti, il tempo sprecato dai giocatori. Ed è là che, in ampolle sigillate, si conserva il senno di chi ha perduto il senno, in tutto o in parte.

La Luna quella notte passava proprio vicino alla montagna. Astolfo e san Giovanni Evangelista, salendo sul carro d'Elia, vedono il corno lunare farsi enorme e la Terra, là in basso, impicciolire, diventare una pallina. Per distinguervi i continenti e gli oceani, Astolfo deve aguzzare le ciglia.

Passano la sfera del fuoco senza bruciarsi, entrano nella sfera della Luna, d'acciaio immacolato. La Luna è un mondo grande come il nostro, mari compresi. Vi sono fiumi, laghi, pianure, città, castelli, come da noi; eppure *altri* da quelli nostri. Terra e Luna, così come si scambiano dimensioni e immagine, così invertono le loro funzioni: vista di quassù, è la Terra che può esser detta il mondo della Luna; se la ragione degli uomini è quassù che si conserva, vuol dire che sulla Terra non è rimasta che pazzia (canto XXXIV, 48-89).

CANTO XXXIV

48 Poi monta il volatore, e in aria s'alza
     per giunger di quel monte in su la cima,
     che non lontan con la superna balza[1]
     dal cerchio de la luna esser si stima[2].
     Tanto è il desir che di veder lo 'ncalza,
     ch'al cielo aspira, e la terra non stima.
     De l'aria più e più sempre guadagna,
     tanto ch'al[3] giogo va de la montagna.

49 Zafir, rubini, oro, topazi e perle,
     e diamanti e crisoliti e iacinti[4]
     potriano i fiori assimigliar, che per le
     liete piaggie v'avea l'aura dipinti:

sì verdi l'erbe, che possendo averle
qua giù, ne fôran[5] gli smeraldi vinti;
né men belle degli arbori le frondi,
e di frutti e di fior sempre fecondi.

50   Cantan fra i rami gli augelletti vaghi
azzurri e bianchi e verdi e rossi e gialli.
Murmuranti ruscelli e cheti laghi
di limpidezza vincono i cristalli.
Una dolce aura che ti par che vaghi
a un modo sempre e dal suo stil non falli[6],
facea sì l'aria tremolar d'intorno,
che non potea noiar[7] calor del giorno:

51   e quella ai fiori, ai pomi e alla verzura
gli odor diversi depredando giva,
e di tutti faceva una mistura
che di soavità l'alma notriva.
Surgea un palazzo in mezzo alla pianura,
ch'acceso esser parea di fiamma viva:
tanto splendore intorno e tanto lume
raggiava, fuor d'ogni mortal costume.

52   Astolfo il suo destrier verso il palagio
che più di trenta miglia intorno aggira[8],
a passo lento fa muovere ad agio,
e quinci e quindi il bel paese ammira;
e giudica, appo quel[9], brutto e malvagio,
e che sia al ciel et a natura in ira[10]
questo ch'abitian noi fetido mondo:
tanto è soave quel, chiaro e giocondo.

53   Come egli è presso al luminoso tetto[11],
attonito riman di maraviglia;
che tutto d'una gemma è 'l muro schietto[12],
più che carbonchio[13] lucida e vermiglia.
O stupenda opra, o dedalo architetto[14]!
Qual fabrica tra noi le rassimiglia?

Taccia qualunque le mirabil sette
moli del mondo[15] in tanta gloria mette.

54   Nel lucente vestibulo di quella
felice casa un vecchio[16] al duca occorre[17],
che 'l manto ha rosso, e bianca la gonnella,
che l'un può al latte, e l'altro al minio opporre[18].
I crini ha bianchi, e bianca la mascella
di folta barba ch'al petto discorre[19];
et è sì venerabile nel viso,
ch'un degli eletti par del paradiso.

55   Costui con lieta faccia al paladino,
che riverente era d'arcion disceso,
disse: – O baron[20], che per voler divino
sei nel terrestre paradiso asceso;
come che[21] né la causa del camino,
né il fin[22] del tuo desir da te sia inteso,
pur credi che non senza alto misterio[23]
venuto sei da l'artico emisperio[24].

56   Per imparar come soccorrer déi
Carlo, e la santa fé tor di periglio
venuto meco a consigliar ti sei
per così lunga via, senza consiglio[25].
Né a tuo saper, né a tua virtù vorrei
ch'esser qui giunto attribuissi, o figlio;
che né il tuo corno, né il cavallo alato
ti valea, se da Dio non t'era dato[26].

57   Ragionerem più ad agio insieme poi,
e ti dirò come a procedere hai:
ma prima vienti a ricrear[27] con noi;
che 'l digiun lungo de' noiarti[28] ormai. –
Continuando il vecchio i detti suoi,
fece maravigliare il duca assai,
quando, scoprendo il nome suo, gli disse
esser colui che l'evangelio scrisse:

58   quel tanto al Redentor caro Giovanni,
      per cui il sermone tra i fratelli uscìo,
      che non dovea per morte finir gli anni;
      sì che fu causa che 'l figliuol di Dio
      a Pietro disse: – Perché pur t'affanni,
      s'io vo' che così aspetti il venir mio? –
      Ben che non disse: egli non de' morire,
      si vede pur che così vòlse dire[29].

59   Quivi fu assunto, e trovò compagnia,
      che prima Enoch, il patriarca, v'era;
      eravi insieme il gran profeta Elia,
      che non han vista ancor l'ultima sera[30];
      e fuor de l'aria pestilente e ria
      si goderan l'eterna primavera,
      fin che dian segno l'angeliche tube,
      che torni Cristo in su la bianca nube.

60   Con accoglienza grata[31] il cavalliero
      fu dai santi alloggiato in una stanza;
      fu provisto in un'altra al suo destriero
      di buona biada, che gli fu a bastanza.
      De' frutti a lui del paradiso diero,
      di tal sapor, ch'a suo giudicio, sanza
      scusa non sono i duo primi parenti[32],
      se per quei fur sì poco ubbidïenti.

61   Poi ch'a natura il duca aventuroso[33]
      satisfece di quel che se le debbe,
      come col cibo, così col riposo,
      che tutti e tutti i commodi quivi ebbe;
      lasciando già l'Aurora il vecchio sposo[34],
      ch'ancor per lunga età mai non l'increbbe,
      si vide incontra ne l'uscir del letto
      il discipul da Dio tanto diletto;

62   che lo prese per mano, e seco scórse[35]
      di molte cose di silenzio degne:

e poi disse: – Figliuol, tu non sai forse
che in Francia accada, ancor che tu ne vegne.
Sappi che 'l vostro Orlando, perché torse
dal camin dritto le commesse insegne[36],
è punito da Dio, che più s'accende
contra chi egli ama più, quando s'offende.

63 Il vostro Orlando, a cui nascendo diede
somma possanza Dio con sommo ardire,
e fuor de l'uman uso gli concede
che ferro alcun non lo può mai ferire;
perché a difesa di sua santa fede
così voluto l'ha constituire,
come Sansone incontra a' Filistei
costituì a difesa degli Ebrei:

64 renduto ha il vostro Orlando al suo Signore
di tanti benefici iniquo merto[37];
che quanto aver più lo dovea in favore,
n'è stato il fedel popul più deserto[38].
Sì accecato l'avea l'incesto[39] amore
d'una pagana, ch'avea già sofferto[40]
due volte e più venire[41] empio e crudele,
per dar la morte al suo cugin[42] fedele.

65 E Dio per questo fa ch'egli va folle,
e mostra nudo il ventre, il petto e il fianco;
e l'intelletto sì gli offusca e tolle,
che non può altrui conoscere, e sé manco[43].
A questa guisa si legge che volle
Nabuccodonosor[44] Dio punir anco,
che sette anni il mandò di furor pieno,
sì che, qual bue, pasceva l'erba e il fieno.

66 Ma perch'assai minor del paladino,
che di Nabucco, è stato pur l'eccesso[45],
sol di tre mesi dal voler divino
a purgar questo error termine è messo.

Né ad altro effetto[46] per tanto camino
salir qua su t'ha il Redentor concesso,
se non perché da noi modo tu apprenda,
come ad Orlando il suo senno si renda.

67   Gli è ver che ti bisogna altro vïaggio
far meco, e tutta abbandonar la terra.
Nel cerchio de la luna a menar t'aggio,
che dei pianeti a noi più prossima erra,
perché la medicina che può saggio
rendere Orlando, là dentro si serra.
Come la luna questa notte sia
sopra noi giunta, ci porremo in via. –

68   Di questo e d'altre cose fu diffuso
il parlar de l'apostolo quel giorno.
Ma poi che 'l sol s'ebbe nel mar rinchiuso,
e sopra lor levò la luna il corno,
un carro apparecchiòsi, ch'era ad uso[47]
d'andar scorrendo per quei cieli intorno:
quel già ne le montagne di Giudea
da' mortali occhi Elia levato avea[48].

69   Quattro destrier via più che fiamma rossi
al giogo il santo evangelista aggiunse;
e poi che con Astolfo rassettossi[49],
e prese il freno[50], inverso il ciel li punse.
Ruotando il carro, per l'aria levossi,
e tosto in mezzo il fuoco[51] eterno giunse;
che 'l vecchio fe' miracolosamente,
che, mentre lo passâr, non era ardente.

70   Tutta la sfera varcano del fuoco,
et indi vanno al regno de la luna.
Veggon per la più parte esser quel loco
come un acciar che non ha macchia alcuna;
e lo trovano uguale, o minor poco[52]
di ciò ch'in questo globo si raguna[53],

in questo ultimo[54] globo de la terra,
mettendo[55] il mar che la circonda e serra.

71   Quivi ebbe Astolfo doppia maraviglia:
che quel paese appresso[56] era sì grande,
il quale a un picciol tondo rassimiglia
a noi che lo miriam da queste bande;
e ch'aguzzar conviengli ambe le ciglia[57],
s'indi[58] la terra e 'l mar ch'intorno spande[59]
discerner vuol; che non avendo luce[60],
l'imagin lor poco alta si conduce[61].

72   Altri fiumi, altri laghi, altre campagne[62]
sono là su, che non son qui tra noi;
altri piani, altre valli, altre montagne,
c'han le cittadi, hanno i castelli[63] suoi,
con case de le quai mai le più magne
non vide il paladin prima né poi:
e vi sono ample e solitarie selve,
ove le ninfe ognor cacciano belve.

73   Non stette il duca a ricercare[64] il tutto;
che là non era asceso a quello effetto.
Da l'apostolo santo fu condutto
in un vallon fra due montagne istretto,
ove mirabilmente era ridutto[65]
ciò che si perde o per nostro diffetto,
o per colpa di tempo o di Fortuna:
ciò che si perde qui, là si raguna.

74   Non pur di regni o di ricchezze parlo,
in che la ruota instabile lavora[66];
ma di quel ch'in poter di tor, di darlo
non ha Fortuna, intender voglio ancora.
Molta fama è là su, che, come tarlo,
il tempo al lungo andar qua giù divora:
là su infiniti prieghi e voti stanno,
che da noi peccatori a Dio si fanno.

75   Le lacrime e i sospiri degli amanti,
l'inutil tempo che si perde a giuoco,
e l'ozio lungo d'uomini ignoranti,
vani disegni che non han mai loco[67],
i vani desidèri sono tanti[68],
che la più parte ingombran di quel loco:
ciò che in somma qua giù perdesti mai,
là su salendo ritrovar potrai.

76   Passando il paladin per quelle biche[69],
or di questo or di quel chiede alla guida.
Vide un monte di tumide[70] vesiche,
che dentro parea aver tumulti e grida;
e seppe ch'eran le corone antiche
e degli Assiri e de la terra lida[71],
e de' Persi e de' Greci, che già furo
incliti, et or n'è quasi il nome oscuro.

77   Ami d'oro e d'argento appresso vede
in una massa, ch'erano quei doni
che si fan con speranza di mercede
ai re, agli avari principi, ai patroni[72].
Vede in ghirlande ascosi lacci; e chiede,
et ode che son tutte adulazioni.
Di cicale scoppiate[73] imagine hanno
versi ch'in laude dei signor si fanno.

78   Di nodi d'oro e di gemmati ceppi
vede c'han forma i mal seguiti[74] amori.
V'eran d'aquile artigli; e che fur, seppi[75],
l'autorità ch'ai suoi dànno i signori.
I mantici ch'intorno han pieni i greppi[76],
sono i fumi[77] dei principi e i favori
che dànno un tempo ai ganimedi[78] suoi,
che se ne van col fior degli anni poi.

79   Ruine di cittadi e di castella
stavan con gran tesor quivi sozzopra[79].

Domanda, e sa che son trattati, e quella
congiura[80] che sì mal par che si cuopra.
Vide serpi con faccia di donzella,
di monetieri e di ladroni l'opra[81]:
poi vide boccie[82] rotte di più sorti,
ch'era il servir de le misere corti.

80   Di versate minestre una gran massa
vede, e domanda al suo dottor[83] ch'importe.
– L'elemosina è (dice) che si lassa
alcun, che fatta sia dopo la morte[84]. –
Di varii fiori ad un gran monte passa,
ch'ebbe già buono odore, or putia forte.
Questo era il dono (se però dir lece[85])
che Constantino al buon Silvestro fece[86].

81   Vide gran copia di panie[87] con visco,
ch'erano, o donne, le bellezze vostre.
Lungo sarà, se tutte in verso ordisco
le cose che gli fur quivi dimostre[88];
che dopo mille e mille io non finisco,
e vi son tutte l'occurrenzie nostre[89]:
sol la pazzia non v'è poca né assai;
che sta qua giù, né se ne parte mai.

82   Quivi ad alcuni giorni e fatti sui,
ch'egli già avea perduti, si converse[90];
che se non era interprete con lui,
non discernea le forme lor diverse[91].
Poi giunse a quel che par sì averlo a nui,
che mai per esso a Dio voti non fêrse[92];
io dico il senno: e n'era quivi un monte,
solo assai più che l'altre cose conte[93].

83   Era come un liquor suttile e molle[94],
atto a esalar[95], se non si tien ben chiuso;
e si vedea raccolto in varie ampolle,
qual più, qual men capace, atte a quell'uso.

Quella è maggior di tutte, in che del folle
signor d'Anglante era il gran senno infuso;
e fu da l'altre conosciuta, quando[96]
avea scritto di fuor: «Senno d'Orlando».

84   E così tutte l'altre avean scritto anco
il nome di color di chi[97] fu il senno.
Del suo gran parte vide il duca franco[98];
ma molto più maravigliar lo fenno
molti ch'egli credea che dramma manco[99]
non dovessero averne, e quivi dénno
chiara notizia che ne tenean poco;
che molta quantità n'era in quel loco.

85   Altri in amar lo perde, altri in onori,
altri in cercar, scorrendo il mar, ricchezze;
altri ne le speranze[100] de' signori,
altri dietro alle magiche sciocchezze[101];
altri in gemme, altri in opre di pittori,
et altri in altro che più d'altro aprezze[102].
Di sofisti[103] e d'astrologhi raccolto,
e di poeti ancor ve n'era molto.

86   Astolfo tolse il suo; che gliel concesse
lo scrittor de l'oscura Apocalisse[104].
L'ampolla in ch'era al naso sol si messe,
e par che quello al luogo suo ne gisse:
e che Turpin[105] da indi in qua confesse
ch'Astolfo lungo tempo saggio visse;
ma ch'uno error che fece poi, fu quello
ch'un'altra volta gli levò il cervello.

87   La più capace e piena ampolla, ov'era
il senno che solea far savio il conte,
Astolfo tolle; e non è sì leggiera,
come stimò, con l'altre essendo a monte[106].
Prima che 'l paladin da quella sfera
piena di luce alle più basse smonte,

menato fu da l'apostolo santo
in un palagio ov'era un fiume a canto[107];
88   ch'ogni sua stanza[108] avea piena di velli
di lin, di seta, di coton, di lana,
tinti in varii colori e brutti e belli.
Nel primo chiostro una femina cana
fila a un aspo traea da tutti quelli,
come veggiàn l'estate la villana
traer dai bachi le bagnate spoglie,
quando la nuova seta si raccoglie.
89   V'è chi, finito un vello, rimettendo
ne viene un altro, e chi ne porta altronde:
un'altra de le filze va scegliendo
il bel dal brutto che quella confonde.
– Che lavor si fa qui, ch'io non l'intendo? –
dice a Giovanni Astolfo; e quel risponde:
– Le vecchie son le Parche, che con tali
stami filano vite a voi mortali.

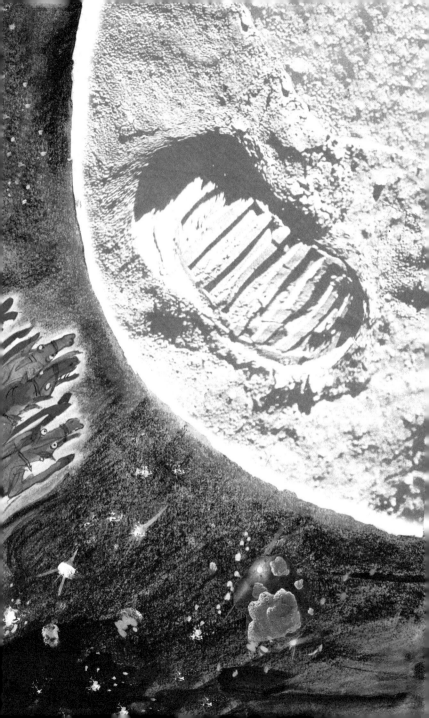

BRADAMANTE E MARFISA

Che Bradamante e Ruggiero s'amino non c'è dubbio, che siano predestinati a sposarsi è sicuro. Ma è pur certo che, finora, di stare insieme non hanno avuto molto tempo. Ogni volta che si ritrovano, superando cento traversie, succede sempre qualcosa per cui devono tornare a separarsi: o arriva una damigella in lacrime che chiede soccorso per un innocente, o ricevono una sfida che non si può non accettare, o re Agramante, ridotto a mal partito, ordina ai suoi cavalieri sparsi per il mondo d'accorrere al campo saraceno in pericolo. Come farà Ruggiero, che ha promesso alla sua Bradamante di raggiungerla al più presto per farsi battezzare cristiano e chiedere la sua mano al padre, duca Amone di Montalbano?

Ruggiero non vede l'ora di convertirsi al cristianesimo e di sposarsi, ma prima vuole avere la coscienza a posto come militare maomettano, se no potrebbe sembrare che cambi di religione per sottrarsi al suo dovere. Scrive una lettera a Bradamante spiegandole la cosa, e parte per il campo saraceno. Là trova che la discordia imperversa tra i più illustri commilitoni, ed egli stesso è coinvolto in quelle contese intestine: in particolare, ha con Mandricardo un duello così violento che pare ci lascino la vita tutti e due. Invece sarà solo il re dei Tartari a morire; Ruggiero si salva ma resterà malconcio per un po'. Intanto Bradamante è al castello di Montalbano che aspetta.

A seguirlo passo passo, Ruggiero pare in preda a una continua incertezza, ma è solo un'impressione. Leale capitano, cavaliere errante, fidanzato, predestinato dagli astri, futuro capostipite degli Estensi, Ruggiero è soprattutto un uomo con molte cose da fare: i suoi impegni s'accumulano e i suoi programmi sono sempre sovraccarichi.

Gli imprevisti della vita militare Bradamante li conosce, e sebbene frema d'impazienza, non perderebbe la sua fiducia in Ruggiero per un ritardo sia pur prolungato. Il guaio è che le notizie che arrivano ogni tanto, portate da cavalieri di passaggio, segnalano sempre la presenza, al fianco di Ruggiero, d'un'altra guerriera, la saracena Marfisa. Con Marfisa Ruggiero è partito per il campo, insieme a lei ha combattuto, è stata lei a curarlo delle ferite di Mandricardo. I pettegolezzi degli accampamenti fanno presto a correre per tutta la Francia, e non tardano a far breccia nel cuore di Bradamante, straziandola di gelosia e di rabbia. Tradirla, e per di più con una guerriera come lei, con la sua più diretta emula e avversaria! Dalla rabbia Bradamante passa alla disperazione e arriva al punto di rivolgere contro se stessa la spada, ma l'Angelo custode le ferma la mano e la esorta a sfogare il suo risentimento combattendo, sfidando il fedifrago Ruggiero e la rivale Marfisa.

Bradamante si mette in strada verso il campo d'Agramante. Presso Parigi, i Saraceni hanno avuto una gran rotta e ora si sono ritirati ad Arles, in Provenza. Durante il viaggio Bradamante come al solito ha occasione di compiere prodi e magnanime imprese, ma le compie con malinconia e distacco, con la mente altrove.

Una di queste imprese è nientemeno che il rituale duello imposto da Rodomonte a tutti i cavalieri sul ponte da lui custodito. È la trepidante Fiordiligi che l'ha chiamata, perché liberi il suo sposo Brandimarte, che nel duello con Rodomonte è stato sconfitto e preso prigioniero. Il re d'Algeri non ha mai avuto fortuna con le donne; Bradamante lo vince, e lui s'arrabbia tanto che si strappa l'armatura e la calpesta e va a nascondersi per sempre in una grotta.

Bradamante recupera Frontino, il cavallo di Ruggiero, ma non riesce a liberare Brandimarte; già Rodomonte aveva fatto trasportare i suoi prigionieri in Algeria. La desolata Fiordiligi vuol imbarcarsi ad Arles per seguire lo sposo; visto che passa di lì, Bradamante la prega di restituire il cavallo a Ruggiero e recapitargli nello stesso tempo un'anonima sfida a duello.

Fiordiligi entra nell'accampamento d'Arles, Bradamante resta fuori. Ruggiero, convalescente, riceve il cavallo e la sfida: una cortesia e un oltraggio abbinati; chi può essere questo suo nemico sconosciuto? La curiosità s'accende tra i cavalieri maomettani: uno di loro, Serpentino, domanda al re ed ottiene d'essere il primo a raccogliere la sfida. Bradamante lo butta giù di sella al primo scontro; poi gli ridà il cavallo e chiede di battersi contro un avversario più valente. Ma la stessa sorte tocca anche al secondo, Grandonio di Volterna. Terzo, s'avanza Ferraù. – Tu sei un avversario ben degno, – gli dice Bradamante, – ma è un altro che io voglio.

– Chi dunque?

– Ruggiero, – dice Bradamante, e s'imporpora in volto. Poi avanza a lancia in resta. Ferraù l'ha riconosciuta: non regge in sella neanche un minuto. Ora tocca a Ruggiero, non c'è scampo.

Ruggiero sta indossando l'armatura. Lo sconfitto Fer-

raù accorre: – Di', ma lo sai contro chi stai per batterti? È
Bradamante!

Adesso è Ruggiero che diventa tutto rosso.

In quel momento, sorpassando Ruggiero, Marfisa esce
in campo contro Bradamante. Le due guerriere rivali sono
faccia a faccia, Marfisa con una fenice sull'elmo, Bradamante col suo candido pennacchio. Si scagliano l'una sull'altra
come belve. Bradamante, forte della sua lancia incantata,
scavalca Marfisa, ma questa continua a battersi appiedata.
Gli altri Saraceni invadono il campo; Ruggiero è in mezzo a loro, e già il suo animo è diviso. Bradamante, appena
lo vede, non ha occhi che per lui; in mezzo ai colpi, trovano il modo di mormorarsi frasi di gelosia e d'amore. Ma
Bradamante non regge a battersi col suo amato; si ritrae in
un boschetto di cipressi, accanto a una tomba di marmo.
Marfisa la raggiunge; riprendono il duello; Ruggiero s'in-
tromette a separarle; Marfisa se ne adonta e duella con lui.
Gli vibra un fendente tremendo che per fortuna si conficca
in un cipresso. Trema la terra; dalla tomba s'ode una voce: –
Non sia lite tra voi! Tu, Ruggiero, e tu, Marfisa, sappiate che
siete fratello e sorella, anzi: gemella! (Canto XXXVI, 12-59)

CANTO XXXVI

12   Ruggier tenne[1] lo 'nvito allegramente,
      e l'armatura sua fece venire.
      Or mentre che s'armava al re presente,
      tornaron quei signor di nuovo a dire
      chi fosse il cavallier tanto eccellente,
      che di lancia sapea sì ben ferire;
      e Ferraù, che parlato gli avea,
      fu domandato se lo conoscea.

13   Rispose Ferraù: – Tenete certo
      che non è alcun di quei ch'avete detto.
      A me parea, ch'il vidi a viso aperto[2],
      il fratel di Rinaldo giovinetto[3]:

ma poi ch'io n'ho l'alto valore esperto[4],
e so che non può tanto Ricciardetto,
penso che sia la sua sorella, molto
(per quel ch'io n'odo) a lui simil di volto.

14   Ella ha ben fama d'esser forte a pare
del suo Rinaldo e d'ogni paladino;
ma, per quanto io ne veggo oggi, mi pare
che val più del fratel, più del cugino. –
Come Ruggier lei sente ricordare,
del vermiglio color che 'l matutino[5]
sparge per l'aria, si dipinge in faccia,
e nel cor triema, e non sa che si faccia.

15   A questo annunzio, stimulato e punto
da l'amoroso stral, dentro infiammarse,
e per l'ossa sentì tutto in un punto
correre un giaccio[6] che 'l timor vi sparse,
timor ch'un nuovo sdegno abbia consunto
quel grande amor che già per lui sì l'arse.
Di ciò confuso non si risolveva,
s'incontra uscirle, o pur restar doveva.

16   Or quivi ritrovandosi Marfisa,
che d'uscire alla giostra[7] avea gran voglia,
et era armata, perché in altra guisa
è raro, o notte o dì, che tu la coglia;
sentendo che Ruggier s'arma, s'avisa
che di quella vittoria ella si spoglia[8]
se lascia che Ruggiero esca fuor prima:
pensa ire inanzi, e averne il pregio[9] stima.

17   Salta a cavallo, e vien spronando in fretta
ove nel campo la figlia d'Amone
con palpitante cor Ruggiero aspetta,
desiderosa farselo prigione,
e pensa solo ove la lancia metta,
perché del colpo abbia minor lesione.

Marfisa se ne vien fuor de la porta,
e sopra l'elmo una fenice[10] porta;

18   o sia per sua superbia, dinotando[11]
se stessa unica al mondo in esser forte,
o pur sua casta intenzïon lodando[12]
di viver sempremai senza consorte.
La figliuola d'Amon la mira; e quando
le fattezze ch'amava non ha scorte,
come si nomi le domanda, et ode
esser colei che del suo amor si gode;

19   o per dir meglio, esser colei che crede
che goda del suo amor, colei che tanto
ha in odio e in ira, che morir si vede[13],
se sopra lei non vendica il suo pianto.
Volta il cavallo, e con gran furia riede,
non per desir di porla in terra, quanto
di passarle con l'asta in mezzo il petto,
e libera restar d'ogni suspetto[14].

20   Forza è a Marfisa ch'a quel colpo vada
a provar se 'l terreno è duro o molle;
e cosa tanto insolita le accada,
ch'ella n'è per venir[15] di sdegno folle.
Fu in terra a pena, che trasse la spada,
e vendicar di quel cader si volle.
La figliuola d'Amon non meno altiera
gridò: – Che fai?[16] tu sei mia prigioniera.

21   Se bene uso con gli altri cortesia,
usar teco, Marfisa, non la voglio,
come a colei che d'ogni villania
odo che sei dotata e d'ogni orgoglio. –
Marfisa a quel parlar fremer s'udia
come un vento marino in uno scoglio.
Grida, ma sì per rabbia si confonde,
che non può esprimer fuor quel che risponde[17].

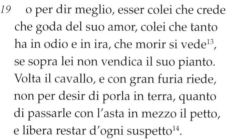

22   Mena la spada, e più ferir non mira[18]
lei, che 'l destrier, nel petto e ne la pancia:
ma Bradamante al suo la briglia gira,
e quel da parte subito si lancia;
e tutto a un tempo[19] con isdegno et ira
la figliuola d'Amon spinge la lancia,
e con quella Marfisa tocca a pena,
che la fa riversar sopra l'arena.

23   A pena ella fu in terra, che rizzosse,
cercando far con la spada mal'opra[20].
Di nuovo l'asta Bradamante mosse,
e Marfisa di nuovo andò sozzopra[21].
Ben che possente Bradamante fosse,
non però sì a Marfisa era di sopra[22],
che l'avesse ogni colpo riversata[23];
ma tal virtù ne l'asta era incantata[24].

24   Alcuni cavallieri in questo mezzo,
alcuni, dico, de la parte nostra[25],
se n'erano venuti dove, in mezzo
l'un campo e l'altro, si facea la giostra
(che non eran lontani un miglio e mezzo),
veduta la virtù che 'l suo dimostra[26];
il suo che non conoscono altrimente
che per un cavallier de la lor gente.

25   Questi vedendo il generoso figlio
di Troiano alle mura approssimarsi[27],
per ogni caso, per ogni periglio
non vòlse sproveduto ritrovarsi;
e fe' che molti all'arme dier di piglio,
e che fuor dei ripari appresentârsi.
Tra questi fu Ruggiero, a cui la fretta
di Marfisa la giostra avea intercetta[28].

26   L'inamorato giovene mirando
stava il successo[29], e gli tremava il core,

de la sua cara moglie[30] dubitando;
che di Marfisa ben sapea il valore.
Dubitò, dico, nel principio, quando
si mosse l'una e l'altra con furore;
ma visto poi come successe il fatto,
restò maraviglioso[31] e stupefatto:

27   e poi che fin la lite lor non ebbe,
come avean l'altre avute[32], al primo incontro,
nel cor profundamente gli ne 'ncrebbe,
dubbioso pur di qualche strano incontro[33].
De l'una egli e de l'altra il ben vorrebbe;
ch'ama amendue: non che da porre incontro
sien questi amori[34]: è l'un fiamma e furore,
l'altro benivolenza[35] più ch'amore.

28   Partita volentier la pugna[36] avria,
se con suo onor potuto avesse farlo.
Ma quei ch'egli avea seco in compagnia[37],
perché non vinca la parte di Carlo,
che già lor par che superior ne sia,
saltan nel campo[38], e vogliono turbarlo[39].
Da l'altra parte i cavallier cristiani
si fanno inanzi, e son quivi alle mani.

29   Di qua di là gridar si sente all'arme,
come usati eran far quasi ogni giorno.
Monti[40] chi è a piè, chi non è armato s'arme,
alla bandiera[41] ognun faccia ritorno!
dicea con chiaro e bellicoso carme[42]
più d'una tromba che scorrea d'intorno:
e come quelle svegliano i cavalli[43],
svegliano i fanti i timpani e i taballi[44].

30   La scaramuccia[45] fiera e sanguinosa,
quanto si possa imaginar, si mesce[46].
La donna di Dordona valorosa,
a cui mirabilmente aggrava e incresce[47]

che quel di ch'era tanto disïosa,
di por Marfisa a morte, non riesce;
di qua di là si volge e si raggira[48],
se Ruggier può veder, per cui sospira.

31   Lo riconosce all'aquila d'argento
c'ha nello scudo azzurro il giovinetto.
Ella con gli occhi e col pensiero intento
si ferma a contemplar le spalle e 'l petto,
le leggiadre fattezze, e 'l movimento
pieno di grazia; e poi con gran dispetto,
imaginando ch'altra ne gioisse,
da furore assalita così disse:

32   – Dunque baciar sì belle e dolce[49] labbia
deve altra, se baciar non le poss'io?
Ah non sia vero già ch'altra mai t'abbia;
che d'altra esser non déi, se non sei mio.
Più tosto che morir sola di rabbia,
che meco di mia man mori[50], disio;
che se ben qui ti perdo, almen l'inferno
poi mi ti renda, e stii meco in eterno.

33   Se tu m'occidi, è ben ragion che deggi
darmi de la vendetta anco conforto[51];
che voglion tutti gli ordini e le leggi,
che chi dà morte altrui debba esser morto.
Né par ch'anco il tuo danno il mio pareggi;
che tu mori a ragione, io moro a torto.
Farò morir chi brama, ohimè! ch'io muora;
ma tu, crudel, chi t'ama e chi t'adora.

34   Perché non déi tu, mano, essere ardita
d'aprir col ferro al mio nimico il core?
che tante volte a morte m'ha ferita
sotto la pace in sicurtà d'amore[52],
et or può consentir tormi la vita[53],
né pur aver pietà del mio dolore.

Contra questo empio ardisci, animo forte:
vendica mille miei con la sua morte. –

35   Gli sprona contra in questo dir, ma prima:
– Guàrdati (grida), perfido Ruggiero:
tu non andrai, s'io posso, de la opima[54]
spoglia del cor d'una donzella altiero. –
Come Ruggiero ode il parlare, estima
che sia la moglie[55] sua, com'era in vero,
la cui voce in memoria sì bene ebbe,
ch'in mille[56] riconoscer la potrebbe.

36   Ben pensa quel che le parole denno
volere inferir più[57]; ch'ella l'accusa
che la convenzïon[58] ch'insieme fenno,
non le osservava: onde per farne iscusa,
di volerle parlar le fece cenno:
ma quella già con la visiera chiusa
venìa dal dolor spinta e da la rabbia,
per porlo, e forse ove non era sabbia[59].

37   Quando Ruggier la vede tanto accesa,
si ristringe[60] ne l'arme e ne la sella:
la lancia arresta[61]; ma la tien sospesa[62],
piegata in parte ove non nuoccia a quella.
La donna, ch'a ferirlo e a fargli offesa
venìa con mente di pietà rubella[63],
non poté sofferir, come fu appresso,
di porlo in terra e fargli oltraggio espresso[64].

38   Così lor lance van d'effetto vòte
a quello incontro; e basta ben s'Amore
con l'un giostra e con l'altro, e gli percuote[65]
d'una amorosa lancia in mezzo il core.
Poi che la donna sofferir non puote
di far onta a Ruggier, volge il furore
che l'arde il petto, altrove; e vi fa cose
che saran, fin che giri il ciel[66], famose.

39 In poco spazio ne gittò per terra
    trecento e più con quella lancia d'oro.
    Ella sola quel dì vinse la guerra,
    messe ella sola in fuga il popul Moro.
    Ruggier di qua di là s'aggira et erra
    tanto, che se le accosta e dice: – Io moro,
    s'io non ti parlo: ohimè! che t'ho fatto io,
    che mi debbi fuggire? Odi, per Dio! –

40 Come ai meridional tiepidi venti,
    che spirano dal mare il fiato caldo,
    le nievi si disciolveno[67] e i torrenti,
    e il ghiaccio che pur dianzi era sì saldo;
    così a quei prieghi, a quei brevi lamenti
    il cor de la sorella di Rinaldo
    subito ritornò pietoso e molle,
    che[68] l'ira, più che marmo, indurar volle.

41 Non vuol dargli, o non puote, altra risposta;
    ma da traverso[69] sprona Rabicano,
    e quanto può dagli altri si discosta,
    et a Ruggiero accenna con la mano.
    Fuor de la moltitudine in reposta[70]
    valle si trasse, ov'era un piccol piano
    ch'in mezzo avea un boschetto di cipressi
    che parean d'una stampa, tutti impressi[71].

42 In quel boschetto era di bianchi marmi
    fatta di nuovo[72] un'alta sepoltura[73].
    Chi dentro giaccia, era con brevi carmi[74]
    notato a chi saperlo avesse cura.
    Ma quivi giunta Bradamante, parmi[75]
    che già non pose mente alla scrittura.
    Ruggier dietro il cavallo affretta e punge
    tanto, ch'al bosco e alla donzella giunge.

43 Ma ritorniamo a Marfisa che s'era
    in questo mezzo in sul destrier rimessa,

e venìa per trovar quella guerriera
che l'avea al primo scontro in terra messa:
e la vide partir fuor de la schiera,
e partir Ruggier vide e seguir essa;
né si pensò che per amor seguisse,
ma per finir con l'arme ingiurie e risse.

44   Urta[76] il cavallo, e vien dietro alla pésta[77]
tanto, ch'a un tempo con lor quasi arriva.
Quanto sua giunta[78] ad ambi sia molesta,
chi vive amando, il sa, senza ch'io 'l scriva.
Ma Bradamante offesa più ne resta,
che colei vede, onde il suo mal deriva.
Chi le può tor che non creda[79] esser vero
che l'amor ve la sproni di Ruggiero?

45   E perfido Ruggier di nuovo chiama.
– Non ti bastava, perfido (disse ella),
che tua perfidia sapessi per fama,
se non mi facevi anco veder quella?
Di cacciarmi da te veggo c'hai brama:
e per sbramar[80] tua voglia iniqua e fella,
io vo' morir; ma sforzerommi ancora
che muora meco chi[81] è cagion ch'io mora. –

46   Sdegnosa più che vipera, si spicca[82],
così dicendo, e va contra Marfisa;
et allo scudo l'asta sì le appicca[83],
che la fa a dietro riversare in guisa,
che quasi mezzo l'elmo in terra ficca;
né si può dir che sia colta improvisa[84]:
anzi fa incontra[85] ciò che far si puote;
e pure in terra del capo percuote.

47   La figliuola d'Amon, che vuol morire
o dar morte a Marfisa, è in tanta rabbia,
che non ha mente[86] di nuovo a ferire
con l'asta, onde a gittar di nuovo l'abbia;

    ma le pensa dal busto dipartire
    il capo mezzo fitto ne la sabbia:
    getta da sé la lancia d'oro, e prende
    la spada, e del destrier subito scende.

48   Ma tarda è la sua giunta[87]; che si trova
    Marfisa incontra, e di tanta ira piena
    (poi che s'ha vista[88] alla seconda prova
    cader sì facilmente su l'arena),
    che pregar nulla, e nulla gridar giova
    a Ruggier che di questo avea gran pena:
    sì l'odio e l'ira le guerriere abbaglia,
    che fan da disperate la battaglia.

49   A mezza spada[89] vengono di botto;
    e per la gran superbia che l'ha accese,
    van pur inanzi, e si son già sì sotto,
    ch'altro non puon che venire alle prese[90].
    Le spade, il cui bisogno era interrotto[91],
    lascian cadere, e cercan nuove offese[92].
    Priega Ruggiero e supplica amendue,
    ma poco frutto han le parole sue.

50   Quando pur[93] vede che 'l pregar non vale,
    di partirle per forza si dispone[94]:
    leva di mano ad amendua il pugnale,
    et al piè d'un cipresso li ripone[95].
    Poi che ferro non han più da far male,
    con prieghi e con minaccie s'interpone:
    ma tutto è invan; che la battaglia fanno
    a pugni e a calci, poi ch'altro non hanno.

51   Ruggier non cessa: or l'una or l'altra prende
    per le man, per le braccia, e la ritira;
    e tanto fa, che di Marfisa accende
    contra di sé, quanto si può più, l'ira.
    Quella che tutto il mondo vilipende[96],
    alla amicizia di Ruggier non mira[97].

Poi che da Bradamante si distacca,
corre alla spada, e con Ruggier s'attacca.

52   – Tu fai da discortese e da villano,
Ruggiero, a disturbar la pugna altrui;
ma ti farò pentir con questa mano
che vo' che basti a vincervi ambedui. –
Cerca Ruggier con parlar molto umano
Marfisa mitigar; ma contra lui
la trova in modo disdegnosa e fiera,
ch'un perder tempo ogni parlar seco era.

53   All'ultimo Ruggier la spada trasse,
poi che l'ira anco lui fe' rubicondo.
Non credo che spettacolo mirasse
Atene o Roma o luogo altro del mondo,
che così a' riguardanti dilettasse[98],
come dilettò questo e fu giocondo
alla gelosa Bradamante, quando[99]
questo le pose ogni sospetto in bando[100].

54   La sua spada avea tolta ella di terra,
e tratta s'era a riguardar da parte;
e le parea veder che 'l dio di guerra[101]
fosse Ruggiero alla possanza e all'arte.
Una furia infernal quando si sferra[102]
sembra Marfisa, se quel sembra Marte.
Vero è ch'un pezzo il giovene gagliardo
di non far il potere[103] ebbe riguardo.

55   Sapea ben la virtù de la sua spada;
che tante esperïenze n'ha già fatto.
Ove giunge[104], convien che se ne vada
l'incanto, o nulla giovi, e stia di piatto[105]:
sì che ritien che 'l colpo suo non cada[106]
di taglio o punta, ma sempre di piatto.
Ebbe a questo Ruggier lunga avvertenza:
ma perdé pure un tratto la pazienza;

56   perché Marfisa una percossa orrenda
      gli mena per dividergli la testa.
      Leva lo scudo che 'l capo difenda
      Ruggiero, e 'l colpo in su l'aquila[107] pesta[108].
      Vieta lo 'ncanto che lo spezzi o fenda;
      ma di stordir non però il braccio resta[109]:
      e s'avea altr'arme che quelle d'Ettorre,
      gli potea il fiero colpo il braccio tôrre[110]:

57   e saria sceso indi alla testa, dove
      disegnò di ferir[111] l'aspra donzella.
      Ruggiero il braccio manco a pena muove,
      a pena più sostien l'aquila bella.
      Per questo ogni pietà da sé rimuove;
      par che negli occhi avampi una facella[112]:
      e quanto può cacciar, caccia una punta[113].
      Marfisa, mal per te se n'eri giunta[114]!

58   Io non vi so ben dir come si fosse:
      la spada andò a ferire in un cipresso,
      e un palmo e più ne l'arbore cacciosse:
      in modo era piantato il luogo spesso[115].
      In quel momento il monte e il piano scosse
      un gran tremuoto; e si sentì con esso
      da quell'avel[116] ch'in mezzo il bosco siede,
      gran voce uscir, ch'ogni mortale eccede[117].

59   Grida la voce orribile[118]: – Non sia
      lite tra voi: gli è ingiusto et inumano
      ch'alla sorella il fratel morte dia,
      o la sorella uccida il suo germano.
      Tu, mio Ruggiero, e tu, Marfisa mia,
      credete al mio parlar che non è vano:
      in un medesimo utero d'un seme
      foste concetti, e usciste al mondo insieme[119].

La voce d'oltretomba è quella del mago Atlante sepolto proprio lì. Il vecchio mago era morto dal dolore di non poter trattenere più a lungo il suo pupillo. Dal suo avello egli svela le origini di Ruggiero e di Marfisa: come il re Ruggiero di Risa loro padre fu ucciso per tradimento dai cognati, passati alla parte maomettana; e come la madre li diede entrambi alla luce morendo naufraga sulla riva delle Sirti. Il mago Atlante allevò insieme i due gemelli, finché una masnada d'Arabi non rapì Marfisa.

La gelosia di Bradamante, che provocò la splendente zuffa tra le due guerriere, non ha più ragione d'essere. Marfisa le sarà cognata; ha già deciso di convertirsi immantinenti al cristianesimo e di combattere al fianco dei paladini per vendicare l'assassinio di suo padre. Bradamante s'aspetta che Ruggiero faccia altrettanto. Ma Ruggiero continua a essere legato al programma di priorità che s'è fissato: prima di prendere congedo da re Agramante, vuol compiere un atto di valore in battaglia al suo servizio, per sdebitarsi con lui. La stolta contesa con Mandricardo e le ferite ricevute gli avevano impedito fin qui di adempiere al suo debito. Bradamante e il destino devono pazientare ancora.

IL DUELLO DI RINALDO
E DI RUGGIERO

È in un brutto momento che Ruggiero torna al campo d'Agramante in Arles. Come se non bastassero i vuoti che si sono aperti nelle schiere maomettane, dall'Africa arrivano cattive notizie che nessuno s'aspettava: Astolfo ha guidato attraverso il deserto un esercito di Nubiani e ha conquistato Biserta. Agramante raduna un consiglio di guerra: conviene che l'armata saracena lasci la Francia per salvare l'Africa, oppure resista e, approfittando dell'assenza d'Orlando, cerchi di sconfiggere Carlo nel suo territorio? Marsilio re di Spagna è di questo secondo avviso, ma il vecchio e saggio Sobrino, sicuro che in campo aperto i Mori avrebbero la peggio, fa un'altra proposta: definire la guerra con il confronto di due campioni, accordandosi con Carlo in modo che il re del campione soccombente resti tributario dell'altro. È alla valentia di Ruggiero che re Agramante può confidare la sua sorte: dal canto suo Carlo Magno, accettando le regole della sfida, sceglie Rinaldo come proprio campione.

Ecco dunque dove la vicenda, passo passo, ha portato Ruggiero e Bradamante: da eroi d'epopea e d'avventura quali erano, tutto era calcolato per promuoverli al rango d'eroi di tragedia classica, straziati da un conflitto interiore. Ruggiero, per essere degno dell'onore che il suo re gli fa eleggendolo a campione, deve cercar d'uccidere il fratello della donna che ama; non può né augurarsi di vincere né rassegnarsi alla viltà. Bradamante deve assistere muta e immobile a un duello mortale tra il fidanzato e il fratello, un duello che comunque vada finirà con un lutto crudele e renderà impossibili le nozze (canto XXXVIII, 71-72).

CANTO XXXVIII

71   D'ogni fin che sortisca la contesa[1],
     a lei non può venirne altro che doglia.
     Ch'abbia a morir Ruggiero in questa impresa,
     pensar non vuol; che par che 'l cor le toglia[2].
     Quando anco[3], per punir più d'una offesa,
     la ruina di Francia Cristo voglia,
     oltre che sarà morto il suo fratello,
     seguirà un danno a lei più acerbo e fello:
72   che non potrà, se non con biasmo e scorno,
     e nimicizia di tutta sua gente,
     fare al marito[4] suo mai più ritorno,
     sì che lo sappia ognun publicamente,
     come s'avea, pensando notte e giorno,
     più volte disegnato ne la mente:
     e tra lor era la promessa tale,
     che 'l ritrarsi e il pentir più poco vale[5].

Per fortuna le è vicina la Maga Melissa, che promette di ricorrere alle sue arti negromantiche per scongiurare la tragedia (canto XXXVIII, 77-81).

77   Non molto dopo, istrutto[6] a schiera a schiera,
      si vide uscir l'esercito pagano.
      In mezzo armato e suntuoso[7] v'era
      di barbarica pompa il re africano;
      e s'un baio corsier di chioma nera,
      di fronte bianca, e di duo piè balzano[8],
      a par a par con lui venìa Ruggiero,
      a cui servir non è Marsilio altiero[9].

78   L'elmo, che dianzi con travaglio tanto
      trasse di testa al re di Tartaria[10],
      l'elmo, che celebrato in maggior canto[11]
      portò il troiano Ettòr mill'anni pria,
      gli porta il re Marsilio a canto a canto[12]:
      altri principi et altra baronia
      s'hanno partite l'altr'arme fra loro,
      ricche di gioie e ben fregiate d'oro.

79   Da l'altra parte fuor dei gran ripari
      re Carlo uscì con la sua gente d'arme,
      con gli ordini medesmi e modi pari
      che terria se venisse al fatto d'arme.
      Cingonlo intorno i suoi famosi pari[13];
      e Rinaldo è con lui con tutte l'arme,
      fuor che l'elmo che fu del re Mambrino[14],
      che porta Ugier Danese[15] paladino.

80   E di due azze[16] ha il duca Namo l'una,
      e l'altra Salamon re di Bretagna.
      Carlo da un lato i suoi tutti raguna;
      da l'altro son quei d'Africa e di Spagna.
      Nel mezzo non appar persona alcuna:
      vòto riman gran spazio di campagna,
      che per bando commune a chi vi sale,
      eccetto ai duo guerrieri, è capitale[17].

81   Poi che de l'arme la seconda eletta[18]
      si diè al campion del populo pagano,

duo sacerdoti, l'un de l'una setta[19],
l'altro de l'altra, uscîr coi libri in mano.
In quel del nostro è la vita perfetta
scritta di Cristo[20]; e l'altro è l'Alcorano[21].
Con quel de l'Evangelio si fe' inante
l'imperator, con l'altro il re Agramante.

I due campioni combattono appiedati, armati d'azza, che
sarebbe un'asta con in cima una testa di martello. Ruggiero
bada solo a difendersi, nel terrore di macchiarsi del sangue del futuro cognato; mentre Rinaldo, che non sa nulla dell'innamoramento della sorella, attacca con accanimento. I Saraceni, vedendo l'inferiorità del loro campione,
si disperano; in quel momento ecco che un guerriero gigantesco accorre alla tribuna d'Agramante. È Rodomonte, tornato dal suo sdegnoso ritiro, che esorta il re a rompere i patti e a invadere il campo con le sue schiere; non
c'è altra via di salvezza per loro; lui Rodomonte è pronto ad assumersi ogni responsabilità d'aver violato gli ac-
cordi. «Se Rodomonte è con noi, i rapporti di forze cam-
biano a nostro favore», pensa Agramante e irrompe con
l'esercito spiegato. Decisione precipitata oltre che scorret-
ta: perché quel che gli era sembrato Rodomonte in carne
e ossa altro non era che un'apparizione evocata dalle magie di Melissa per trarlo in inganno e liberare Ruggiero e
Bradamante dal loro conflitto interiore.

Nella zuffa, i Cristiani contrattaccano i nemici sleali con
furore, e dove la battaglia è più fitta scattano appaiate le
lance delle due micidiali cognate: Bradamante e Marfisa
(canto XXXIX, 1-15).

CANTO XXXIX

1   L'affanno di Ruggier ben veramente
      è sopra ogn'altro duro, acerbo e forte,

di cui[22] travaglia il corpo, e più la mente,
poi che di due fuggir[23] non può una morte;
o da Rinaldo, se di lui possente
fia meno, o se fia più, da la consorte[24]:
che se 'l fratel le uccide, sa ch'incorre
ne l'odio suo, che più che morte aborre[25].

2   Rinaldo, che non ha simil pensiero,
in tutti i modi alla vittoria aspira:
mena de l'azza[26] dispettoso e fiero;
quando alle braccia e quando al capo mira.
Volteggiando con l'asta il buon Ruggiero
ribatte il colpo, e quinci e quindi gira;
e se percuote pur, disegna[27] loco
ove possa a Rinaldo nuocer poco.

3   Alla più parte dei signor pagani
troppo par disegual esser la zuffa:
troppo è Ruggier pigro a menar le mani,
troppo Rinaldo il giovine ribuffa[28].
Smarrito in faccia il re degli Africani
mira l'assalto, e ne sospira e sbuffa:
et accusa Sobrin, da cui procede
tutto l'error, che 'l mal consiglio diede.

4   Melissa in questo tempo, ch'era fonte
di quanto sappia incantatore o mago,
avea cangiata la feminil fronte[29],
e del gran re d'Algier presa l'imago:
sembrava al viso, ai gesti Rodomonte,
e parea armata di pelle di drago[30];
e tal lo scudo e tal la spada al fianco
avea, quale usava egli, e nulla manco.

5   Spinse il demonio inanzi al mesto figlio
del re Troiano, in forma di cavallo[31];
e con gran voce e con turbato ciglio[32]
disse: – Signor, questo è pur troppo fallo[33],

ch'un giovene inesperto a far periglio,
contra un sì forte e sì famoso Gallo
abbiate eletto in cosa di tal sorte,
che 'l regno e l'onor d'Africa n'importe[34].

6   Non si lassi seguir[35] questa battaglia,
che ne sarebbe in[36] troppo detrimento.
Su Rodomonte sia, né ve ne caglia,
l'avere il patto rotto e 'l giuramento[37].
Dimostri ognun come sua spada taglia:
poi ch'io ci sono, ognun di voi val cento. –
Poté questo parlar sì in Agramante,
che senza più pensar si cacciò inante.

7   Il creder d'aver seco il re d'Algieri
fece che si curò poco del patto;
e non avria di mille cavallieri
giunti in suo aiuto sì gran stima fatto.
Perciò lancie abbassar, spronar destrieri
di qua di là veduto fu in un tratto.
Melissa, poi che con sue finte larve[38]
la battaglia attaccò, subito sparve.

8   I duo campion che vedeno turbarsi[39]
contra ogni accordo, contra ogni promessa,
senza più l'un con l'altro travagliarsi,
anzi ogni ingiuria avendosi rimessa[40],
fede si dàn, né qua né là impacciarsi,
fin che la cosa non sia meglio espressa[41],
chi stato sia che i patti ha rotto inante,
o 'l vecchio Carlo, o 'l giovene Agramante.

9   E replican con nuovi giuramenti
d'esser nimici a chi mancò di fede.
Sozzopra se ne van[42] tutte le genti:
chi porta inanzi, e chi ritorna[43] il piede.
Chi sia fra i vili, e chi tra i più valenti
in un atto medesimo[44] si vede:

son tutti parimente al correr presti;
ma quei corrono inanzi, e indietro questi.

10 Come levrier che la fugace fera[45]
correre intorno et aggirarsi mira,
né può con gli altri cani andare in schiera,
che 'l cacciator lo tien, si strugge d'ira,
si tormenta, s'affligge e si dispera,
schiattisce[46] indarno, e si dibatte e tira;
così sdegnosa infin allora stata
Marfisa era quel dì con la cognata[47].

11 Fin a quell'ora avean quel dì vedute
sì ricche prede[48] in spazïoso piano;
e che fosser dal patto ritenute
di non poter seguirle[49] e porvi mano[50],
ramaricate s'erano e dolute,
e n'avean molto sospirato invano.
Or che i patti e le triegue vider rotte,
liete saltâr ne l'africane frotte.

12 Marfisa cacciò l'asta per lo petto
al primo che scontrò, due braccia dietro[51]:
poi trasse il brando, e in men che non l'ho detto,
spezzò quattro elmi, che sembrâr di vetro.
Bradamante non fe' minore effetto;
ma l'asta d'or tenne diverso metro[52]:
tutti quei che toccò, per terra mise;
duo tanti[53] fur, né però alcuno uccise.

13 Questo sì presso l'una all'altra fêro,
che testimonie[54] se ne fur tra loro;
poi si scostaro, e a ferir si diero,
ove le trasse l'ira, il popul Moro.
Chi potrà conto aver d'ogni guerriero
ch'a terra mandi quella lancia d'oro?
o d'ogni testa che tronca o divisa[55]
sia da la orribil spada di Marfisa?

14   Come al soffiar de' più benigni venti,
      quando Apennin scuopre[56] l'erbose spalle,
      muovonsi a par duo turbidi torrenti
      che nel cader fan poi diverso calle;
      svellono i sassi e gli arbori eminenti[57]
      da l'alte ripe, e portan ne la valle
      le biade e i campi[58]; e quasi a gara fanno
      a chi far può nel suo camin più danno:

15   così le due magnanime guerriere,
      scorrendo il campo per diversa strada,
      gran strage fan ne l'africane schiere,
      l'una con l'asta, e l'altra con la spada.
      Tiene Agramante a pena alle bandiere[59]
      la gente sua, ch'in fuga non ne vada.
      Invan domanda, invan volge la fronte;
      né può saper che sia di Rodomonte.

Tra gli africani, re Marsilio e re Sobrino non vogliono aver a che fare con un re mancatore di parola e abbandonano Agramante. Egli è solo nella disfatta, inseguito da quelle due tigri agilissime e spietate che sono Marfisa e Bradamante sul campo di battaglia. Una sola via di salvezza gli resta, ed è la flotta: il re sconfitto salpa verso l'Africa (canto XXXIX, 66-73).

66   Fu quasi il re Agramante abbandonato
      nel pericol maggior di quella guerra;
      che con molti pagani era tornato
      Marsilio e 'l re Sobrin dentro alla terra[60];
      poi su l'armata[61] è questo e quel montato,
      che dubbio avean di non salvarsi in terra;
      e duci e cavallier del popul Moro
      molti seguito avean l'esempio loro.

67   Pure Agramante la pugna sostiene;
      e quando finalmente più non puote,

volta le spalle, e la via dritta tiene
alle porte[62] non troppo indi remote.
Rabican dietro in gran fretta gli viene,
che Bradamante stimola e percuote:
d'ucciderlo era disïosa molto;
che tante volte il suo Ruggier le ha tolto.

68 Il medesmo desir Marfisa avea,
per far del padre suo tarda vendetta[63];
e con gli sproni, quanto più potea,
facea il destrier sentir ch'ella avea fretta.
Ma né l'una né l'altra vi giungea
sì a tempo, che la via fosse intercetta[64]
al re d'entrar ne la città serrata,
et indi poi salvarsi in su l'armata[65].

69 Come due belle e generose parde[66]
che fuor del lascio[67] sien di pari uscite,
poscia ch'i cervi o le capre[68] gagliarde
indarno aver si veggano seguite,
vergognandosi quasi, che fur tarde,
sdegnose se ne tornano e pentite;
così tornâr le due donzelle, quando
videro il pagan salvo, sospirando.

70 Non però si fermâr; ma ne la frotta
degli altri che fuggivano cacciârsi,
di qua di là facendo ad ogni botta
molti cader senza mai più levarsi.
A mal partito era la gente rotta,
che per fuggir[69] non potea ancor salvarsi;
ch'Agramante avea fatto per suo scampo
chiuder la porta ch'uscia verso il campo,

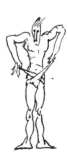

71 e fatto sopra il Rodano tagliare
i ponti tutti. Ah sfortunata plebe,
che dove del tiranno utile appare,
sempre è in conto di pecore e di zebe[70]!
Chi s'affoga nel fiume e chi nel mare,

chi sanguinose fa di sé le glebe.
Molti perîr, pochi restâr prigioni;
che pochi a farsi taglia erano buoni[71].

72   De la gran moltitudine ch'uccisa
fu da ogni parte[72] in questa ultima guerra
(ben che la cosa non fu ugual divisa;
ch'assai più andâr dei Saracin sotterra
per man di Bradamante e di Marfisa),
se ne vede ancor segno in quella terra;
che presso ad Arli, ove il Rodano stagna,
piena di sepolture è la campagna[73].

73   Fatto avea intanto il re Agramante sciorre[74],
e ritirar in alto[75] i legni gravi,
lasciando alcuni, e i più leggieri, a tôrre
quei che volean salvarsi in su le navi.
Vi ste' duo dì per chi fuggia raccorre,
e perché venti[76] eran contrari e pravi:
fece lor dar le vele[77] il terzo giorno;
ch'in Africa credea di far ritorno.

Naviga per tre giorni, e una gran squadra di galee cristiane gli sbarra il passo. Una nube di frecce subissa la nave d'Agramante, poi una valanga di sassi lanciati da catapulte; e le falariche incendiarie fanno il resto (canto XXXIX, 83-85).

83   D'alto cader sente gran sassi e gravi
da machine[78] cacciati e da tormenti;
e prore e poppe fraccassar de navi,
et aprire[79] usci[80] al mar larghi e patenti[81];
e 'l maggior danno è de l'incendi pravi,
a nascer presti, ad ammorzarsi lenti.
La sfortunata ciurma si vuol tôrre
del gran periglio, e via più ognor vi corre.

84   Altri che 'l ferro e l'inimico caccia[82],
      nel mar si getta, e vi s'affoga e resta:
      altri che muove a tempo piedi e braccia,
      va per salvarsi o in quella barca o in questa;
      ma quella, grave oltre il dover, lo scaccia,
      e la man, per salir troppo molesta,
      fa restare attaccata ne la sponda:
      ritorna il resto a far sanguigna l'onda[83].

85   Altri[84] che spera in mar salvar la vita,
      o perderlavi almen con minor pena,
      poi che notando non ritrova aita,
      e mancar sente l'animo e la lena,
      alla vorace fiamma c'ha fuggita,
      la tema di annegarsi anco rimena:
      s'abbraccia a un legno ch'arde, e per timore
      c'ha di due morte[85], in ambe se ne muore.

Ma da dov'era uscita questa flotta cristiana che nessuno sapeva che esistesse? L'aveva fatta sorgere per incantesimo Astolfo, gettando in mare una manciata di ramoscelli e foglioline…

Come aveva fatto Astolfo, da solo, a conquistare tutta l'Africa? Astolfo crede nelle infinite analogie che le parole stabiliscono tra le cose, e il suo protettore, san Giovanni Evangelista – se è vero che ha scritto l'Apocalisse – sa che il mondo è tutto fatto di metafore.

Quali sono gli ostacoli che si presentano a chi vuole condurre un esercito dall'Etiopia alla Sirte? Prima di tutto il vento che solleva tempeste di sabbia nel deserto. Ma non diciamo che il vento si leva? Allora basterà andare là dove il vento dorme. Non diciamo che il vento soffia? Un soffio, se gonfia un otre, resta prigioniero.

Astolfo va alla caverna dove dorme Noto, il vento del Sud, e applica un otre allo spiraglio. Al mattino quando Noto si sveglia e vuol uscire, resta chiuso nell'otre. Astolfo torna col vento imprigionato nel sacco e dà il via alle truppe. Lunghe file di soldati e cammelli ed elefanti attraversano il deserto senza che s'alzi un granello di sabbia.

Altra difficoltà: in Nubia non esistono cavalli. Finché si

marcia nel deserto, cammelli e elefanti sono quello che ci vuole, ma quando s'arriva ai monti dell'Atlante e si deve muovere all'assalto delle città della costa, ci vorrebbe uno schieramento di cavalleria, per precipitarsi su Biserta come una valanga. Come una valanga… Astolfo sale sulla cresta della montagna, e si mette a far franare pietre giù per il pendio. Ogni pietra rotolando fa rotolare altre pietre, e rotolando rimbombano come zoccoli, rimbalzano come garretti, sgroppano come groppe, caracollano, ecco che mettono fuori gambe e code e colli, eco che levano musi e criniere e nitriti… (Canto XXXVIII, 29-34)

CANTO XXXVIII

29 La notte inanzi il dì che a suo camino
l'esercito di Nubia dovea porse,
montò su l'ippogrifo il paladino,
e verso mezzodì con fretta corse,
tanto che[1] giunse al monte che l'austrino[2]
vento produce e spira contra l'Orse.
Trovò la cava, onde per stretta bocca,
quando si desta, il furïoso scocca[3].

30 E come raccordògli[4] il suo maestro,
avea seco arrecato un utre[5] vòto,
il qual, mentre ne l'antro oscuro e alpestro,
affaticato dorme il fiero Noto,
allo spiraglio pon tacito e destro:
et è l'aguato in modo al vento ignoto,
che, credendosi uscir fuor la dimane,
preso e legato in quello utre rimane.

31 Di tanta preda il paladino allegro,
ritorna in Nubia, e la medesma luce[6]
si pone a caminar col popul negro,
e vettovaglia dietro si conduce.
A salvamento con lo stuolo integro[7]

verso l'Atlante il glorïoso duce
pel mezzo vien de la minuta sabbia[8],
senza[9] temer che 'l vento a nuocer gli abbia.

32   E giunto poi di qua dal giogo[10], in parte
onde il pian si discuopre e la marina,
Astolfo elegge la più nobil parte
del campo[11], e la meglio atta a disciplina;
e qua e là per ordine la parte[12]
a piè d'un colle, ove nel pian confina[13].
Quivi la lascia, e su la cima ascende
in vista[14] d'uom ch'a gran pensieri intende[15].

33   Poi che, inchinando le ginocchia, fece
al santo[16] suo maestro orazïone,
sicuro che sia udita la sua prece,
copia di sassi a far cader si pone.
Oh quanto a chi ben crede in Cristo, lece!
I sassi, fuor di natural ragione
crescendo, si vedean venire in giuso,
e formar ventre e gambe e collo e muso[17]:

34   e con chiari anitrir[18] giù per quei calli
venian saltando, e giunti poi nel piano
scuotean le groppe, e fatti eran cavalli,
chi baio e chi leardo[19] e chi rovano[20].
La turba ch'aspettando ne le valli
stava alla posta[21], lor dava di mano:
sì che in poche ore fur tutti montati[22];
che con sella e con freno erano nati.

Astolfo torna con una mandria di cavalli immensa: ce n'è da montare ottantamilacentodue cavalieri nubiani e assaltare Biserta. Ma a che vale conquistare Biserta se poi non si hanno navi per portar soccorso a Carlo in Francia? Quello di Nubia è un esercito terrestre; non possiede neanche un legno, neanche un guscio… Legno… Guscio… Astolfo in riva al mare si mette a giocherellare, a buttare in acqua pezzi di corteccia e ramoscelli e ghiande, e li guarda galleggiare come un bambino... Un'ondata li innalza, li travolge; riemergono trasformati in una flotta di galeoni e fuste e brigantini (canto XXXIX, 25-28).

25   Avendo Astolfo esercito infinito
    da non gli far sette Afriche difesa;
    e rammentando[23] come fu ammonito
    dal santo vecchio che gli diè l'impresa
    di tor Provenza e d'Acquamorta il lito
    di man di Saracin che l'avean presa;
    d'una gran turba fece nuova eletta[24],
    quella ch'al mar gli parve manco inetta.

26   Et avendosi piene ambe le palme,
    quanto potean capir[25], di varie fronde
    a lauri, a cedri tolte, a olive, a palme,
    venne sul mare, e le gittò ne l'onde.
    Oh felici, e dal ciel ben dilette alme!
    Grazia che Dio raro[26] a' mortali infonde!
    Oh stupendo miracolo che nacque
    di quelle frondi, come fur ne l'acque!

27   Crebbero in quantità fuor d'ogni stima[27];
    si feron curve e grosse e lunghe e gravi;
    le vene[28] ch'attraverso aveano prima,
    mutaro in dure spranghe e in grosse travi:
    e rimanendo acute invêr la cima,
    tutte in un tratto diventaro navi
    di differenti qualitadi, e tante,
    quante raccolte fur da varie piante[29].

28   Miracol fu veder le fronde sparte
    produr fuste[30], galee, navi da gabbia[31].
    Fu mirabile ancor, che vele e sarte[32]
    e remi avean, quanto alcun legno n'abbia.

Non mancò al duca poi chi avesse l'arte
di governarsi alla ventosa rabbia[33];
che di Sardi e di Corsi non remoti[34],
nocchier, padron, pennesi ebbe e piloti[35].

La nave saracena che trasporta i prigionieri di Rodomonte entra nel porto di Biserta non sapendo che è in mano
cristiana. Brandimarte, Oliviero e Sansonetto si ritrovano
tra amici. Mentre festeggiano la liberazione con Astolfo e
con Dudone che, già prigioniero a Biserta, è stato liberato anche lui, s'ode un frastuono: un uomo nudo e pazzo,
armato di clava, va seminando rovina per la costa.

Nessuno sa chi è, nessuno osa fermarlo. Ed ecco che
arriva al galoppo una giovane donna. È la sempre trafe-
lata Fiordiligi che aveva seguito dalla Francia all'Africa
lo sposo Brandimarte e nei suoi itinerari aveva incontrato più volte quell'uomo nudo. Ora finalmente Fiordiligi
è arrivata al fine delle sue peregrinazioni, che è sì quello di riabbracciare lo sposo, ma pure quello di identifica-
re Orlando nel pazzo scatenato ed esclamare indicando-
lo: – Eccovi il conte!

Ora non resta che rendere a Orlando il senno perduto.
Basterebbe applicargli al naso l'ampolla che Astolfo ha re-
cuperato sulla Luna e fargli inalare il contenuto. Ma è una
cosa più facile da dire che da fare, con quell'energumeno.
Ci vogliono le forze unite dei cinque paladini presenti per
ridurlo – letteralmente – alla ragione (canto XXXIX, 36-61).

36   Il duca Astolfo e la compagnia bella,
      che ragionando insieme si trovaro,
      in un momento armati furo e in sella,
      e verso il maggior grido in fretta andaro,
      di qua di là cercando pur novella
      di quel romore; e in loco capitaro,

ove videro un uom tanto feroce,
che nudo e solo a tutto 'l campo nuoce[36].

37   Menava un suo baston di legno in volta,
che era sì duro e sì grave e sì fermo,
che declinando quel, facea ogni volta
cader in terra un uom peggio ch'infermo.
Già a più di cento avea la vita tolta;
né più se gli facea riparo o schermo,
se non tirando di lontan saette:
d'appresso non è alcun già che l'aspette.

38   Dudone, Astolfo, Brandimarte, essendo
corso in fretta al romore, ed Oliviero,
de la gran forza e del valor stupendo
stavan maravigliosi[37] di quel fiero;
quando venir s'un palafren correndo
videro una donzella in vestir nero,
che corse a Brandimarte e salutollo,
e gli alzò a un tempo ambe le braccia al collo.

39   Questa era Fiordiligi, che sì acceso
avea d'amor per Brandimarte il core,
che quando al ponte stretto il lasciò preso,
vicina ad impazzar fu di dolore.
Di là dal mare era passata, inteso
avendo dal pagan che ne fu autore,
che mandato con molti cavallieri
era prigion ne la città d'Algieri.

40   Quando fu per passare, avea trovato
a Marsilia una nave di Levante[38],
ch'un vecchio cavalliero avea portato
de la famiglia del re Monodante[39];
il qual molte province avea cercato[40],
quando per mar, quando per terra errante,
per trovar Brandimarte; che nuova ebbe
tra via[41] di lui, ch'in Francia il troverebbe.

41   Et ella, conosciuto che Bardino
      era costui, Bardino che rapito
      al padre Brandimarte piccolino,
      et a Ròcca Silvana avea notrito[42],
      e la cagione intesa del camino,
      seco fatto l'avea scioglier[43] dal lito,
      avendogli narrato in che maniera
      Brandimarte passato in Africa era.

42   Tosto che furo a terra, udîr le nuove,
      ch'assediata d'Astolfo era Biserta:
      che seco Brandimarte si ritrove
      udito avean, ma non per cosa certa.
      Or Fiordiligi in tal fretta si muove,
      come lo vede, che ben mostra aperta
      quella allegrezza ch'i precessi[44] guai
      le fêro la maggior ch'avesse mai.

43   Il gentil cavallier, non men giocondo
      di veder la diletta e fida moglie
      ch'amava più che cosa altra del mondo,
      l'abraccia e stringe e dolcemente accoglie:
      né per saziare al primo né al secondo
      né al terzo bacio era l'accese voglie;
      se non ch'alzando gli occhi ebbe veduto
      Bardin che con la donna era venuto.

44   Stese le mani, et abbracciar lo volle,
      e insieme domandar perché venìa;
      ma di poterlo far tempo gli tolle[45]
      il campo[46] ch'in disordine fuggia
      dinanzi a quel baston che 'l nudo folle
      menava intorno, e gli facea dar via[47].
      Fiordiligi mirò quel nudo in fronte,
      e gridò a Brandimarte: – Eccovi il conte! –

45   Astolfo tutto a un tempo[48], ch'era quivi,
      che questo Orlando fosse, ebbe palese

LA CORAZZA

per alcun segno che dai vecchi divi
su nel terrestre paradiso intese[49].
Altrimente restavan tutti privi
di cognizion di quel signor cortese;
che per lungo sprezzarsi[50], come stolto[51],
avea di fera, più che d'uomo, il volto.

46   Astolfo per pietà che gli traffisse
il petto e il cor, si volse lacrimando;
et a Dudon (che gli era appresso) disse,
et indi ad Oliviero: – Eccovi Orlando! –
Quei gli occhi alquanto e le palpèbre fisse
tenendo in lui, l'andâr raffigurando[52];
e 'l ritrovarlo in tal calamitade,
gli empì di maraviglia e di pietade.

47   Piangeano quei signor per la più parte:
sì lor ne dolse, e lor ne 'ncrebbe tanto.
– Tempo è (lor disse Astolfo) trovar arte
di risanarlo, e non di fargli il pianto[53]. –
E saltò a piedi, e così Brandimarte,
Sansonetto, Oliviero e Dudon santo[54];
e s'aventaro al nipote di Carlo
tutti in un tempo; che volean pigliarlo.

48   Orlando che si vide fare il cerchio,
menò il baston da disperato e folle;
et a Dudon che si facea coperchio
al capo de lo scudo et entrar[55] volle,
fe' sentir ch'era grave di soperchio[56]:
e se non che Olivier col brando tolle[57]
parte del colpo, avria il bastone ingiusto[58]
rotto lo scudo, l'elmo, il capo e il busto.

49   Lo scudo roppe solo, e su l'elmetto
tempestò sì, che Dudon cadde in terra.
Menò la spada a un tempo Sansonetto;
e del baston più di duo braccia afferra[59]
con valor[60] tal, che tutto il taglia netto.

Brandimarte ch'adosso se gli serra,
gli cinge i fianchi quanto può, con ambe
le braccia, e Astolfo il piglia ne le gambe.

50   Scuotesi Orlando, e lungi dieci passi
da sé l'Inglese[61] fe' cader riverso:
non fa però che Brandimarte il lassi,
che con più forza l'ha preso a traverso.
Ad Olivier che troppo inanzi fassi,
menò un pugno sì duro e sì perverso,
che lo fe' cader pallido et esangue,
e dal naso e dagli occhi uscirgli il sangue.

51   E se non era l'elmo più che buono,
ch'avea Olivier, l'avria quel pugno ucciso:
cadde però, come se fatto dono
avesse de lo spirto al paradiso.
Dudone e Astolfo che levati sono[62],
ben che Dudone abbia gonfiato il viso,
e Sansonetto che 'l bel colpo[63] ha fatto,
adosso a Orlando son tutti in un tratto.

52   Dudon con gran vigor dietro l'abbraccia,
pur tentando col piè farlo cadere:
Astolfo e gli altri gli han prese le braccia,
né lo puon tutti insieme anco[64] tenere.
C'ha[65] visto toro a cui si dia la caccia,
e ch'alle orecchie abbia le zanne fiere,
correr mugliando[66], e trarre ovunque corre
i cani seco, e non potersi sciorre;

53   imagini ch'Orlando fosse tale,
che tutti quei guerrier seco traea.
In quel tempo Olivier di terra sale[67],
là dove steso il gran pugno l'avea;
e visto che così si potea male
far di lui quel ch'Astolfo far volea,
si pensò un modo, et ad effetto il messe,
di far cader Orlando, e gli successe[68].

(UNA PULCE.)

54   Si fe' quivi arrecar più d'una fune,
e con nodi correnti[69] adattò[70] presto;
et alle gambe et alle braccia alcune
fe' porre al conte, et a traverso il resto.
Di quelle i capi poi partì in commune[71],
e li diede a tenere a quello e a questo.
Per quella via che[72] maniscalco atterra
cavallo o bue, fu tratto Orlando in terra.

55   Come egli è in terra, gli son tutti adosso,
e gli legan più forte e piedi e mani.
Assai di qua di là s'è Orlando scosso,
ma sono i suoi risforzi[73] tutti vani.
Commanda Astolfo che sia quindi mosso[74],
che dice voler far che si risani.
Dudon ch'è grande, il leva in su le schene,
e porta al mar sopra l'estreme arene[75].

56   Lo fa lavar Astolfo sette volte[76];
e sette volte sotto acqua l'attuffa;
sì che dal viso e da le membra stolte[77]
leva la brutta rugine e la muffa:
poi con certe erbe, a questo effetto[78] colte,
la bocca chiuder fa, che soffia e buffa;
che non volea ch'avesse altro meato
onde spirar, che per lo naso, il fiato[79].

57   Aveasi Astolfo apparecchiato il vaso
in che il senno d'Orlando era rinchiuso;
e quello in modo appropinquògli al naso,
che nel tirar che fece il fiato in suso,
tutto il votò: maraviglioso caso!
che ritornò la mente al primier uso;
e ne' suoi bei discorsi[80] l'intelletto
rivenne, più che mai lucido e netto.

58   Come chi da[81] noioso e grave sonno,
ove o vedere abominevol forme

di mostri che non son, né ch'esser ponno,
o gli par cosa far strana et enorme,
ancor si maraviglia, poi che donno[82]
è fatto de' suoi sensi, e che non dorme;
così, poi che fu Orlando d'error tratto,
restò maraviglioso[83] e stupefatto.

59   E Brandimarte, e il fratel d'Aldabella[84],
e quel che 'l senno in capo gli ridusse,
pur pensando riguarda, e non favella,
come[85] egli quivi e quando si condusse.
Girava gli occhi in questa parte e in quella,
né sapea imaginar dove si fusse.
Si maraviglia che nudo si vede,
e tante funi ha da le spalle al piede.

60   Poi disse, come già disse Sileno
a quei che lo legâr nel cavo speco:
– *Solvite me*[86], – con viso sì sereno,
con guardo sì men de l'usato bieco,
che fu slegato; e de' panni ch'avieno
fatti arrecar participaron seco[87],
consolandolo tutti del dolore,
che lo premea, di quel passato errore.

61   Poi che fu all'esser primo ritornato
Orlando più che mai saggio e virile,
d'amor si trovò insieme liberato;
sì che colei[88], che sì bella e gentile
gli parve dianzi, e ch'avea tanto amato,
non stima più se non per cosa vile.
Ogni suo studio, ogni disio rivolse
a racquistar quanto[89] già amor gli tolse.

– *Solvite me*, – è la prima frase che mormora, appena riesce
a spiccicar parola.

– Si mette a parlar latino? – fanno i paladini. – È sempre matto!

– No, è una citazione di Virgilio, – dice Oliviero che è l'unico ad aver fatto studi seri; e li rassicura: – Ha riacquistato la memoria. È salvo.

Il triplice duello
di Lampedusa

Al largo di Biserta in fiamme, re Agramante, sconfitto anche sul mare dalla flotta di Dudone, approda col fedele Sobrino in un'isola di pescatori (canto XL, 45).

CANTO XL

45   D'abitazioni è l'isoletta[1] vòta,
      piena d'umil[2] mortelle e di ginepri,
      ioconda solitudine e remota[3]
      a cervi, a daini, a capriuoli, a lepri;
      e fuor ch'a piscatori, è poco nota,
      ove sovente a rimondati vepri[4]
      sospendon, per seccar, l'umide reti:
      dormeno intanto i pesci in mar quïeti.

Vi trova Gradasso, riparato là durante una tempesta, che si offre di sfidare Orlando a singolar tenzone, come ultimo tentativo di rivincita. Ma Agramante non vuol lasciare Gradasso solo a battersi; e il vecchio eppur ro-

busto Sobrino non intende essere da meno. Inviteranno
Orlando e due dei suoi compagni a un solitario torneo,
tre contro tre, nella vicina isola di Lampedusa. Orlando è ben lieto di accettare la sfida perché Gradasso è
in possesso della sua spada Durindana e Agramante del suo cavallo Brigliadoro; non vede l'ora – adesso che ha riavuto il senno – di recuperare anche tutti
gli altri pezzi di se stesso andati smarriti nei suoi fol-
li vagabondaggi.

I passi dei nostri eroi che finora hanno spaziato sulla
mappa dei continenti, adesso – approssimandosi alla fine
della vicenda – hanno preso a ruotare come punte di com-
passo sulle carte nautiche; e fanno perno sulle isole piccole o grandi del Mediterraneo. Anche Ruggiero, che non ha
ancora ben deciso se può considerarsi libero dai suoi doveri verso l'esercito africano, prende il mare, naufraga, e
sul punto d'annegare si convince dell'urgenza della propria conversione (canto XLI, 47-50).

CANTO XLI

47   Il giovinetto con piedi e con braccia
      percotendo venìa l'orribil onde.
      Il vento e la tempesta gli minaccia[5];
      ma più la conscïenza lo confonde.
      Teme che Cristo ora vendetta faccia;
      che, poi che battezzar[6] ne l'acque monde,
      quando ebbe tempo, sì poco gli calse[7],
      or si battezzi in queste amare e salse.

48   Gli ritornano a mente le promesse
      che tante volte alla sua donna fece;
      quel che giurato avea quando si messe
      contra Rinaldo[8], e nulla[9] satisfece.
      A Dio, ch'ivi punir non lo volesse,
      pentito disse quattro volte e diece;

e fece voto di core e di fede
d'esser cristian[10], se ponea in terra il piede:

49   e mai più non pigliar spada né lancia
contra ai fedeli in aiuto de' Mori;
ma che ritorneria subito in Francia,
e a Carlo renderia debiti onori;
né Bradamante più terrebbe a ciancia[11],
e verria a fine onesto dei suo' amori.
Miracol fu, che sentì al fin del voto
crescersi forza e agevolarsi il nuoto.

ELMO CON CELATA

50   Cresce la forza e l'animo indefesso[12]:
Ruggier percuote l'onde e le respinge,
l'onde che seguon l'una all'altra presso,
di che una il leva, un'altra lo sospinge[13].
Così montando e discendendo spesso
con gran travaglio, al fin l'arena attinge;
e da la parte onde s'inchina il colle[14]
più verso il mar, esce[15] bagnato e molle[16].

Ed ecco, c'è un'isoletta anche per lui, con un saggio eremita pronto ad impartirgli il lungamente rimandato battesimo.

Il mondo è un arcipelago: sull'isola deserta di Lampedusa sbarcano Orlando, il suo fedele amico Brandimarte
e il cognato Oliviero, per battersi contro Gradasso, Agramante, Sobrino. È un duello d'una complessità estrema
anche perché i campioni combattono con elmi spade e cavalli che appartengono sempre a qualcun altro e delle cui
virtù sono i primi a stupirsi. Quest'isoletta di Lampedusa è diventata quasi il ricettacolo delle armi più miraco-
lose e dei più famosi cavalli, tanto che a un certo punto ci
arriva in barca anche Rinaldo per ritrovare il suo Baiardo. Arriva tardi: la tenzone è finita, sul terreno giacciono
i cadaveri d'Agramante e di Gradasso, ma la vittoria dei

paladini è stata pagata con uno scotto crudele: la morte di Brandimarte.

Destino ha voluto che il più caro amico d'Orlando cadesse col capo diviso tra le ciglia proprio dalla spada che era stata d'Orlando, la famosa Durindana con la quale Gradasso aveva fino allora dominato il duello, lasciando tramortito perfino il suo legittimo e invulnerabile possessore (canto XLI, 91-102).

91   Trovato ha Brandimarte il re Agramante,
      e cominciato a tempestargli intorno:
      or con Frontin gli è al fianco, or gli è davante,
      con quel Frontin che gira come un torno[17].
      Buon cavallo ha il figliuol di Monodante[18]:
      non l'ha peggiore il re di Mezzogiorno[19];
      ha Brigliador che gli donò Ruggiero
      poi che lo tolse a Mandricardo altiero.

92   Vantaggio ha bene assai de l'armatura;
      a tutta prova l'ha buona e perfetta.
      Brandimarte la sua tolse a ventura[20],
      qual poté avere a tal bisogno in fretta:
      ma sua animosità[21] sì l'assicura,
      ch'in miglior[22] tosto di cangiarla aspetta;
      come che[23] 'l re african d'aspra percossa
      la spalla destra gli avea fatta rossa;

93   e serbi da Gradasso anco nel fianco
      piaga da non pigliar però da giuoco[24].
      Tanto l'attese al varco il guerrier franco[25],
      che di cacciar la spada trovò loco.
      Spezzò lo scudo, e ferì il braccio manco,
      e poi ne la man destra il toccò un poco.
      Ma questo un scherzo si può dire e un spasso
      verso[26] quel che fa Orlando e 'l re Gradasso.

94   Gradasso ha mezzo Orlando disarmato;

l'elmo gli ha in cima e da dui lati rotto,
e fattogli cader lo scudo al prato[27],
osbergo e maglia apertagli di sotto:
non l'ha ferito già, ch'era affatato[28].
Ma il paladino ha lui peggio condotto[29]:
in faccia, ne la gola, in mezzo il petto
l'ha ferito, oltre a quel che già v'ho detto.

95   Gradasso disperato, che si vede
del proprio sangue tutto molle e brutto[30],
e ch'Orlando del suo dal capo al piede
sta dopo tanti colpi ancora asciutto;
leva il brando a due mani, e ben si crede
partirgli il capo, il petto, il ventre e 'l tutto:
e a punto, come vuol, sopra la fronte
percuote a mezza spada[31] il fiero conte.

96   E s'era altro ch'Orlando, l'avria fatto,
l'avria sparato[32] fin sopra la sella:
ma, come colto l'avesse di piatto,
la spada ritornò lucida e bella.
De la percossa Orlando stupefatto[33],
vide, mirando in terra[34], alcuna stella[35]:
lasciò la briglia, e 'l brando avria lasciato;
ma di catena al braccio era legato.

97   Del suon del colpo fu tanto smarrito
il corridor ch'Orlando avea sul dorso,
che discorrendo[36] il polveroso lito,
mostrando gìa quanto era buono al corso.
De la percossa il conte tramortito,
non ha valor[37] di ritenergli il morso.
Segue[38] Gradasso, e l'avria tosto giunto[39],
poco più che Baiardo avesse punto.

98   Ma nel voltar degli occhi, il re Agramante
vide condotto all'ultimo periglio:
che ne l'elmo il figliuol di Monodante

col braccio manco gli ha dato di piglio;
e glie l'ha dislacciato già davante,
e tenta col pugnal nuovo consiglio[40]:
né gli può far quel re difesa molta,
perché di man gli ha ancor la spada tolta.

99   Volta Gradasso, e più non segue Orlando,
ma, dove vede il re Agramante, accorre.
L'incauto Brandimarte, non pensando
ch'Orlando costui lasci da sé tôrre[41],
non gli ha né gli occhi né 'l pensiero[42], instando
il coltel ne la gola al pagan porre[43].
Giunge Gradasso, e a tutto suo potere
con la spada a due man l'elmo gli fere[44].

100   Padre del ciel, dà fra gli eletti tuoi
spiriti luogo al martir tuo fedele,
che giunto al fin de' tempestosi suoi
vïaggi, in porto ormai lega le vele[45].
Ah Durindana, dunque esser tu puoi
al tuo signore Orlando sì crudele,
che la più grata compagnia e più fida
ch'egli abbia al mondo, inanzi[46] tu gli uccida?

101   Di ferro un cerchio[47] grosso era duo dita
intorno all'elmo, e fu tagliato e rotto
dal gravissimo[48] colpo, e fu partita[49]
la cuffia de l'acciar[50] ch'era di sotto.
Brandimarte con faccia sbigottita
giù del destrier si riversciò[51] di botto;
e fuor del capo fe' con larga vena
correr di sangue un fiume in su l'arena.

102   Il conte si risente[52], e gli occhi gira,
et ha il suo Brandimarte in terra scorto;
e sopra in atto il Serican gli mira,
che[53] ben conoscer può che glie l'ha morto[54].
Non so se in lui poté più il duolo o l'ira;

ma da piangere il tempo avea sì corto,
che restò[55] il duolo, e l'ira uscì più in fretta.
Ma tempo è ormai che fine al canto io metta[56].

La vendetta d'Orlando cade come un fulmine su Agramante e Gradasso, e se non viene ucciso anche Sobrino
è perché gli resti il tempo, più morto che vivo qual è, di
convertirsi al cristianesimo. Ma per salvare Brandimarte
è troppo tardi: il nome della sposa Fiordiligi non s'è ancora del tutto staccato dalle sue labbra, ed egli spira (canto XLII, 12-14).

CANTO XLII

12 Di tal vittoria non troppo gioioso,
   presto di sella il paladin si getta;
   e col viso turbato e lacrimoso
   a Brandimarte suo corre a gran fretta.
   Gli vede intorno il campo sanguinoso:
   l'elmo che par ch'aperto abbia una accetta,
   se fosse stato fral[57] più che di scorza,
   difeso non l'avria con minor forza.

13 Orlando l'elmo gli levò dal viso,
   e ritrovò che 'l capo sino al naso
   fra l'uno e l'altro ciglio era diviso:
   ma pur gli è tanto spirto anco rimaso,
   che de' suoi falli al Re del paradiso
   può domandar perdono anzi l'occaso[58];
   e confortare il conte, che le gote
   sparge di pianto, a pazïenza puote;

14 e dirgli: – Orlando, fa che ti raccordi[59]
   di me ne l'orazion tue grate a Dio;
   né men ti raccomando la mia Fiordi... –
   ma dir non poté: – ... ligi –, e qui finio.
   E voci e suoni d'angeli concordi[60]

(GLI SPERONI)

tosto in aria s'udîr, che l'alma uscìo;
la qual disciolta dal corporeo velo
fra dolce melodia salì nel cielo.

Chi porterà la notizia alla sposa? Fiordiligi attendeva a
Biserta e già in sogno aveva avuto un nero presagio. Non
sarà necessario dirle nulla. Sa che i cristiani hanno vinto,
e le basta spiare i volti d'Astolfo e Sansonetto che s'av-
vicinano. Sono mesti come per una sconfitta. Lei subito
comprende (canto XLIII, 154-159).

CANTO XLIII

154 De la vittoria ch'avea avuto Orlando,
s'allegrò[61] Astolfo e Sansonetto molto;
non sì però, come avrian fatto, quando[62]
non fosse a Brandimarte il lume[63] tolto.
Sentir lui morto il gaudio va scemando
sì, che non ponno asserenare il volto.
Or chi sarà di lor, ch'annunzio voglia
a Fiordiligi dar di sì gran doglia[64]?

155 La notte che precesse a[65] questo giorno,
Fiordiligi sognò che quella vesta[66]
che, per mandarne Brandimarte adorno,
avea trapunta e di sua man contesta[67],
vedea per mezzo sparsa e d'ogn'intorno
di goccie rosse, a guisa di tempesta[68]:
parea che di sua man così l'avesse
riccamata ella, e poi se ne dogliessse.

156 E parea dir: – Pur hammi il signor mio
commesso[69] ch'io la faccia tutta nera:
or perché dunque riccamata holl'io
contra sua voglia in sì strana maniera? –
Di questo sogno fe' giudicio rio[70];
poi la novella giunse quella sera:

ma tanto Astolfo ascosa le la tenne,
ch'a lei[71] con Sansonetto se ne venne.

157 Tosto ch'entraro, e ch'ella loro il viso
vide di gaudio in tal vittoria privo;
senz'altro annunzio sa[72], senz'altro avviso,
che Brandimarte suo non è più vivo.
Di ciò le resta il cor così conquiso[73],
e così gli occhi hanno la luce a schivo,
e così ogn'altro senso se le serra[74],
che come morta andar si lascia in terra.

158 Al tornar de lo spirto, ella alle chiome
caccia le mani; et alle belle gote,
indarno ripetendo il caro nome,
fa danno et onta più che far lor puote:
straccia i capelli e sparge[75]; e grida, come
donna talor che 'l demon rio percuote,
o come s'ode che già a suon di corno
Menade corse, et aggirossi intorno[76].

159 Or questo or quel pregando va, che porto
le sia un coltel, sì che nel cor si fera:
or correr vuol là dove il legno in porto
dei duo signor defunti[77] arrivato era,
e de l'uno e de l'altro così morto
far crudo strazio e vendetta acra[78] e fiera:
or vuol passare il mare, e cercar tanto,
che possa al suo signor morire a canto[79].

(E ADESSO...
A CAVALLO!)

Questo poema ci ha insegnato a contemplare lutti e strazi dosandoli in modo da farli scorrere quasi con leggerezza in mezzo ai variegati accadimenti della vita. È venuto ora dunque anche qui il momento di cedere al dolore? Certo, anche il dolore ha la sua parte nello spettacolo del mondo-arcipelago. Le esequie di Brandimarte si svolgono per nave, dal golfo di Biserta a quello d'Agrigento, e poi su per le pendici dell'Etna illuminate dalle fiaccole (canto XLIII, 176-83).

176   Levan[80] la bara, et a portarla fôro[81]
      messi a vicenda conti e cavallieri.
      Purpurea seta la copria, che d'oro
      e di gran perle avea compassi altieri[82]:
      di non men bello e signoril lavoro
      avean[83] gemmati e splendidi origlieri[84];
      e giacea quivi il cavallier con vesta
      di color pare, e d'un lavor contesta[85].

177   Trecento agli altri eran passati inanti,
      de' più poveri tolti de la terra[86],
      parimente vestiti tutti quanti
      di panni negri e lunghi sin a terra.
      Cento paggi seguian sopra altretanti
      grossi cavalli e tutti buoni a guerra;
      e i cavalli coi paggi ivano il suolo
      radendo col lor abito di duolo[87].

178   Molte bandiere inanzi e molte dietro,
      che di diverse insegne eran dipinte,
      spiegate accompagnavano il ferètro;
      le quai già tolte a mille schiere vinte,
      e guadagnate a Cesare et a Pietro[88]
      avean le forze[89] ch'or giaceano estinte.
      Scudi v'erano molti, che di degni
      guerrieri, a chi[90] fur tolti, aveano i segni[91].

179   Venian cento e cent'altri a diversi usi[92]
      de l'esequie ordinati; et avean questi,
      come anco il resto, accesi torchi[93]; e chiusi[94],
      più che vestiti, eran di nere vesti.
      Poi seguia Orlando, e ad or ad or suffusi[95]
      di lacrime avea gli occhi e rossi e mesti;
      né più lieto di lui Rinaldo venne:
      il piè Olivier, che rotto avea, ritenne[96].

180   Lungo sarà s'io vi vo' dire[97] in versi
      le cerimonie, e raccontarvi tutti
      i dispensati manti[98] oscuri e persi[99],
      gli accesi torchi[100] che vi furon strutti[101].
      Quindi alla chiesa catedral conversi,
      dovunque andâr, non lasciaro occhi asciutti:
      sì bel, sì buon, sì giovene a pietade
      mosse ogni sesso, ogni ordine, ogni etade[102].

181   Fu posto in chiesa; e poi che da le donne[103]
      di lacrime e di pianti inutil opra[104],
      e che[105] dai sacerdoti ebbe eleisonne[106]
      e gli altri santi detti[107] avuto sopra,
      in una arca il serbâr[108] su due colonne:
      e quella vuole Orlando che si cuopra
      di ricco drappo d'or, sin che reposto[109]
      in un sepulcro sia di maggior costo.

182   Orlando di Sicilia non si parte,
      che[110] manda a trovar porfidi e alabastri.
      Fece fare il disegno, e di quell'arte
      inarrar[111] con gran premio i miglior mastri.
      Fe'[112] le lastre, venendo[113] in questa parte,
      poi drizzar Fiordiligi, e i gran pilastri;
      che quivi (essendo Orlando già partito)
      si fe' portar da l'africano lito.

183   E vedendo le lacrime indefesse[114],
      et ostinati a uscir sempre i sospiri,
      né per far[115] sempre dire uffici e messe,
      mai satisfar potendo a' suoi disiri;
      di non partirsi quindi[116] in cor si messe,
      fin che del corpo l'anima non spiri:
      e nel sepolcro fe' fare una cella,
      e vi si chiuse, e fe' sua vita in quella.

FINE DI RODOMONTE

Occorre affrettarsi a sciogliere tutti i nodi: Orlando è rinsavito, Carlo ha vinto la guerra, non resta che celebrare le nozze di Bradamante e Ruggiero. Già lui si è convertito al cristianesimo; già Rinaldo gli ha promesso la mano della sorella, quali altre complicazioni possono ormai succedere? Ne succedono, invece, e di così vaste da aprire quasi lo spazio d'un nuovo poema nel poema che sta per chiudersi. Il duca Amone, che non sapeva niente di Ruggiero, ha promesso la mano di sua figlia a Leone, figlio nientemeno che dell'imperatore di Grecia Costantino. Può il duca Amone mancare di parola? Ruggiero riesce solo a far rimandare d'un anno ogni decisione, e parte per i Balcani, con l'idea di spodestare Costantino e Leone dal trono d'Oriente.

A quel tempo i Greci erano in guerra contro i Bulgari. Ruggiero, in incognito, combatte dalla parte dei Bulgari, sconfigge i Greci e dà tali prove di valore che gli offrono la corona di Bulgaria. Il principe Leone al vedere in battaglia questo nemico così straordinario, viene preso da un'ammirazione per l'eroe sconosciuto che sconfina nell'idolatria.

L'imperatore Costantino, invece, riesce a far catturare a tradimento Ruggiero e lo imprigiona e tortura come quel pericoloso nemico ch'egli è. Ma il figlio Leone, che continua a idolatrare l'eroe sconosciuto, lo libera di nascosto e ne guadagna la perpetua riconoscenza.

È destino di Ruggiero d'esser amato dai nemici, e di cacciarsi in situazioni in cui non capisce più da che parte deve stare. Rieccolo in un dilemma tragico: il debito di gratitudine per il rivale gli strazia la coscienza.

Bradamante intanto, per sfuggire alla strettoia, convince Carlo Magno a indire un torneo. La guerriera concederà la sua mano solo al cavaliere che riuscirà a resisterle dall'alba al tramonto. Ella è sicura che le sarà facile buttar giù di sella Leone, cosicché Ruggiero vinca e se la sposi. La poverina non sa che Ruggiero ha stretto un patto di fedeltà con Leone, e che Leone, anziché presentarsi al torneo di persona, si farà sostituire dal cavaliere sconosciuto, travestito con l'armatura e le insegne del principe di Grecia. Dunque Ruggiero deve, per lealtà verso Leone, combattere contro la donna amata, e tenerle testa, di modo che essa finisca per sposarsi col rivale.

Così avviene: Leone viene creduto vincitore. Ma Marfisa, che non comprende come mai il fratello non si faccia vivo, riesce a imporre ancora una prova: siccome Ruggiero aveva chiesto la mano di Bradamante in precedenza, si attenda il ritorno di Ruggiero perché Leone si batta con lui. Leone accetta, pensando di far combattere in sua vece il cavaliere sconosciuto. Qui il conflitto interiore di Ruggiero deve pur trovare una soluzione: non potrà certo scendere in torneo contro se stesso.

Ma siamo tra personaggi così generosi che appena i

drammi nascosti cominciano a fiammeggiare allo scoperto ci sarà certamente un'esplosione di magnanimità generale: Leone rinuncerà a Bradamante, e Ruggiero – eletto re di Bulgaria – sarà scoperto come vincitore legittimo della mano di Bradamante.

Vado avanti a raccontare così di corsa perché in mezzo a vicende tanto seriose m'è presa una gran nostalgia d'un personaggio che incarnava una dignità comica più forte di tutte le dignità tragiche; il poema sta per finire; che Ariosto se ne sia dimenticato? No, ecco che alla fine della festa di nozze, dopo nove giorni di banchetti, saltando fuori dalle spelonche dell'anfrattuoso poema, un cavaliere tutto bardato in nero si presenta davanti a Carlo Magno: è lui, Rodomonte, il più spavaldo, il più smodato, il più suscettibile, il più sfortunato, il più patetico di tutti i nostri eroi. Per scontare le umiliazioni che avevano ferito il suo orgoglio Rodomonte è rimasto nascosto per un anno un mese e un giorno, e ora viene a sfidare Ruggiero, a cercar d'impedire che il poema si compia.

Ancora una volta le lance volano via in una girandola di schegge, ancora una volta le prove di forza straordinarie degli eroi sono paragonate alle quotidiane fatiche degli uomini: i giganteschi lavori per arginare il Po o i crolli nelle miniere d'oro d'Ungheria e di Spagna. Rodomonte che racchiude in sé lo spirito sfaccettato del poema, la sua sonora baldanza, la sua melanconia, la sua inesausta riserva di energie, s'accomiata avvitandosi in una lenta spirale verso il buio Acheronte del silenzio (canto XLVI, 101-40).

CANTO XLVI

101 L'ultimo dì[1], ne l'ora che 'l solenne
     convito era a gran festa[2] incominciato;
     che[3] Carlo a man sinistra Ruggier tenne,
     e Bradamante avea dal destro lato;

di verso la campagna in fretta venne
contra[4] le mense un cavalliero armato,
tutto coperto egli e 'l destrier di nero,
di gran persona, e di sembiante altiero.

102   Quest'era il re d'Algier[5], che per lo scorno
che gli fe' sopra il ponte la donzella[6],
giurato avea di non porsi arme intorno,
né stringer spada, né montare in sella,
fin che non fosse un anno, un mese e un giorno
stato, come eremita, entro una cella.
Così a quel tempo solean per se stessi[7]
punirsi i cavallier di tali eccessi[8].

103   Se ben di Carlo in questo mezzo intese
e del re suo signore ogni successo[9];
per non disdirsi, non più l'arme prese,
che se non pertenesse il fatto ad esso[10].
Ma poi che tutto l'anno e tutto 'l mese
vede finito, e tutto 'l giorno appresso,
con nuove arme e cavallo e spada e lancia
alla corte or ne vien quivi in Francia.

104   Senza smontar, senza chinar la testa,
e senza segno alcun di riverenza,
mostra Carlo sprezzar con la sua gesta[11],
e de tanti signor l'alta presenzia.
Maraviglioso[12] e attonito ognun resta,
che si pigli costui tanta licenzia.
Lasciano i cibi e lascian le parole
per ascoltar ciò che 'l guerrier dir vuole.

105   Poi che fu a Carlo et a Ruggiero a fronte,
con alta voce et orgoglioso grido:
– Son (disse) il re di Sarza, Rodomonte,
che te, Ruggiero, alla battaglia sfido;
e qui ti vo', prima che 'l sol tramonte,
provar ch'al tuo signor sei stato infido[13];

344

e che[14] non merti, che sei traditore,
fra questi cavallieri alcuno onore.

106   Ben che tua fellonia si vegga aperta,
perché essendo cristian non pòi negarla[15];
pur per farla apparere anco più certa,
in questo campo vengoti a provarla:
e se persona hai qui che faccia offerta
di combatter per te, voglio accettarla.
Se non basta una, e quattro e sei n'accetto;
e a tutte[16] manterrò[17] quel ch'io t'ho detto. –

107   Ruggiero a quel parlar ritto levosse,
e con licenzia rispose di Carlo,
che mentiva egli, e qualunqu'altro fosse,
che traditor volesse nominarlo[18];
che sempre col suo re così portosse,
che giustamente alcun non può biasmarlo;
e ch'era apparecchiato sostenere
che verso lui[19] fe' sempre il suo dovere:

108   e ch'a difender la sua causa era atto,
senza tôrre in aiuto suo veruno;
e che sperava di mostrargli in fatto,
ch'assai n'avrebbe e forse troppo d'uno.
Quivi Rinaldo, quivi Orlando tratto,
quivi il marchese, e 'l figlio bianco e 'l bruno,
Dudon, Marfisa, contra il pagan fiero
s'eran[20] per la difesa di Ruggiero;

109   mostrando ch'essendo egli nuovo sposo,
non dovea conturbar le proprie nozze.
Ruggier rispose lor: – State in riposo[21];
che per me fôran[22] queste scuse sozze[23]. –
L'arme che tolse al Tartaro[24] famoso,
vennero, e fur tutte le lunghe mozze[25].
Gli sproni il conte Orlando a Ruggier strinse,
e Carlo al fianco la spada gli cinse.

110   Bradamante e Marfisa la corazza
posta gli aveano, e tutto l'altro arnese[26].
Tenne Astolfo il destrier di buona razza,
tenne la staffa il figlio del Danese[27].
Feron d'intorno far subito piazza[28]
Rinaldo, Namo et Olivier marchese:
cacciaro in fretta ognun de lo steccato
a tal bisogni[29] sempre apparecchiato.

111   Donne e donzelle[30] con pallida faccia
timide a guisa di columbe stanno,
che da' granosi[31] paschi ai nidi caccia
rabbia de' venti che fremendo vanno
con tuoni e lampi, e 'l nero aer minaccia
grandine e pioggia, e a' campi strage e danno:
timide[32] stanno per Ruggier; che male
a quel fiero pagan lor parea uguale[33].

112   Così a tutta la plebe e alla più parte
dei cavallieri e dei baron[34] parea;
che di memoria ancor lor non si parte
quel ch'in Parigi il pagan fatto avea;
che, solo, a ferro e a fuoco una gran parte
n'avea distrutta, e ancor vi rimanea,
e rimarrà per molti giorni il segno:
né maggior danno altronde[35] ebbe quel regno.

113   Tremava, più ch'a tutti gli altri, il core
a Bradamante; non ch'ella credesse
che 'l Saracin di forza, e del valore
che vien dal cor, più di Ruggier potesse;
né che ragion, che spesso dà l'onore[36]
a chi l'ha seco, Rodomonte avesse:
pur stare ella non può senza sospetto;
che di temere, amando, ha degno effetto[37].

114   Oh quanto volentier sopra sé tolta
l'impresa avria di quella pugna incerta,

      ancor che rimaner di vita sciolta
      per quella fosse stata più che certa!
      Avria eletto a[38] morir più d'una volta,
      se può più d'una morte esser sofferta,
      più tosto che patir che 'l suo consorte
      si ponesse a pericol de la morte.

115 Ma non sa ritrovar priego che vaglia,
      perché Ruggiero a lei l'impresa lassi.
      A riguardare adunque la battaglia
      con mesto viso e cor trepido stassi.
      Quinci Ruggier, quindi il pagan si scaglia,
      e vengonsi a trovar[39] coi ferri bassi[40].
      Le lancie all'incontrar parver di gielo[41];
      i tronchi, augelli a salir[42] verso il cielo.

116 La lancia del pagan, che venne a côrre[43]
      lo scudo a mezzo, fe' debole effetto:
      tanto l'acciar, che pel famoso Ettorre
      temprato avea Vulcano, era perfetto.
      Ruggier la lancia parimente a porre
      gli andò allo scudo[44], e gliele[45] passò netto;
      tutto che fosse appresso[46] un palmo grosso,
      dentro e di fuor d'acciaro, e in mezzo d'osso.

117 E se non che[47] la lancia non sostenne
      il grave scontro, e mancò[48] al primo assalto,
      e rotta in scheggie e in tronchi aver le penne
      parve per l'aria, tanto volò in alto;
      l'osbergo apria[49] (si furïosa venne),
      se fosse stato adamantino smalto[50],
      e finia la battaglia; ma si roppe:
      posero in terra ambi i destrier le groppe.

118 Con briglia e sproni i cavallieri instando[51],
      risalir[52] feron subito i destrieri;
      e donde[53] gittâr l'aste, preso il brando,
      si tornaro a ferir crudeli e fieri:

di qua di là con maestria girando
gli animosi cavalli atti[54] e leggieri,
con le pungenti spade incominciaro
a tentar[55] dove il ferro era più raro[56].

119 Non si trovò lo scoglio del serpente[57],
che fu sì duro, al petto Rodomonte,
né di Nembrotte la spada tagliente,
né 'l solito elmo ebbe quel dì alla fronte;
che l'usate arme[58], quando fu perdente
contra la donna di Dordona[59] al ponte,
lasciato avea sospese ai sacri marmi[60],
come di sopra avervi detto parmi.

120 Egli avea un'altra assai buona armatura,
non come era la prima già perfetta:
ma né questa né quella né più dura
a Balisarda si sarebbe retta;
a cui non osta incanto né fattura[61],
né finezza d'acciar né tempra eletta.
Ruggier di qua di là sì ben lavora,
ch'al pagan l'arme in più d'un loco fora.

121 Quando si vide in tante parti rosse
il pagan l'arme, e non poter schivare[62]
che la più parte di quelle percosse
non gli andasse la carne a ritrovare;
a maggior rabbia, a più furor[63] si mosse,
ch'a mezzo il verno[64] il tempestoso mare:
getta lo scudo, e a tutto suo potere
su l'elmo di Ruggiero a due man fere.

122 Con quella estrema forza che[65] percuote
la machina[66] ch'in Po sta su due navi,
e levata con uomini e con ruote
cader si lascia su le aguzze travi;
fere il pagan Ruggier, quanto più puote,
con ambe man sopra ogni peso gravi[67]:

giova l'elmo incantato; che senza esso,
lui col cavallo avria in un colpo fesso.

123 Ruggiero andò due volte a capo chino,
e per cadere e braccia e gambe aperse.
Raddoppia il fiero colpo il Saracino,
che quel non abbia tempo a rïaverse:
poi vien col terzo ancor; ma il brando fino
sì lungo martellar più non sofferse;
che volò in pezzi, et al crudel pagano
disarmata lasciò di sé la mano.

124 Rodomonte per questo non s'arresta,
ma s'aventa a Ruggier che nulla sente;
in tal modo intronata avea la testa,
in tal modo offuscata avea la mente.
Ma ben dal sono il Saracin lo desta:
gli cinge il collo col braccio possente;
e con tal nodo e tanta forza afferra[68],
che de l'arcion lo svelle, e caccia in terra.

125 Non fu in terra sì tosto, che risorse,
via più che d'ira, di vergogna pieno;
però che a Bradamante gli occhi torse,
e turbar vide il bel viso sereno.
Ella al cader di lui rimase in forse,
e fu la vita sua per venir meno.
Ruggiero ad emendar presto quell'onta,
stringe la spada, e col pagan s'affronta.

126 Quel[69] gli urta il destrier contra, ma Ruggiero
lo cansa accortamente, e si ritira,
e nel passare[70], al fren piglia il destriero
con la man manca, e intorno lo raggira[71];
e con la destra intanto al cavalliero
ferire il fianco o il ventre o il petto mira[72];
e di due punte[73] fe' sentirgli angoscia,
l'una nel fianco, e l'altra ne la coscia.

127 Rodomonte, ch'in mano ancor tenea
il pome e l'elsa de la spada rotta,
Ruggier su l'elmo in guisa percotea[74],
che lo potea[75] stordire all'altra botta[76].
Ma Ruggier ch'a ragion[77] vincer dovea,
gli prese il braccio, e tirò tanto allotta[78],
aggiungendo alla destra l'altra mano,
che fuor di sella al fin trasse il pagano.

128 Sua forza o sua destrezza vuol che[79] cada
il pagan sì, ch'a Ruggier resti al paro[80]:
vo' dir che cadde in piè; che per la spada
Ruggiero averne il meglio giudicaro[81].
Ruggier cerca il pagan tenere a bada
lungi da sé, né di accostarsi ha caro:
per lui non fa[82] lasciar venirsi adosso
un corpo così grande e così grosso.

129 E insanguinargli[83] pur tuttavia il fianco
vede e la coscia e l'altre sue ferite.
Spera che venga a poco a poco manco,
sì che al fin gli abbia a dar vinta la lite.
L'elsa e 'l pome avea in mano il pagan anco,
e con tutte le forze insieme unite
da sé scagliolli, e sì Ruggier percosse,
che stordito ne fu più che mai fosse.

130 Ne la guancia[84] de l'elmo, e ne la spalla
fu Ruggier colto, e sì quel colpo sente,
che tutto ne vacilla e ne traballa,
e ritto se sostien difficilmente.
Il pagan vuole entrar[85], ma il piè gli falla[86],
che per la coscia offesa era impotente:
e 'l volersi affrettar più del potere,
con un ginocchio in terra il fa cadere.

131 Ruggier non perde il tempo, e di grande urto[87]
lo percuote nel petto e ne la faccia;

e sopra gli martella, e tien sì curto[88],
che con la mano in terra anco lo caccia[89].
Ma tanto fa il pagan che gli è risurto;
si stringe con Ruggier sì, che l'abbraccia:
l'uno e l'altro s'aggira, e scuote e preme,
arte aggiungendo alle sue forze estreme[90].

132 Di forza a Rodomonte una gran parte[91]
la coscia e 'l fianco aperto[92] aveano tolto.
Ruggiero avea destrezza, avea grande arte,
era alla lotta esercitato molto:
sente il vantaggio suo, né se ne parte[93];
e donde[94] il sangue uscir vede più sciolto[95],
e dove più ferito il pagan vede,
puon[96] braccia e petto, e l'uno e l'altro piede.

133 Rodomonte pien d'ira e di dispetto
Ruggier nel collo e ne le spalle prende:
or lo tira, or lo spinge, or sopra il petto
sollevato da terra lo sospende,
quinci e quindi lo ruota, e lo tien stretto,
e per farlo cader molto contende[97].
Ruggier sta in sé raccolto, e mette in opra
senno e valor, per rimaner di sopra[98].

134 Tanto le prese[99] andò mutando il franco[100]
e buon Ruggier, che Rodomonte cinse[101]:
calcògli[102] il petto sul sinistro fianco,
e con tutta sua forza ivi lo strinse.
La gamba destra a un tempo inanzi al manco
ginocchio e all'altro attraversògli e spinse[103];
e da la terra in alto sollevollo,
e con la testa in giù steso tornollo[104].

135 Del capo e de le schene Rodomonte
la terra impresse[105]; e tal fu la percossa,
che da le piaghe sue, come da fonte,
lungi andò il sangue a far la terra rossa.

Ruggier, c'ha la Fortuna per la fronte[106],
perché levarsi il Saracin non possa,
l'una man col pugnal gli ha sopra gli occhi,
l'altra alla gola, al ventre gli ha i ginocchi.

136   Come talvolta, ove si cava l'oro
là tra' Pannoni[107] o ne le mine ibere[108],
se improvisa ruina[109] su coloro
che vi condusse empia avarizia, fere[110],
ne restano sì oppressi, che può il loro
spirto[111] a pena, onde uscire, adito avere:
così fu il Saracin non meno oppresso
dal vincitor, tosto ch'in terra messo[112].

137   Alla vista[113] de l'elmo gli appresenta
la punta del pugnal ch'avea già tratto;
e che si renda, minacciando, tenta[114],
e di lasciarlo vivo gli fa patto.
Ma quel, che di morir manco paventa,
che di mostrar viltade a un minimo atto,
si torce e scuote, e per por lui di sotto
mette ogni suo vigor, né gli fa motto.

138   Come mastin sotto il feroce alano[115]
che fissi[116] i denti ne la gola gli abbia,
molto s'affanna e si dibatte invano
con occhi ardenti e con spumose labbia,
e non può uscire al predator di mano[117],
che vince di vigor, non già di rabbia:
così falla[118] al pagano ogni pensiero
d'uscir di sotto al vincitor Ruggiero.

139   Pur si torce e dibatte sì, che viene
ad espedirsi[119] col braccio migliore[120];
e con la destra man che 'l pugnal tiene,
che trasse anch'egli in quel contrasto fuore,
tenta ferir Ruggier sotto le rene[121]:
ma il giovene s'accorse de l'errore

in che potea cader, per differire
di far quel empio Saracin morire.

140   E due e tre volte ne l'orribil fronte,
alzando, più ch'alzar si possa, il braccio,
il ferro del pugnale a Rodomonte
tutto nascose[122], e si levò d'impaccio[123].
Alle squalide ripe d'Acheronte,
sciolta dal corpo più freddo che giaccio,
bestemmiando fuggì l'alma sdegnosa,
che fu sì altiera al mondo e sì orgogliosa.

Presentazione

357

1 *Le donne… canto*: esordio della proposizione della materia, a cui seguono l'invocazione e la dedica intrecciate insieme (I-IV). Sono qui indicati il tema delle armi (ciclo di Carlo Magno) e il tema dell'amore (ciclo di Re Artù).

2 *al tempo… tanto*: all'epoca della guerra dei Mori o Arabi contro i Franchi. L'impresa è immaginaria. L'attacco degli Arabi alla Francia avvenne in realtà al tempo di Carlo Martello e di Pipino.

3 *Agramante*: re d'Africa, discendente da Alessandro.

4 *imperator romano*: incoronato imperatore dei Romani da Leone III nel Natale dell'anno 800.

5 *Orlando*: nella storia, figlio di Milone e governatore della marca di Brettagna; caduto a Roncisvalle. Nell'epopea francese, il più valoroso dei paladini di Carlo Magno e guerriero severo e casto (v. 4: *uom… saggio*).

6 *cosa:* la pazzia.

7 *venne in furore e matto*: cadde in uno stato di furore (onde il titolo *Orlando furioso*) e divenne (*venne*) pazzo. Meglio, e più rapidamente: divenne pazzo furioso.

8 *colei*: Alessandra Benucci, vedova del ferrarese Tito Strozzi. L'Ariosto, il quale aveva iniziato il suo poema negli anni 1505-6, deve avere modificato l'ottava 2 dopo il 1513, dopo cioè che conobbe la Benucci. Il Poeta sposò segretamente Alessandra tra il 1526 e il 1530.

9 *tal*: pazzo come Orlando.

10 *lima*: consuma.

11 *generosa*: munifica e nobile insieme.

12 *Erculea prole*: il cardinale Ippolito d'Este (1479-1520), figlio di Ercole I e fratello di Alfonso I duca di Ferrara. L'Ariosto era ancora al suo servizio nel 1516, quando pubblicò la prima edizione del suo poema.

13 *Ruggier*: figlio di Ruggiero II di Risa e di Galaciella, figlia del re Agolante, convertitasi per amore al cristianesimo. Discendente da Astianatte, figlio di Ettore. È presentato come capostipite (v. 4: *ceppo vecchio*) degli Estensi.

14 *gesti*: gesta, imprese.

15 *alti pensier*: profonde preoccupazioni politiche, militari e religiose.

16 *cedino*: cedano. Ha usato nel v. 6 l'indicativo (*mi date*), ma ora vuole inserire l'ombra del dubbio. E perciò ricorre al congiuntivo, con una coordinazione «indicativo-congiuntivo» molto diffusa nelle proposizioni ipotetiche. Prima la preghiera fiduciosa, poi l'incerta speranza.

17 *Orlando… inamorato*: l'Ariosto prende qui a riassumere velocemente (5-9) l'antefatto del suo poema quale era già stato narrato da un altro grande poeta, Matteo Maria Boiardo (1441-94) nel suo *Orlando Innamorato*, poema. L'azione del *Furioso* può così avere inizio là dove l'*Innamorato* s'interrompe. Più esattamente si osserva che l'Ariosto riprende la vicenda un poco più addietro del punto in cui l'aveva lasciata il Boiardo, il quale aveva descritto la sconfitta cristiana e quindi aveva cominciato a parlare dell'assedio di Parigi. Con il *Furioso*, invece, siamo restituiti al momento culminante dello scontro presso i Pirenei.

18 *Angelica*: figlia di Galafrone re del Catai. Bellissima e sfuggente. Già nell'*Innamorato* accende di sé molti cavalieri cristiani tra cui Orlando e Rinaldo. Le vicende dei due paladini, che seguono Angelica sino in Oriente, costituiscono la materia del poema boiardesco.

19 *India… Media… Tartaria…*: India indicava genericamente tutta l'Asia meridionale, mentre la Media corrispondeva alla regione centrale a sud del Mar Caspio e la Tartaria alla regione a occidente del Catai. Qui l'Ariosto sinteticamente allude all'Oriente, dove Orlando sostenne, per amore di Angelica, innumerevoli imprese vittoriose (v. 4: *infiniti et immortal trofei*).

20 *Lamagna*: Alemagna cioè Germania, detta anticamente anche «La Magna».

21 *alla campagna*: in campo aperto.

22 *Marsilio*: figlio del saraceno Galafro, a cui succedette sul trono di Spagna. È personaggio leggendario, non storico.

23 *battersi… la guancia*: pentirsi. Dice *ancor* riferendosi alle precedenti sconfitte che i Saraceni, secondo la leggenda, avevano già subìto da parte di Carlo Magno.

24 *l'un*: Agramante.

25 *l'altro*: Marsilio.

26 *a punto*: a proposito, al momento giusto.

27 *che vi fu tolta*: perché qui gli fu tolta.

28 *dagli esperii ai liti eoi*: dai lidi occidentali (*esperii*, dove appare la stella della sera ovvero Espero) a quelli orientali (*eoi*, dove sorge l'aurora ovvero Eos).

29 *Rinaldo*: figlio di Amone di Chiaramonte, che era fratello di Milone padre di Orlando, e di Beatrice di Baviera.

30 *duca di Bavera*: il vecchio Namo, già nelle leggende carolingie amico e consigliere dell'Imperatore.

31 *giornata*: battaglia campale.

32 *successi*: eventi.

33 *prigione*: prigioniero.

34 *padiglione*: la tenda di Namo.

35 *Dove:* nella tenda del duca Namo di Baviera, rimasta incustodita per la disfatta cristiana.

36 *inanzi… diede*: prima dell'esito della battaglia montò in sella e, al momento opportuno, fuggì.

37 *rubella*: avversa.

38 *leggier*: leggermente.

39 *pallio*: drappo che si dava in premio al vincitore delle corse a piedi. Negli affreschi ferraresi di Palazzo Schifanoia è conservata la descrizione di corse a piedi e con cavalcature che dovevano essere in uso al tempo degli Estensi e a cui non molti anni or sono si è cercato invano di ridare vita.

40 *presta*: velocemente.

41 *il freno torse*: diede di volta al cavallo. Mutò direzione.

42 *paladin… Montalbano*: Rinaldo, signore di Montalbano.

43 *pur dianzi*: nell'*Innamorato* si narrava che Rinaldo, sceso di sella per battersi con Ruggiero ad armi pari, non era più riuscito a raggiungere il proprio cavallo improvvisamente datosi alla fuga. – *destrier*: propriamente cavallo nobile da battaglia e da corsa. – *Baiardo*: cavallo già celebre, per la sua agilità e prestezza, nella letteratura cavalleresca. Di lì lo prese il Boiardo, prima dell'Ariosto.

44 *palafreno*: cavallo da parata. L'Ariosto tuttavia lo scambia spesso con «destriero», che era il cavallo da battaglia (cfr. v. 6).

45 *rara… folta*: sottintendi *selva*.

46 *di sé tolta*: fuori di sé.

47 *fiera*: selvaggia e minacciosa.

48 *riviera*: fiume.

49 *Ferraù*: figlio di Falsirone e nipote di Marsilio. Nell'*Innamorato* (I, ii, 10-1; iii, 62-7) Ferraguto è preso da passione amorosa per Angelica e ne ferisce a morte il fratello Argalìa; promette a quest'ultimo di gettarne in un fiume, insieme con il corpo, anche le armi, ma chiede di potere almeno trattenere l'elmo per alcuni giorni; non mantiene la promessa in quanto serba l'elmo oltre il tempo stabilito. Queste vicende (innamoramento, duello con Argalìa, patto e mancata fede) costituiscono l'antefatto boiardesco dell'episodio del *Furioso* (24-31).

50 *Quanto potea più*: da unire a *gridando* (v. 2), e non a *veniva*.

51 *dui cugini*: Orlando e Rinaldo.

52 *Più volte*: avevano già duellato nell'*Innamorato*.

53 *paragon*: prova.

54 *piastre… maglia*: le lamine di metallo di cui era formata l'armatura (bracciali, spallacci, corazza) e la sottile maglia di ferro che veniva indossata sotto l'armatura stessa.

55 *gl'incudi*: le incudini.

56 *'l passo studi*: affretti l'andatura.

57 *quando*: poiché.

58 *non ritrova loco*: non trova pace.

59 *creduto avrai*: sott. "offendere" (danneggiare).

60 *questo*: duello.
61 *tardiam*: indugiamo.
62 *invita*: sott. "Rinaldo".
63 *senza sospetto aversi*: senza dubitare l'uno dell'altro.
64 *novella*: recente.
65 *questa… quella*: sott. "via".
66 *s'avvolse*: si aggirò.
67 *onde si tolse*: là donde era partito, cioè al fiume in cui era caduto l'elmo.

Angelica inseguita

1 *Pur*: finalmente.
2 *rimondo*: sfrondato.
3 *tenta*: scandaglia.
4 *marano*: traditore. Parola spagnola usata per ingiuria (porco) contro i Giudei e i Mori convertitisi di recente ma in segreto fedeli alle loro primitive religioni. È Argalìa che parla: cioè il fratello di Angelica che Ferraù aveva ucciso (cfr. nota a 14, v. 1).
5 *t'aggrevi*: ti crucci.
6 *pone ad effetto*: opera in modo che si realizzi.
7 *fino*: eccellente, pregiato.
8 *Almonte*: figlio di Agolante e fratello di Galaciella, e perciò zio di Ruggiero. Ucciso da Orlando, che si impadronì del suo elmo.
9 *Mambrino*: nemico di Carlo Magno a cui Rinaldo tolse l'elmo e la vita insieme.
10 *de l'acqua*: fuori dell'acqua.
11 *improverarse*: rimproverarsi, rinfacciarsi.
12 *Lanfusa*: madre di Ferraù.
13 *Aspramonte*: monte della Calabria. Famoso perché Carlo Magno sconfisse nei suoi pressi i Saraceni di Agolante. Durante questa battaglia Orlando uccise Almonte.
14 *servò*: mantenne.
15 *Quindi*: di qui.
16 *di cercare… intento*: intento a cercare Orlando.
17 *feroce*: animoso e ardito.
18 *ermi e selvaggi*: solitari e incolti. Amplifica *inabitati* (disabitati, senza traccia di presenza umana).
19 *verzure*: germogli.
20 *sentia*: Angelica sentiva il muovere delle fronde e dei germogli degli alberi (*cerri, olmi* e *faggi*).
21 *subite*: improvvise.
22 *trovar… vïaggi*: imboccare a caso, correndo qua e là, insolite vie.
23 *Qual… capriuola*: come una giovanissima daina o capriola.
24 *pardo*: gattopardo, che era animale addestrato per la caccia.
25 *adorno*: leggiadro.
26 *Duo chiari* ecc.: da notare *concento* (v. 7): armonia; *correr* (v. 8): infinito con valore di sostantivo (invece di «corso»).

27 *prun*: biancospini.

28 *de le liquide… siede*: si specchia nelle acque limpide.

29 *chiuso*: riparato.

30 *minor vista*: lo sguardo umano, meno penetrante dei raggi del sole. Angelica sceglie questo luogo proprio perché lo celi agli occhi indiscreti degli uomini, e di Rinaldo in particolare.

31 *le par che venir senta*: le sembra di sentir venire.

32 *dubbio*: dubbioso, sospeso.

33 *Signore*: Ippolito d'Este. Qui e altrove l'Ariosto si rivolge direttamente al Cardinale rinnovando così l'uso, frequente negli autori di cantari cavallereschi, di rivolgersi agli uditori.

34 *Mongibello*: Etna.

35 *lima*: consuma.

36 *côrre il frutto*: cogliere la bellezza di Angelica.

37 *spoglia opima*: ricca preda (lat. *spolia opima*).

38 *favor*: grazia e bellezza. Altri intende: a favorirla (*al suo favor*).

39 *di che più zelo… aver de'*: del quale deve avere più cura che dei begli occhi e della vita stessa.

40 *larga copia*: generoso dono.

41 *trionfan*: godono.

42 *inopia*: privazione.

43 *stagion*: splendore.

44 *adombri e incarni*: le due operazioni (dell'ombreggiare e del colorire) con cui si traduce in atto, cioè in pittura viva, un disegno sulla tela.

45 *pennoncello*: pennacchio, posto nella sommità dell'elmo (*cimiero*).

46 *sentiero*: passaggio.

47 *fa paragone*: dà la prova.

48 *in resta*: appoggiata alla «resta», cioè al sostegno di ferro che era sul petto dell'armatura e a cui appunto veniva appoggiato il calcio della lancia.

49 *con tempesta*: con foga.

50 *testa per testa*: fronte a fronte.

51 *in salto*: in caldo, in amore.

52 *accozzar*: cozzar.

53 *osberghi*: l'armatura che proteggeva il busto, in questo caso. Originariamente l'«osbergo» era una veste di maglia di ferro che copriva tutta la persona.

54 *di corto*: di lì a poco, quasi all'istante.

55 *fu risorto*: risorse, si raddrizzò.

56 *stimando avere assai*: reputando d'aver tratto ormai bastante vantaggio.

57 *si disserra*: si lancia.

58 *stupido*: stupefatto.

59 *senza fronde e senza onore*: senza l'ornamento delle fronde.

60 *sonare*: risuonare.

61 *gran destrier*: Baiardo.

62 *a fracasso… mena*: fracassando trascina via.

63 *non contende*: non impedisce di vedere.

64 *Colle groppe*: il cavallo volge subito le terga a Sacripante e gli sferra calci.

65 *apposta*: dirige.

66 Sono qui riassunte alcune vicende dell'*Orlando Innamorato*. Angelica, al tempo in cui era assediata dal suo pretendente Agricane, re dei Tartari, in Albracca, era innamorata di Rinaldo avendo bevuto alla fontana dell'amore, mentre Rinaldo la detestava avendo bevuto alla fontana dell'odio. In Albracca, fortezza collocata presso il Catai, Angelica aveva avuto personalmente cura di Baiardo (*il servia… di sua mano*). Successivamente i sentimenti erano mutati, avendo Angelica e Rinaldo bevuto a fontane diverse.

67 *il tempo piglia*: coglie il momento propizio.

68 *l'urta e lo tien stretto*: lo spinge e lo trattiene. Spronare energicamente il cavallo e nello stesso tempo tenerlo saldamente a freno, è comune artificio equestre quando si vuole rendere docile un soggetto ribelle.

69 *Del ronzin… in sella*: Angelica lascia la groppa del proprio cavallo e si colloca più comodamente sulla sella, dove prima stava seduto Sacripante.

70 *costallo*: costarlo. Assimilazione per necessità di rima.

71 *te ne menti*: menti. Formula cavalleresca (*te* e *ne* pleonastici).

72 *lo diria… con vero*: lo direbbe con maggiore rispetto della verità, a quel che di te ho sentito narrare. Nelle antiche canzoni di gesta, e poi presso il Pulci e il Boiardo, Rinaldo è presentato come ribelle e anche come saccheggiatore, o almeno tale per fama.

73 *bieci*: biechi, torvi.

74 *ribuffati dossi*: con i peli irti sul dorso, respinti all'insù.

75 *onte*: ingiurie.

Bradamante e l'Ippogrifo

1 *vede*: il soggetto è la donna.

2 *famiglia*: la servitù.

3 *come… sia*: come se vi fosse.

4 *maraviglia*: prodigio.

5 *di leggier*: facilmente.

6 *diverso*: strano, inusitato.

7 *avea dritto il sentiero*: aveva diretto il proprio cammino.

8 *quel varco*: quel passaggio.

9 *come… invole*: come se il mago rapisse veramente tutte le donne senza scelta alcuna.

10 *sì che le veggia il sole*: non si espongono ai raggi del sole, cioè non escono sino a notte.

11 *sul Pireneo*: sui Pirenei.

12 *presi*: prigionieri.

13 *giunseno… si viene*: giunsero su quella vetta dei Pirenei la quale permette di vedere, se l'aria è limpida, Francia e Spagna e i lidi del Mediterraneo e quelli dell'Atlantico (*due diverse arene*), così come la vetta appenninica del Falterona, sopra l'eremo di Camaldoli, rivela l'Adriatico (*mar schiavo*: mare che bagna le coste della Schiavonia) e il Tirreno (*mar… tósco*).

14 *un sasso*: un monte.

15 *sublima*: innalza.

16 *Non faccia… stima*: non presuma, non s'illuda.

17 *ambascia*: fatica, affanno.

18 *dritto a fil de la sinopia*: perfettamente a perpendicolo, cioè diritto come se fosse stato tagliato secondo la linea della sinopia (*sinopia*: terra rossa, così chiamata dalla città di Sinope nell'Asia Minore, che falegnami e muratori adoperavano per tracciare linee guida assolutamente diritte).

19 *facesser copia*: offrissero possibilità (lat.).

20 *di sì ignobil sorte*: di animo così vile.

21 *lo chiama al campo*: lo invita a scendere in campo.

22 *mazza*: asta corta e ferrata.

23 *sol*: da legare al verbo *avea*, e non allo scudo, e da riferire all'intera espressione, poiché tutti i guerrieri hanno soltanto lo scudo nella sinistra. Interpreta i vv. 1-4: non aveva che uno scudo nella sinistra e un libro nella destra.

24 *maraviglia*: prodigio, indicato nei versi seguenti.

25 *la lancia… parea*: sembrava talora che egli giostrasse con la lancia, attaccasse con la lancia (*la lancia… correr*).

26 *batter le ciglia*: come se veramente stesse per sopraggiungere il colpo.

27 *stocco*: spada corta e acuminata.

28 *giumenta… grifo*: generato dal connubio d'una cavalla con un grifo (animale favoloso per metà leone e per metà aquila).

29 *grifo*: rostro.

30 *ippogrifo*: appunto metà grifo, ossia uccello, e metà cavallo. È invenzione ariostesca. Ma anche nelle letterature orientali, classiche e medievali ci sono tracce di cavalli alati.

31 *che nei monti Rifei vengon*: uno di quegli animali che nascono nei monti Rifei (forse gli antichi Iperborei, oggi Urali).

32 *figmento*: finzione (lat.).

33 *non fu di momento*: non ebbe potere alcuno.

34 *colpi tuttavia diserra*: benché non sia colpita, finge di esserlo e vibra colpi.

35 *instruita*: istruita da Melissa.

36 *la cauta maga*: l'astuta (*cauta*) maga Melissa aveva istruito Bradamante sui poteri magici di Atlante e sul modo di vincerli.

37 *che del fatto… crede*: che non sa né dubita minimamente che esista una difesa contro la sua arte magica.

38 *ma gli piacea… spada*: gli piaceva qualche bel colpo dovuto ad assalto di lancia o a mulinare di spada.

39 *acciò che… avanzi*: affinché il mago non ottenga alcun vantaggio nei suoi confronti.

40 *aperse*: scoperse.

41 *vano*: perché inutili erano, contro Bradamante, tutti i suoi incantesimi.

42 *né parte… in fallo*: neppure una parte del suo disegno andò a vuoto.

43 *reposto*: nascosto (lat.).

44 *il libro… guerra*: il libro magico che con le sue formule simulava il combattimento.

45 *ha giunto alla stretta*: ha messo alle strette.

46 *viso crespo*: viso rugoso.

47 *Tommi*: toglimi.

48 *a che effetto*: a quale scopo.

49 *a tutto il mondo*: a tutti.

50 *ma per ritrar… passo*: ma per sottrarre alla morte.

51 *gentil*: nobile. Il cavaliere è Ruggiero.

52 *morir… deve*: Ruggiero, infatti, dovrà morire per tradimento dei Maganzesi dopo essersi convertito al cristianesimo.

53 *rimesso*: dimesso, rassegnato.

54 *se la mena*: Bradamante dunque stimola il mago e questi la precede facendole da guida verso la rocca, cioè traendola dietro a sé.

55 *il fesso*: la fenditura, dove è scavata la scala (v. 7: *scaglioni*: gradini) che sale a spirale (v. 7: *si monta in giro*).

56 *caratteri*: figure magiche.

57 *olle*: pentole per suffumigi. «Voce d'area settentrionale, dov'è di sviluppo popolare; lat. *olla*, forma laterale di "aul(l)a" pentola» (Dei).

58 *brigossi*: si liberò.

59 *ragna*: rete per la caccia, sottile come quella dei ragni e, come questa, stesa tra gli alberi.

60 *a un'ora*: nello stesso istante.

61 *compagna*: compagnia.

62 *molte*: molte donne. Il rammarico è maliziosamente riserbato ad esse.

63 *franchezza*: liberazione.

64 *Prasildo… Iroldo*: già nell'*Orlando Innamorato* (II, ix, 49) sono presentati come amici fedeli. Liberati da Rinaldo e fattisi cristiani, lo avevano seguito in Occidente. È invenzione dell'Ariosto che cadessero poi prigionieri di Atlante.

65 *par*: coppia.

66 *Ruggiero amò ecc.*: Quanto alla ferita di Bradamante (v. 4), è da ricordare che essa le fu inflitta dal saraceno Martasino nel momento in cui la donna si trovò ad essere improvvisamente distaccata da Ruggiero.

67 *redentrice*: liberatrice.

68 *nel freno*: per il freno.

69 *si ripon*: torna a posarsi.

70 *come fa… si mena*: come la cornacchia che scherza con il cane, il quale invano tenta di afferrarla.

71 *chi di su… speme*: chi scendendo dall'alto e chi salendo dal basso, si sono condotti dove ciascuno spera che torni l'ippogrifo.

72 *instante*: sovrastante, imminente (lat.).

73 *il toglia*: il soggetto è Atlante. Vedi, infatti: *questa arte*, che è appunto l'accorgimento del mago per portare via dall'Europa Ruggiero.

74 *Frontin*: cavallo di Sacripante, rubato da Brunello e da questi regalato a Ruggiero.

75 *adizza*: aizza.

76 *girifalco… augello*: il falcone reale a cui il falconiere (*mastro*) toglie, al momento opportuno, il cappuccio e mostra la preda.

77 *non riede… vero*: per molto tempo non torna in sé (*sentimento vero*: la realtà).

78 *Ganimede*: giovane figlio di Troo, re di Troia, rapito da Giove, che aveva assunto la forma d'aquila, e tratto in cielo a fare il coppiere degli dèi.

79 *paterno impero*: Troia.

80 *di vista se le tolse*: si sottrasse alla sua vista.

81 *Poggia*: sale.

82 *abbassarsi… sorge*: viste dall'alto le asperità del terreno si appiattiscono, e non è più consentito distinguere le parti montuose da quelle piane.

83 *sì ad alto vien*: perviene a tale altezza.

84 *verso ove… si raggira*: verso il luogo dove tramonta il sole quando si trova nella costellazione del Cancro (*Granchio*), cioè verso la Spagna. L'ippogrifo segue, nel suo volo, la latitudine del tropico del Cancro, concepito un tempo molto vicino a Gibilterra, muovendo dalle colonne d'Ercole verso l'Asia, sino alle Indie Orientali, secondo l'itinerario di Colombo.

85 *legno unto*: nave spalmata di pece, e perciò velocissima.

86 Il canto IV continua con le avventure di Rinaldo in Scozia (rappresentata come la terra dei cavalieri erranti) dove egli salva dalla condanna a morte la calunniata figlia del re, Ginevra, scoprendo l'intrigo di cui è vittima.

L'Isola di Alcina

1 *constante*: forte, coraggioso.

2 *fuore… il segno*: oltre il limite segnato dalle colonne d'Ercole (v. 8).

3 *celer… strale*: l'aquila, che somministrava a Giove i fulmini da scagliare come strali.

4 *pari a quella… strano*: simile all'isola a cui è legato il mito di Aretusa, cioè la Sicilia. «La ninfa Aretusa, perseguitata dall'amore del fiume Alfeo, si raccomanda a Diana, dalla quale è cambiata in fonte. Alfeo mescola ad essa le sue acque, ma Diana fora la terra e conduce la fonte Aretusa in Sicilia ad Ortigia. Gli antichi credevano che questa fontana avesse comunicazione sotterranea col fiume Alfeo nell'Elide; quindi il mito e quindi l'espressione *invano* dell'Ariosto» (Papini). L'isola di Alcina, secondo il Fòrnari, sarebbe il Cipangu di Marco Polo, ossia il Giappone. Zingarelli, invece, la colloca nell'Atlantico presso le terre scoperte da Colombo. Non c'è dubbio che è luogo immaginario, architettato dall'Ariosto secondo modelli letterari, antichi e moderni, di descrizioni di terre felici e senza peccato, di regni di Venere e di luoghi incantati.

5 *gentil*: gradevole, ameno.

6 *dopo un girarsi di gran tondo*: dopo un aggirarsi a largo giro.

7 *delicati*: dal pendio dolce.

8 *amenissime mortelle*: mirti piacevolmente profumati.

9 *contesti*: intrecciati.

10 *con lor spesse ombrelle*: con le fitte ombre dei loro rami.

11 *sicuri*: dalle insidie dei cacciatori, com'è detto più innanzi (22, vv. 3 e 5).

12 *capri*: caprioli.

13 *destri*: agili.

14 *si sferra*: si libera, smontando.

15 *nel margine marino*: sulla riva del mare.

16 *surgea*: scaturiva.

17 *alme*: vivificatrici.

18 *Né maraviglia… in piazza*: non c'è da meravigliarsi se la corazza lo infastidisce, perché l'impresa da cui esce (cioè il lunghissimo volo, vv. 7-8) non è stata certo una semplice mostra sul campo dei tornei cavallereschi.

19 *adombra*: lo fa adombrare. Forse nel verbo sono impliciti due significati complementari: getta ombra e quindi fa adombrare il cavallo.

20 *Come... risuona*: come un ceppo che abbia al suo interno intervalli vuoti tra le fibre, se posto al fuoco, consuma l'aria umida che contiene ed emette un suono.

21 *tanto che... via*: sino a che quel vapore bollente trova una via di sfogo.

22 *buccia*: scorza.

23 *Onde*: dalla *buccia* aperta.

24 *espedita*: sciolta.

25 *basti... flagella*: può ben bastare che mi tormenti il mio proprio male, cioè la sventura d'essere uomo cangiato in pianta.

26 *boschereccia dea*: ninfa. Un'antica credenza considerava abitatrici delle piante le ninfe dei boschi: Driadi e Amadriadi.

27 *turbar*: guastare.

28 *vivace*: vivente (lat.).

29 *non restar... che non risponda*: non rifiutarti di dirmi.

30 *orrido et irto*: ispido e pungente.

31 *se... ti schivi*: così possa il cielo proteggerti dalla grandine.

32 *dispetto*: l'offesa dolorosa che ti ho inferto.

33 *con parole e con effetto*: con le parole e coi fatti.

34 *allora tratto*: appena tagliato, ancora verde.

35 *converso*: trasformato.

36 *Astolfo*: figlio del re Ottone d'Inghilterra, cugino di Orlando e di Rinaldo per via paterna (Ottone era figlio di Bernardo di Chiaramonte). Già personaggio delle canzoni di gesta e del Boiardo.

37 *Ritornando* ecc.: «Dopo essere stato presso Angelica in Albracca, Astolfo trova Rinaldo e si accompagna con lui. Vengono ambedue nelle mani di Monodante, re di Demogir (Isole Lontane, nel Mare Indiano), dove trovano prigionieri anche Prasildo, Iroldo, Dudone e altri. La fata Morgana aveva rapito a Monodante un figlio giovinetto, del quale si era innamorata, e che non avrebbe reso se non in cambio di Orlando su cui aveva da vendicar un'onta ricevuta. Monodante fa prendere quanti cavalieri può, sperando di trovare Orlando. Avutolo finalmente, lo manda a Morgana, ma Orlando libera impunemente il giovinetto e torna con esso al padre, che, pien di gioia, lascia in libertà tutti i cavalieri, tra cui Astolfo. Questi, giunto poi al giardino di Alcina, è allettato a salire sopra una balena. Fin qui, il Boiardo» (Papini). Da notare *lava* (v. 2): bagna; *chiusi* (v. 4): rinchiusi, imprigionati; *cavallier di Brava* (v. 6): Orlando detto «Comes Blaiensis» da Blavia o Blaia (*Brava*), che corrisponde alla moderna Blaye sulla Gironda; *sabbia* (v. 7): probabilmente il deserto dell'emisfero boreale.

38 *uscimmo* ecc.: sbarcammo ecc.

39 *Alcina*: sorella della fata Morgana. È invenzione del Boiardo.

40 *vécchi marini... orche*: vitelli marini o foche, triglie (*muli*), sarpe (*salpe*), corvòli (*coracini*, pesci così detti perché neri come i corvi), pesci sega (*pistrici*), capidogli (*fisiteri*, così detti per lo sfiatatoio che hanno nel muso;

l'Ariosto non s'è accorto che aveva già citato i *capidogli* nel v. 3), delfini (*orche*, in origine «balene», poi una specie di delfini).

41 *Undeci passi*: circa sedici metri, essendo il «passo» dei Romani equivalente a un metro e mezzo.

42 *in uno errore*: nel medesimo errore.

43 *credemo*: crediamo.

44 *Con la fata… inanti*: Alcina, sorella gemella o minore o maggiore della fata Morgana.

45 *ingegno*: inganno.

46 *far… alloggiamenti*: prendere alloggio presso di me.

47 *sorti*: qualità.

48 *volendo*: se volete.

49 *acheta*: placa.

50 *volonteroso*: curioso d'ogni novità, intraprendente.

51 *salse*: salì.

52 *all'ufficio diligente*: pronta ad eseguire l'incarico ricevuto.

53 *Noto*: vento del mezzogiorno che reca tempesta.

54 *si converse*: si rivolse, si diede.

55 *giuoco lieto*: allegro giuoco di corte consistente nel fare segrete domande all'orecchio (vv. 3-4).

56 *fu commodo grande*: offerse l'opportunità.

57 *furon… insieme*: una notte d'amore fu, per solito, l'ultima conclusione di quel giuoco.

58 *inanzi*: più presto.

59 *torchi*: doppieri.

60 *confetti*: dolci.

61 *debiti inviti*: le offerte che si fanno, anzi è doveroso fare, agli ospiti: l'ultimo giro dei vassoi.

62 *Aracne*: mirabile tessitrice, la quale sfidò e vinse la stessa Minerva; ma ne fu punita e trasformata in ragno.

63 *che facea… dimora*: che indugiava tanto a passare.

64 *donde*: dalla quale. È la stanza di Alcina, da cui Ruggiero attende che la donna esca per andare da lui (*passi*: vada).

65 *Teme… messo*: Ruggiero teme che qualche grosso ostacolo si sia frapposto tra Alcina e lui (*tra il frutto e la man*).

66 *poi ch'a'… meta*: avendo, dopo molto tempo, terminato di profumarsi (*pose alcuna meta*: pose un termine).

67 *via secreta*: passaggio nascosto.

68 *pugnato insieme*: contrastato tra loro. È l'alternativa di timore e di speranza che tormenta chi attende la donna amata.

Orlando, Olimpia, l'archibugio

1 *suggetto*: assoggettato.

2 *ch'anch'io… male*: perché anch'io sono fiacco e debole verso il mio bene, tanto quanto sono energico ed animoso nel seguire il mio male.

3 *sparsa*: dispersa.

4 *rotto*: affranto, spezzato dalla fatica.

5 *può*: potrebbe.

6 *Durindana*: la celebre spada Durindana, che Orlando tolse ad Almonte, insieme all'insegna e al cavallo, quando giovinetto lo uccise in Aspromonte. Già appartenuta a Ettore.

7 *Or… quando*: ora… ora.

8 *cercando*: frugando.

9 *veggi*: vegli.

10 *moresco*: africano.

11 *sicuramente*: con molta sicurezza, con disinvoltura.

12 *arabesco*: arabo.

13 *che sapeva… francesco*: il fatto che conosceva altre lingue oltre il francese.

14 *l'africano… espedito*: e parlava così speditamente l'africano.

15 *effetto*: scopo.

16 *a 'borghi fuora*: nelle borgate, fuori delle città.

17 *Francia e suo distretto*: è l'Isola di Francia, cioè il territorio compreso tra la Senna e la Marna, l'Oise e l'Aisne.

18 *Uvernia*: Auvergne (Alvernia).

19 *cercò… Spagna*: frugò tutta la Francia da est (Provenza) ad ovest (Brettagna), da nord (Piccardia) a sud (Pirenei).

20 *capo*: inizio.

21 *stagion*: l'autunno.

22 *che la frondosa… pianta*: nella quale la pianta tremante ai primi freddi (*trepida*) vede cadere la propria veste frondosa e mettersi a nudo i rami.

23 *augelli*: uccelli migratori. – *insembre*: insieme.

24 *inchiesta*: impresa. Generalmente impresa rivolta alla ricerca di una persona.

25 *stagion novella*: la primavera.

26 *parte… fiume*: il fiume Couesnon o Quesnon che divide la Normandia dalla Brettagna. Sbocca nel golfo di Normandia (v. 4) presso Saint-Malo e il monte San Michele.

27 *disciolto*: spezzato.

28 *il passo tolto*: impedito il passaggio.

29 *quando*: dal momento che.

30 *poppe*: poppa.

31 *pochi… ritruova*: trova pochi guerrieri pari a lui nel nostro tempo.

32 *alcun'arme*: una certa arma, una strana arma.

33 *né… nuova*: e neppure la gente moderna, fuorché in mano a lui.

34 *ferro bugio*: un ferro bucato. È l'archibugio, in realtà usato per la prima volta nel sec. XIV, cioè cinque secoli dopo Carlo Magno. Nel *Furioso* anacronismi di questo genere non sono di alcun peso.

35 *da dua braccia*: circa due braccia.

36 *Col fuoco*: con la miccia accesa.

37 *a guisa… vena*: così come il medico usa comprimere la vena recisa prima di allacciarla.

38 *esclusa*: espulsa.

39 *botta*: proiettile.

40 *in frotta*: insieme ad altri.

41 *lontan*: mentre era lontano, di lontano.
42 *ire all'occaso*: andare al tramonto, andare a morte. Morire.
43 *mentre… caso*: mentre andava su e giù per provvedere ai vari eventi della guerra.
44 *Dordreche*: Dordrecht, nell'Olanda meridionale.
45 *perché… porta*: perché ogni tirannide, soprattutto quando è stata imposta di recente, ingenera sospetto.
46 *sempremai*: in qualunque momento, sol che lo voglia.
47 *s'in possanza… inteso*: se è vero che Olimpia è nelle mani del cavaliere e se il servo ha ben compreso.
48 *Trenta*: a trenta.
49 *diverso da*: discosto da.
50 *usciro*: sbucarono.
51 *dar parole… avea*: lo aveva fatto tenere a bada con parole.
52 *Volana*: Volano, paese del Ferrarese presso il Po di Volano, dove soleva pigliarsi gran copia di pesce, con una rete detta da quei pescatori "tratta".
53 *dal re… si provede*: da parte di Cimosco viene provveduto.
54 *fulmine terrestre*: l'archibugio.
55 *si convegna*: occorre.
56 *acciò… faccia*: al fine di catturarne in maggiore quantità.
57 *giuoco… zimbel*: due modi per attirare gli uccelli (*giuoco*: far svolazzare un uccello legato; *zimbel*: far cantare un uccello chiuso in gabbia).
58 *in quella… messe*: infisse nell'*asta*.
59 *capir*: contenere, perché non è lunga a sufficienza.
60 *Non altrimenti* ecc.: «Descrive la caccia alle rane, còlte sull'orlo dei fossi (*estrema arena*), ove sono in maggior adunate, e infilzate alla freccia» (Casella).
61 *o taglio o punta*: o di taglio o di punta.
62 *in vermiglio*: di rosso, di sangue.
63 *azzurro… giallo*: i colori delle insegne impresse sulle sopravvesti dei nemici.
64 *la canna e il fuoco*: l'archibugio.
65 *v'avrian più loco*: sarebbero più necessari.
66 *piglia partito*: decide, provvede.
67 *ponte*: il ponte levatoio.
68 *d'amendue le porte*: la prima era esterna e veniva chiusa con il rastrello.
69 *mercé che*: poiché.
70 *s'ha fatto*: s'è fatto.
71 *di piatto*: rimpiattato, nascosto (in agguato).
72 *al loco*: alla posta.
73 *cani armati*: «Credo intenda armati di collare a punte di ferro, per difenderli dagli animali feroci che li afferrassero per il collo» (Casella).
74 *ruinoso*: seminando la rovina intorno a sé, come è detto nei vv. sgg.
75 *scocca*: esplode.
76 *paventoso*: spaventoso.
77 *ardente stral*: proiettile.
78 *dà a nessun perdono*: non risparmia nessuno.
79 *si torse*: deviò.

80 *l'un*: il cavallo morto.

81 *destro*: agile.

82 *Anteo*: il mitico gigante libico, il quale risorgeva più forte ogni volta che toccava la madre Terra. Vinto da Ercole, che lo piegò sollevandolo dal suolo.

83 *Chi vide mai*: se qualcuno vide mai. Dopo una lunga parentesi (vv. 2-8), riprende con *s'imagini* ecc.

84 *foco*: fulmine.

85 *disserra*: vibra.

86 *richiuso... serra*: una polveriera, dove è custodita la polvere da sparo (carbone, zolfo e salnitro).

87 *che par*: sembra (*che* pleonastico).

88 *s'immagini*: il soggetto è al v. 1 di 78 (*Chi vide* ecc.).

89 *Lo séguita... eccede*: lo insegue con tale velocità che supera quanto può pensare (*ogni stima*) e credere (*ogni credenza*) chi non lo vide.

90 *giunse*: raggiunse.

91 *in poca strada*: dopo un breve tratto di strada.

92 *l'ultimo crollo*: il sussulto che precede la morte.

93 *fuor de la marea*: lontano da quel braccio di mare, vicino alla costa, entro cui si fa sentire l'effetto della marea.

94 *lo tolse*: prese l'archibugio.

95 *Acciò più... valer*: affinché mai più un cavaliere cessi o si trattenga (*istea*) dall'essere ardito e affinché l'uomo vile per mezzo tuo non si vanti di valere quanto l'uomo coraggioso.

96 *tartareo fondo*: l'inferno.

97 *ti rasigno*: ti rassegno, ti restituisco.

98 *alla via*: alla volta.

99 *isola crudele*: Ebuda, dove Orlando si reca sperando di trovare Angelica.

100 *di più... d'acqua*: da una profondità di più di cento passi d'acqua (se è il «passo» doppio, pari circa a un metro e mezzo, l'archibugio di Cimosco giaceva a centocinquanta metri di profondità).

101 *tra gli Alamanni*: tra i Tedeschi.

102 *uno et un altro*: uno dopo l'altro.

103 *assutigliando*: aguzzando.

104 *bande*: parti.

105 *Alcuno... accesa*: qualcuno usa versare il bronzo, che la fornace accesa ha liquefatto, in forme di terra incavate.

106 *bùgia*: buca, fora. Il cannone era fuso in un sol blocco e quindi si provvedeva a scavare l'anima col trapano.

107 *bombarda... scoppio... semplice cannon... cannon doppio*: quattro tipi d'arma da fuoco (un grosso pezzo d'artiglieria di forma raccorciata a mortaio, lo schioppo o fucile, il cannone leggero per lanciare palle di cinquanta libbre e il cannone pesante per proiettili maggiori).

108 *sagra... falcon... colubrina*: «sagro» o cannone a campana; il «falcone» o cannoncino, il più piccolo cannone; la *colubrina* o cannone allungato e sottile come un serpente.

109 *marmi*: opere in muratura.

110 *Rendi... alla fucina*: consegna alla fucina perché le rifonda.

111 *non toccherai stipendi*: non riceverai il soldo, non sarai arruolato. Allusione a soldati mercenari.

112 *Per te*: per colpa tua.

113 *il mestier de l'arme*: l'arte della guerra.

114 *ridutta… migliore*: ridotta a tal punto che spesso il malvagio sembra migliore del buono.

115 *al paragon*: alla prova delle armi, al confronto diretto.

116 *son giti… sotterra*: sono già morti e moriranno.

117 *questa guerra… in pianti*: la guerra tra Francesco I e Carlo V per la supremazia europea, che insanguinava soprattutto l'Italia.

118 *che s'io… ordigni*: il che va unito al *tanti* del v. 2 e ha valore consecutivo. Perciò si legga: sono morti e moriranno tanti signori e cavalieri che se io ho detto che l'inventore di così abominevoli ordigni è stato il più crudele ed empio e malvagio di quanti ingegni sono mai stati al mondo, quello che ho detto è la verità.

Olimpia abbandonata

1 *tratta*: tolta, estinta.

2 *scarse*: caute, restìe.

3 *sì polito*: così imberbe.

4 *presa vede*: la vede catturata.

5 *tanto che*: fin tanto che, finché.

6 *donne*: padrone, signore.

7 *tolto*: distolto.

8 *come inculta… piante*: come una vite solitaria nel campo, la quale non abbia un palo a cui appoggiarsi o attaccarsi.

9 *la prima lanugine*: i giovani di primo pelo.

10 *côrre… maturi*: godere l'amore di uomini non troppo giovani e neppure troppo stagionati.

11 *teso*: drizzato.

12 *Il travaglio del mare*: il mare travagliato, il mare in tempesta.

13 *pensati inganni*: il tradimento meditato.

14 *altrimente*: affatto.

15 *e come… sian*: e come se gli fossero spuntate le ali.

16 *ne l'alto*: nell'alto mare.

17 *dorate ruote*: le ruote d'oro del leggendario carro dell'Aurora.

18 *s'udîr… lamentarse*: si udirono gli alcioni piangere sul mare l'antica sventura. L'Ariosto allude al mito di Alcione, moglie di Ceice, re di Troia, la quale si gettò da una rupe in mare, avendo veduto il corpo del marito morto in un naufragio. Gli dèi trasformarono in uccelli tanto il corpo di Alcione quanto quello di Ceice.

19 *nulla giova*: senza frutto, invano.

20 *vedove piume*: il letto vedovile, abbandonato dal marito.

21 *Antri*: con la maiuscola perché personificati.

22 *cavo*: scavato.

23 *la facea… possente*: lo stato d'animo, la disperazione d'amore, le dava tanta energia, tanta forza.

24 *al camin de le navi*: nella direzione della rotta delle navi.

25 *debita salma*: il carico che dovrebbe recare, cioè Olimpia.

26 *lievi*: imbarchi.

27 *portavano… portavano*: gonfiavano… disperdevano.

28 *a se stessa*: contro se stessa.

29 *per affogarsi… lido*: stette per lanciarsi dal lido e affogarsi.

30 *dicea lui*: diceva al letto.

31 *desti… ricetto*: accogliesti.

32 *opra… sia*: un lavoro, costruzione o opera agreste, che mi attesti la presenza dell'uomo.

33 *sto in sospetto*: temo.

34 *presupongo*: anche se ammetto, suppongo.

35 *di qui mi porti*: mi porti via di qui.

36 *schivi*: eviti.

37 *per te si guardan*: in nome tuo sono vigilati, custoditi. Olimpia aveva dato a Bireno il governo dello Stato.

38 *presto*: sollecito.

39 *per aver… rivolto*: per avere il dominio dello Stato nelle tue mani. Oppure: per avere lo Stato a te devoto (*rivolto*: devoto).

40 *fossi*: fosse.

41 *potei*: avrei potuto, sposando Arbante.

42 *per te*: per amor tuo. – *vòlsi*: volli.

43 *improverar… dartene*: rinfacciare né fartene una colpa.

44 *guiderdon*: ricompensa.

45 *color che vanno in corso*: i corsari («andare in corso»: andare scorrendo il mare, corseggiare).

46 *fera brava*: belva feroce.

47 *di cui… morso*: le cui unghie mi lacerino e i morsi mi sbranino.

48 *cava*: tana.

49 *chiocca*: ciocca.

50 *ruota il capo*: agita il capo disperatamente.

51 *qual Ecuba… Polidoro*: Ecuba, regina di Troia, impazzì e si convertì in cagna rabbiosa dopo che ebbe veduto il cadavere del figlio Polidoro. Per l'espressione *conversa in rabbia*, quasi tutti i commentatori interpretano: trasformata in cagna rabbiosa. Senza pensare all'uso dell'astratto per il concreto (*rabbia*: cagna rabbiosa), si può anche intendere: si volse, cadde in uno stato di furore.

52 *non rivenne … fêro*: Ruggiero non percorre più l'itinerario del primo viaggio, e perciò sorvola l'Asia anziché l'Oceano, così come mutarono strada, ritornando alla loro terra, i re Magi per evitare Erode.

53 *India… riga*: a raggiungere l'Oriente con volo diritto.

54 *là… briga*: nel luogo dove Alcina e Logistilla contendevano tra loro.

55 *quella… instiga*: il mare, su cui Eolo sfrena i suoi venti.

56 *finir… mondo*: Ruggiero ha compiuto sin qui mezzo giro del mondo, viaggiando sul mare da Gibilterra alle Indie; ora completa quel giro, volando sull'Asia dalle Indie sino in Occidente, secondo quanto compie il sole nel suo giro.

57 *Quinci… passando*: passando sopra Quinsai (regione orientale centrale della Cina), vide il Cataio da una parte, cioè a nord, e dall'altra la Mangiana, regione dell'Asia centrale a sud del Cataio.

58 *Imavo*: «Non solo la grande catena di montagne dell'Imalaia, ma anche quella che si stende verso Borea sino all'Altai, e raggiungendo la Scizia iperborea separava la Scizia di là e di qua dell'Imavo» (Zingarelli).

59 *Sericana*: regione asiatica di cui era re Gradasso.

60 *iperborei Sciti*: gli abitanti della Scizia iperborea o Siberia, terra situata oltre il Settentrione soggetta alle nevi e al ghiaccio.

61 *onda ircana*: il Mar Caspio, dalla regione Hyrcania che si trova appunto lungo il Mar Caspio.

62 *Sarmazia*: la Sarmazia asiatica, a oriente del Mar Caspio.

63 *dove… si divide*: secondo gli antichi il confine tra Asia ed Europa era segnato dal Tanai (Don), a occidente del quale si estendeva la Sarmazia europea.

64 *Russi… Pruteni… Pomeria*: Russia, Prussia e Pomerania.

65 *al resto*: ai restanti popoli.

66 *ultima Inghilterra*: così era detta l'Inghilterra dagli antichi, perché posta all'estremità dell'Europa verso settentrione. Così si conclude il periplo della terra che Ruggiero ha effettuato in due grandi tappe: una involontaria ed una, invece, da lui stesso tracciata.

67 *schivando a suo poter*: cercando di evitare il più possibile.

68 *gli cale*: gli preme.

69 *declina*: scende.

70 *uomini d'arme*: «Si chiamavano così i soldati, che si potrebbero dire di cavalleria pesante» (Papini).

71 *partiti*: ripartiti, divisi.

72 *la bella… terra*: la bella rivista o parata militare fuori di Londra (*terra*: città).

73 *Franceschi assediati*: i Francesi assediati in Parigi.

74 *si ricreano*: si confortano, riprendono animo.

75 *distinguerò*: ti segnalerò partitamente.

76 *fiordaligi… pardi*: il giglio di Francia e il leopardo d'Inghilterra. Le insegne e i titoli nobiliari sono invenzioni d'Ariosto.

77 *gran capitano*: comandante in capo.

78 *del re… Lincastro*: nipote del re Ottone d'Inghilterra e duca di Lancaster, capoluogo della contea del Lancashire nell'Inghilterra nord-occidentale.

79 *La prima*: sott. "bandiera".

80 *Varvecia*: Warwick.

81 *Glocestra*: Gloucester.

82 *segnale*: stendardo, insegna.

83 *Chiarenza*: Clarence.

84 *Eborace*: York.

85 *Nortfozia*: Norfolk.

86 *Cancia*: Kent.

87 *Pembrozia*: Pembroke.

88 *Sufolcia*: Suffolk, Southfolk.
89 *assozia*: accoppia, unisce.
90 *Esenia*: Essex.
91 *Norbelanda*: Northumberland.
92 *Arindelia*: Arundel.
93 *Barclei*: Berkeley.
94 *Marchia*: March.
95 *Ritmonda*: Richmond.
96 *Dorsezia*: Dorchester.
97 *Antona*: Hampton, Southampton.
98 *Devonia*: Devonshire.
99 *Vigorina*: Winchester.
100 *Erbia*: Derby.
101 *Osonia*: Oxford.
102 *Battonia*: Bath.
103 *Sormosedia*: Somerset.

Le incatenate dell'Isola del Pianto

1 *sopra mano*: con la mano alzata al di sopra della spalla, per colpire dall'alto in basso.
2 *una gran massa*: una massa informe.
3 *porca*: cinghialessa.
4 *grandi ale*: le ali dell'ippogrifo.
5 *preda certa litorale*: la preda sicura che sta sul lido, cioè Angelica.
6 *quella vana*: la preda irraggiungibile, cioè l'ombra dell'ippogrifo proiettata sull'acqua.
7 *spoglie d'oro*: le squame che brillano al sole.
8 *abbella e liscia*: abbellisce lisciando.
9 *la velenosa*: la biscia velenosa.
10 *adugna*: ghermisce.
11 *non se le volga*: non riesca a rivoltarglisi contro.
12 *muta strada*: tempestivamente si gira, muta posizione.
13 *a tempo… in suso*: a seconda delle circostanze, al momento opportuno, scende giù oppure risale in alto.
14 *d'iaspro*: pietra dura.
15 *scoglio*: scorza, pelle scagliosa.
16 *mese dinanzi o nel seguace*: luglio e settembre.
17 *grifo mordace*: muso pronto a mordere.
18 *quel*: il mastino.
19 *suonar fa… il dente*: azzanna a vuoto.
20 *un tratto… il tutto*: ma solo che un morso vada a segno, pone termine a tutto (cioè appaga, con un unico colpo, il dente asciutto).
21 *non sa*: sogg. Ruggiero.
22 *snoda*: sogg. l'*ippogrifo*.
23 *Gli è spesso che*: avviene spesso che Ruggiero.
24 *sprazzo*: spruzzo.

25 *brami… schifo*: tanto da far cadere in mare Ruggiero e fargli implorare invano il soccorso d'un galleggiante (*zucca*) o di una piccola barca (*schifo*).

26 *Prese… migliore*: decise di adottare un altro piano, e il migliore gli parve quello ecc.

27 *incantato*: da riferire allo *splendore* (v. 3) che è imprigionato per forza di incantesimo nello scudo ancora ricoperto dalla fodera di protezione (*coperto scudo*).

28 *per non fare errore*: per non intralciare il suo disegno e per impedire che anche Angelica sia abbagliata dalla luce dello scudo.

29 *dico… in dito*: gli episodi a cui quest'ottava si riferisce sono narrati nei canti IV, VII, VIII.

30 *viete*: impedisca. Sogg. l'*annello*.

31 *perché… rete*: perché con l'anello magico al dito Angelica difenda dai poteri dello scudo abbagliante i suoi occhi che già avevano fatto innamorare Ruggiero.

32 *Or viene… cete*: ora l'enorme cetaceo (*cete*), cioè l'orca, viene verso la spiaggia e occupa metà della superficie del mare.

33 *alla posta*: all'erta.

34 *velo*: la fodera dello scudo.

35 *Ferì*: colpì. Sogg. l'*incantato lume*.

36 *scaglion*: pesce con grosse scaglie.

37 *con calcina*: i montanari dell'Appennino emiliano usavano gettare calce nei fiumi per far venire a galla i pesci e catturarli.

38 *riversciato*: rovesciato.

39 *tuttavolta*: tuttavia.

40 *a guisa… suole*: come suole procedere il granchio marino (*salso*) quando procede sulla spiaggia del mare o della valle (*valle*, è da intendere nel senso di laguna), quando cioè cammina all'indietro.

41 *chiome gialle*: è l'ora in cui il cielo si colora d'arancione, preannunzio del sole che è sorto solo a metà (v. 7).

42 *non senza… geloso*: l'Aurora mostrando le chiome a Febo suscita la gelosia del vecchio marito Titone.

43 *quanto… sasso*: tanto spazio piano quanto ne ricopre un tiro di sasso.

44 *lasso*: stanco, come di persona affranta.

45 *posto gli occhi*: posti gli occhi.

46 *appresso all'onde al basso*: «sul basso, sulla parte inferiore dello scoglio, vicino alle onde» (Papini).

47 *Tira in fretta ambi i remi*: rema in fretta, tira in fretta i remi al petto.

48 *di più notizia averne*: di averne nozione più precisa, di vedere chi esso sia.

49 *muggiar*: mugghiare.

50 *ecco… mare*: cfr. nota a X, 109, vv. 5-6.

51 *Come… spegna*: viene da pensare alla similitudine di Omero (*Iliade*, xvi, 364-5).

52 *tutto il tegna*: lo occupi interamente. Cfr. 34, v. 8.

53 *in sé raccolto*: chiuso nella difesa.

54 *altier*: sprezzante, a testa alta.

55 *perché… un tratto*: per potere, nello stesso tempo, essere di difesa (*schermo*) alla fanciulla e assalire la belva.

56 *palischermo*: piccola barca di salvataggio.
57 *piatto*: appiattito, nascosto.
58 *cor*: coraggio.
59 *schifo*: il palischermo di 36, v. 5.
60 *con poco intervallo*: a breve distanza.
61 *l'àncora… molle*: Orlando introduce l'ancora nella bocca dell'orca in modo che una delle punte uncinate si infigga nel palato e l'altra nella lingua.
62 *sì che… orrende*: cosicché la mascella superiore non può scendere né quella inferiore alzarsi.
63 *mine*: miniere.
64 *ferro*: piccone ferrato.
65 *terra*: la vòlta della galleria.
66 *suspende*: puntella.
67 *subito ruina*: improvvisa frana.
68 *Da un anno… salta*: la distanza che intercorre da un uncino dell'ancora all'altro, da quello infitto nel palato a quello infitto nella lingua, è tale che l'orca è costretta a tenere la bocca spalancata per un'ampiezza maggiore della statura di Orlando, sì che questi dovrebbe saltare se volesse giungere sino alla vòlta della inusitata galleria.
69 *tagli e punte*: cfr. nota a IX, 70, v. 3.
70 *Come… ròcca*: come può ben difendersi (quanto bene, c'è da immaginarselo!) una fortezza che abbia già i nemici dentro le proprie mura.
71 *scagliose schene*: il dorso pieno di scaglie.
72 *muove… l'arene*: sommuove dal fondo marino la sabbia e la fa salire alla superficie.
73 *abonda*: aumenta, cresce in modo preoccupante.
74 *depende*: pende.
75 *fiede*: ferisce.
76 *in dieci*: sottintendi "scosse".
77 *si colca*: si corica, si getta a terra.
78 *almo soggiorno*: vitale elemento, cioè l'acqua.
79 *scior*: sciogliere.
80 *fonde*: effonde, versa.
81 *aprire*: spalancarsi. Come accadde quando il Mar Rosso si aperse per lasciare passare gli Ebrei.
82 *Proteo*: mitico custode del gregge marino, figlio dell'Oceano e di Teti. Aveva il potere di assumere diverse forme.
83 *Nettunno… corre*: «Omero immagina spesso che gli dèi si rechino a banchettare presso gli "innocenti etiopi"» (Sapegno).
84 *Melicerta… Ino*: Ino, moglie di Atamante, per sottrarsi al furore del marito impazzito si gettò nel mare con il figlio Melicerta in braccio; e gli dèi tramutarono madre e figlio in divinità marine (Leucotea e Palemone).
85 *Nereide… Glauci… Tritoni*: Le Nereidi, cioè le cinquanta figlie di Nereo e di Doride, le quali componevano il corteo di Nettuno; i Glauci, cioè i seguaci di Glauco, il pescatore trasformato dagli dèi in divinità marina; i Tritoni, cioè i figli di Tritone e di Anfitrite, i quali erano mostri per metà uomini e per metà pesci.

86 *Rusci*: Russi.
87 *non se li degna di vedere*: non si degna neppure di guardarli.
88 *far… piazza*: farsi largo.
89 *che*: va unito a *subito* (v. 1); tosto che, appena.
90 *le dovesse… contese*: Orlando le dovesse opporre scarsa resistenza.
91 *quando*: poiché.
92 *dal capo… diamante*: Orlando era invulnerabile in tutto il corpo tranne che sotto le piante dei piedi.
93 *tolto*: impedito.
94 *diece*: dieci.
95 *quei d'Irlanda*: cfr. IX, 11, vv. 5-8.
96 *saliti*: discesi, sbarcati.
97 *ripar*: difesa, resistenza.
98 *parte… aviso*: in parte perché sono colti di sorpresa (*improviso*) e in parte perché la piccola isola ha pochi abitanti, e quei pochi hanno scarsa avvedutezza.
99 *L'aver*: gli averi, le sostanze.
100 *adeguate:* rase.
101 *capo*: persona.

Mandricardo rapisce Doralice

1 *reggimento*: guida.
2 *alla sua greggia*: al proprio esercito disordinato. Nota *sua*, come poi *vuol* (v. 6) e *dia* (v. 8), mentre il soggetto è plurale: Marsilio e Agramante (v. 3). Si deve intendere: ciascuno dei due dava ordini alle proprie truppe (cfr. 11, v. 1: *Marsilio prima, e poi fece Agramante*).
3 *lochi… dimora*: gli alloggiamenti invernali.
4 *in campagna all'ordine*: schierato in campo.
5 *Dorifebo*: questo nome e la maggior parte di quelli degli altri capitani sono tratti dall'*Orlando Innamorato* di M.M. Boiardo.
6 *Leone*: regno di Leon riunito alla Castiglia nel sec. XI.
7 *cura degli Algarbi piglia*: ha il comando degli abitanti dell'Algarve, regione meridionale del Portogallo.
8 *minor Castiglia*: la Vecchia Castiglia, più piccola della Nuova.
9 *Gade*: Cadice.
10 *le verdi… inonda*: per tutto il tratto (*ovunque*) in cui il Guadalquivir (*Beti*) bagna le verdi rive.
11 *Ulisbona*: Lisbona.
12 *Maiorica*: l'isola di Maiorca, nelle Baleari.
13 *quei… Norizia*: i soldati di Alzirdo e Manilardo.
14 *ucciso avria… di me*: avrebbe ucciso anche l'intero tuo esercito (*campo*) se, essendo presente, fosse stato più lento di me a fuggire via.
15 *Fa*: soggetto *il cavallier gagliardo* (v. 3).
16 *core*: coraggio.
17 *Agrican*: re dei Tartari ucciso da Orlando.

18 *Mandricardo*: già nell'*Innamorato* s'era mosso alla vendetta del padre contro Orlando. Alcune sue avventure, narrate dal Boiardo, sono riassunte velocemente dall'Ariosto nell'ottava seguente.

19 *ch'al castel… paura*: nell'*Innamorato* Mandricardo ricerca Orlando senza indossare armi, ché vuole conquistarsele col proprio valore. Giunto al castello della fata di Soria, riesce ad impadronirsi, attraverso difficili imprese e dure lotte, dell'armatura di Ettore. Manca solo la spada, caduta in possesso d'Almonte e poi finita nelle mani di Orlando. Da notare *che… paura* (v. 8): che il solo parlarne suscita spavento.

20 *Ritenne occulto*: tenne nascosto.

21 *stima non faccia*: non si fidi.

22 *inanzi… impresa*: affronti quell'impresa prima di lui.

23 *spoglia*: l'aspetto esterno, e quindi la sopravveste.

24 *a scorza di castagna*: del colore della buccia di castagna.

25 *frisa*: frisone, olandese.

26 *villan*: sorta di cavalli spagnoli.

27 *Ancora… sculpita*: la viltà e lo sgomento dell'animo erano ancora impressi nei volti sbiancati, stravolti.

28 *insensati*: fuori di sé.

29 *raconte*: rese note.

30 *e muove*: quindi rimuove i cadaveri.

31 *strana*: insolita, crudele.

32 *son sfamati*: si sono sfamati.

33 *che non ugne*: è così spolpato che non serve neppure più a ungere la bocca.

34 *a così ricca mensa*: ad una carneficina così allettante.

35 *dal negro*: dalla sopravveste nera.

36 *si ghirlanda*: si circonda, è circondato.

37 *Un simil… circonda*: il grazioso luogo costituisce una penisoletta simile a quella, ora scomparsa, che il Tevere formava ad Otricoli, presso Terni.

38 *Dove entrar si potea*: sulla lingua di terra che immette nel pratel.

39 *effetto*: scopo.

40 *mosso*: indotto.

41 *arnesi*: armatura.

42 *Dal nostro… figliuola*: siamo stati chiamati dal nostro re di Granata (Stordilano) per fare da scorta alla sua figlia (Doralice).

43 *re di Sarza*: Rodomonte.

44 *ha maritata*: ha promessa in isposa.

45 *Come… sia*: non appena, al calar della sera, la cicala si sarà taciuta.

46 *Colui*: Mandricardo.

47 *disegna*: risolve.

48 *se n'intende*: se ne sente dire.

49 *di saperlo ora mi giova*: ora ho desiderio di constatarlo di persona.

50 *A-llei*: a lei.

51 *pazzo solenne*: pazzo non comune, pazzo furioso.

52 *Granatin*: il capitano del drappello dei soldati di Granata.

53 *ricovra*: ricupera, ritira traendola a sé dal petto nemico.

54 *figlio d'Agricane*: Rodomonte.

55 *perché… rimane*: perché non dispone di nessun'altra arma.

56 *gli convenne giurar*: fu costretto dalla fata di Soria a giurare che non avrebbe portato spada finché non fosse riuscito a strappare a Orlando la Durindana.

57 *Grande… che vada*: è tanto grande che non esita ad andare.

58 *scudi spezza*: allo stesso modo Mandricardo spezza scudi ecc.

59 *picchiate strane*: colpi insoliti in un duello tra cavalieri, cioè bastonate.

60 *tutto l'avanzo*: tutti i superstiti.

61 *Come… porti*: come se gli fosse sottratto qualche cosa di sua proprietà. Tale considera Mandricardo questa schiera sulla quale può finalmente infierire a suo piacimento.

62 *dura*: resiste.

63 *stridula canna*: la canna che stride quando è agitata dal vento.

64 *cauto*: accorto.

65 *vaga*: errante, vagante.

66 *entrata*: cfr. 39, v. 1 e nota relativa.

67 *di nuovo*: di recente.

68 *al suono dei ramarchi*: guidato dal suono dei lamenti.

69 *alle sue lode*: alle lodi che le vengono tributate.

70 *dove… porta*: dove il fiume, volgendosi in altra direzione (cfr. 38, v. 6), offre un passaggio (cfr. 38, v. 5).

71 *Doralice*: cfr. nota a 40, vv. 1-2. Dall'*Innamorato* l'Ariosto ha tratto solo il nome di questo personaggio e un cenno sull'amore di Rodomonte per lei. Altri commentatori hanno avanzato l'ipotesi che nell'episodio di Doralice, promessa a Rodomonte e insidiata da Mandricardo, l'Ariosto abbia adombrato un fatto di cronaca, e cioè il rapimento della fanciulla, damigella della duchessa d'Urbino, destinata in moglie al napoletano Giambattista Caracciolo e fatta rapire da Cesare Borgia invaghitosi di lei.

72 *suffolta*: sorretta, sostenuta.

73 *piede*: tronco.

74 *succede*: viene fuori, scaturisce.

75 *brutto*: imbrattato.

76 *empia e oscura*: crudele e minacciosa.

77 *infante*: principessa.

78 *ragna*: tela.

79 *non sa in qual maniera*: senza neppure accorgersene.

80 *A-llei*: a lei.

81 *che… frutto*: da farle dono del frutto delle sue fatiche, della sua faticosa impresa; da restituirle, insomma, la sua libertà.

82 *volgerle*: mutarle.

83 *al tutto*: in tutti i modi.

84 *ubino*: piccolo cavallo di razza scozzese, adatto soprattutto per le donne.

85 *Assai da me fia accompagnata*: basterò io a farle da scorta.

86 *mastro… balia… sergente*: maestro di camera, nutrice e servente.

87 *a Dio, brigata*: addio, amici!

88 *non… riparo*: non potendo difendere la principessa da Mandricardo.

Rodomonte alla battaglia di Parigi

1 *ne l'ombilico... core*: nel centro della Francia, anzi nel cuore stesso (cioè più a nord).

2 *riviera... serra*: la Senna penetra in Parigi attraverso le mura, vi scorre dentro e poi ne esce fuori; ma durante il suo tragitto cittadino si diparte in due rami e forma un'isoletta, la quale costituisce la parte più sicura e migliore della città mentre le altre due parti di Parigi restano comprese, a destra e a sinistra della Senna, tra il fossato delle mura e le rive del fiume.

3 *gira*: misura intorno.

4 *sbarraglia*: disperde, divide.

5 *acciò... assaglia*: per assalire da questa parte.

6 *però che... Spagna*: perché da questo lato ha le spalle sicure, avendo dietro a sé, sulla via di un'eventuale ritirata, città e campagne in suo possesso fino alla Spagna.

7 *circonda*: gira, si volge intorno.

8 *munizioni*: fortificazioni.

9 *scannafossi... case matte*: «fossi murati che aprivano l'adito dal fondo delle mura alla fossa della fortezza...; sotterranei a volta, muniti di cannoniere, per offendere il nemico senza restare scoperti» (Romizi).

10 *onde entra... tratte*: nel punto in cui la Senna entra in città e nel punto in cui esce, aveva fatto tirare grosse catene per impedire che il nemico penetrasse con imbarcazioni.

11 *Argo*: personaggio mitico. Essendo fornito di cento occhi, fu posto da Giunone a guardia di Io e venne poi ucciso da Mercurio.

12 *figlio di Pipino*: Carlo Magno.

13 *non fosse riparato*: non fosse posta una difesa preventiva.

14 *Isoliero... Balugante*: già ricordati, con le rispettive schiere, nella rassegna che è nella prima parte di questo canto.

15 *con ciò*: con le truppe.

16 *Sobrin*: vecchio e saggio re del Garbo (regione dell'Africa settentrionale).

17 *Pulian*; re dei Nosamoni: «tribù che abitava tra Cirene e Bengasi dedita alla preda delle navi naufragate nelle Sirti» (Zingarelli).

18 *Dardinel*: figlio di Almonte e cugino di Agramante.

19 *re d'Oran*: Marbalusto, re di Orano in Algeria.

20 *re di Sarza*: Rodomonte, figlio di Ulieno, re di Sargel nell'Algeria. È personaggio creato dal Boiardo. (Rodamonte: giramondo).

21 *impronte*: importune, moleste.

22 *rosseggianti pali*: rosseggianti per l'uva matura. Sono i pali che sostengono le viti.

23 *scure*: scuri.

24 *fura*: porta via, rapisce.

25 *non è... loco*: non c'è nessuno che rifiuti di prendere il posto del caduto.

26 *Tornano*: sono respinti, piombano.

27 *merli integri e saldi*: merli di torre interi e massicci.

28 *opra*: fatica.

29 *tetti*: tegole.

30 *spaldi*: ballatoi in cima alle mura o alle torri.

31 *viste*: occhi.

32 *nebbia di calcine*: nebbia prodotta dalla calce tritata e gettata al vento.

33 *I cerchii… rimasi*: i cerchi (sorta di girandole infiammate) non sono rimasti nei magazzini (*in munizion*).

34 *mettono… ghirlande*: inghirlandano i Saraceni avvolgendoli di fuoco.

35 *cacciato*: spinto.

36 *Buraldo… quel di Cosca*: già ricordati, con le rispettive schiere, nella rassegna che è nella prima parte di questo canto. Nota che *Garamante* e *Marmonda* si riferiscono ai popoli di cui Buraldo e Ormida sono capitani.

37 *figurata*: rappresentata.

38 *quella… a cui*: Doralice, che Mandricardo aveva rapita.

39 *in forza altrui*: in potere d'altri.

40 *allora… ancora*: avrebbe fatto subito ciò che fece quel giorno stesso, ma più tardi.

41 *men di dua per ogni grado*: meno di due soldati per gradino.

42 *vale*: mostra di valere.

43 *guado*: cimento, prova.

44 *s'adagia*: indugia.

45 *sia poca cura*: sia minore la vigilanza e quindi la difesa.

46 *Dove*: mentre.

47 *quello avol… effetto*: il gigante Nembrotte, il quale costruì la torre di Babele per cacciare Dio dalla sua sede celeste (*aureo albergo*) e toglierli il governo degli astri. A tale scopo (*effetto*) Nembrotte aveva fatto costruire elmo, scudo e spada perfetti.

48 *non tarderebbe a notte*: non aspetterebbe la notte.

49 *s'abbia l'acqua fondo*: se l'acqua del fossato sia guadabile oppure no.

50 *corre*: la supera di corsa. Nota l'uso transitivo di «correre».

51 *brutto*: imbrattato.

52 *Mallea*: «Luogo basso e palustre nel Ferrarese sulla sinistra del Po di Volano poco discosto dal mare, abbondante anche al presente di cignali» (Barotti, cit. da Casella).

53 *grifo*: grugno.

54 *finestre*: squarci.

55 *giunto si sentì*: lo si sentì giunto, fu sentito (dai Francesi) ecc.

56 *bertresche*: bertesche. «Specie di cateratte fra merlo e merlo, sulle mura e sulle torri. Si alzavano e si abbassavano per coprire o scoprire i soldati nella difesa e nell'offesa. Qui però deve intendersi, non solo queste cateratte, ma anche l'impalcato all'altezza della bertesca, sul quale potessero stare i combattenti» (Papini).

57 *francesche*: francesi.

58 *far… fratesche*: aprire nelle teste spaccature più grandi delle chieriche dei frati.

59 *giunge*: raggiunge, colpisce.

60 *di là… golfo*: dall'Olanda dove il Reno sfocia nel mare, cioè nel golfo dello Zuidersee.

61 *dal capo… collo*: tagliato dal capo un palmo sotto il collo.

62 *di rovescio*: con un colpo di rovescio. «… colpo di spada calata dall'alto al basso e poi volta di traverso sui fianchi» (Romizi).

63 *Anselmo… Prando*: questi personaggi appaiono qui per la prima e naturalmente per l'ultima volta. Se Anselmo e Oldrado si incontrano anche
altrove, è perché si tratta di altre persone: un semplice caso di omonimia,
per niente insolito nell'Ariosto.

64 *pienamente*: con risultato pieno.

65 *la prima metade*: i primi due.

66 *scemata*: sottratta.

67 *Andropono*: un sacerdote (v. 2). Ma c'è anche un Andropono soldato che
sarà ucciso da Cloridano.

68 *Moschino*: soprannome di Antonio Magnanino, celebre ubriacone della
corte estense ed amico degli studenti.

69 *Luigi… Ambaldo*: anche questi personaggi appaiono qui per la prima e
l'ultima volta (cfr. nota a 123, v. 2). Da notare *Torse* (v. 3): Tours in Turenna.

70 *presta*: rapida.

71 *testa*: resistenza.

72 *prima difesa*: il fossato pieno d'acqua e le mura.

73 *non l'avran da gioco*: non avranno da scherzare, non sarà un'impresa di
poco conto.

74 *argine… profondo*: una seconda difesa, un po' discosta dalle mura, la quale
era costituita da un terrapieno (*argine*) davanti al quale (perciò *tra il muro*,
ovvero le mura, e l'*argine* stesso) c'era un fossato privo d'acqua ma riem-
pito di materie infiammabili.

75 *dal basso all'alto*: i Cristiani che proteggono la ritirata, e che quindi vengono a trovarsi tra le mura e la seconda difesa, sono esposti alle offese
del nemico che incalza dall'alto delle prime difese superate.

76 *nuova… contesa*: fresche truppe cristiane di rincalzo subentrano nella
battaglia.

77 *erta pendice interïore*: l'argine interno.

78 *di fuore*: che è fuori della seconda difesa, cioè fra il terrapieno interno e
le mura.

79 *saria stata meno*: sarebbe venuta meno all'impresa.

80 *figliuol del re Ulieno*: Rodomonte.

81 *sozzopra*: sottosopra, a testa in giù, a capofitto.

82 *capir*: contenere.

83 *trabocca*: precipita.

84 *periglioso*: per le insidie che nasconde (come si vedrà appresso).

85 *diversa scala*: numerose scale.

86 *netto*: di netto, d'un balzo.

87 *Poco era… tanto*: era poco meno di trenta piedi (circa nove metri) o appunto tanto.

88 *destro*: agile.

89 *fece… feltro*: cadde con tanta elasticità che parve avere sotto i piedi un
panno, a tal punto fu silenzioso.

90 *affrappa il manto*: tagliuzza l'armatura, la riduce a frappe.

91 *peltro*: stagno.

92 *scorza*: fragile corteccia.

93 *da chi*: dai quali.

94 *cava*: fossa.

95 *scope*: rami secchi.

96 *a quai*: alle quali.

97 *di molta pece abonda*: c'è molta pece.

98 *esca*: materia infiammabile.

99 *i nostri*: è il soggetto di questa strofa, così come della precedente.

100 *bertresca*: ripari e impalcature mobili, tra i merli.

101 *Tornò… in una*: le fiamme prima serpeggiano qua e là e poi si riuniscono in un solo incendio.

102 *umido seno*: il seno rugiadoso, il seno da cui piove la rugiada.

103 *si volve*: si aggira.

104 *nebbia*: fumo.

105 *adombra*: oscura.

106 *guida*: Rodomonte, che aveva condotto i Saraceni allo sbaraglio.

107 Così si chiude il canto XIV. Il canto XV sarà dedicato alle avventure di Astolfo; la narrazione della battaglia di Parigi riprenderà nel corso del canto XVI.

108 *scagliosa pelle*: cfr. XIV, 118, v. 2.

109 *popul men feroce*: gli inermi, le donne e i fanciulli.

110 *batter di man*: un batter di palme in segno di disperazione.

111 *questo*: la fuga e lo scampo.

112 *fere e caccia*: ferisce e insegue.

113 *segnare in faccia*: perché tutti gli volgono le spalle fuggendo.

114 *Quel che la tigre*: ciò che la tigre fa.

115 *ircani*: dell'Ircania, in Persia.

116 *là vicino al Gange*: nell'India, ricca di tigri.

117 *nel monte… frange*: sul monte Epomeo, nell'isola di Ischia, che schiaccia sotto di sé il gigante Tifeo.

118 *squadre… falange*: schiere militari bene istruite e tatticamente ordinate.

119 *populazzo*: plebaglia, folla disordinata.

120 *Non ne… fronte*: cfr. nota a 22, v. 8.

121 *ponte di San Michel*: esiste ancora oggi, ma non è di quello antico (s'intende quello dei tempi dell'Ariosto, ché di quello carolingio non si ha neppure notizia).

122 *sanguigna*: insanguinata.

123 *a cerco mena*: fa roteare.

124 *mercé*: pietà.

125 *si caccia e si percuote*: viene inseguita e percossa.

126 *ordine*: stato, condizione.

127 *tetti*: edifici.

128 *n'incende*: incendia (*n'*: forse riferibile a Parigi).

129 *profanati*: violati dall'empio re (v. 2).

130 *se n'intende*: se ne sente dire.

131 *Dove… guarda*: osserva bene dove ecc.

132 *bombarda… grossa*: l'Ariosto allude all'assedio posto dall'imperatore Massimiliano a Padova nel 1509 (guerra della Lega di Cambrai), durante il quale furono usate grosse bombarde. Il cardinale Ippolito d'Este partecipò a quell'assedio.

133 *fra campagna… minor*: non era minore la lotta che si svolgeva nella campagna, dove combattevano gli Irlandesi. Da notare *Signor* (v. 1): il cardinale Ippolito d'Este. Cfr. I, 40, v. 2 e nota relativa.

134 *a dietro... seguia*: non era da meno l'esercito inglese, sotto la guida di Leonetto di Lancaster.

135 *Oldrado... Fieramonte... Ricardo... Enrigo*: cfr. X, 78, e le note relative soprattutto per i luoghi (Glocestra, Eborace, Vatvecia e Chiarenza).

136 *Matalista... Baricondo*: personaggi già ricordati altrove.

137 *un vïaggio*: una medesima direzione.

138 *da sezzo*: da ultimo.

139 *accende*: incendia.

140 *nulla ancor ne 'ntende*: ancora non ne sa nulla.

141 *raccoglie*: accoglie. Odoardo e Arimane erano giunti dalla parte orientale della città.

142 *A-llui*: a lui.

143 *demonio*: Rodomonte.

144 *più non s'alloggi*: rimanga deserta, disabitata (la città).

145 *fumose ruote*: vortici di fumo.

146 *nel ciel percuote*: giunge fino al cielo, anzi vi urta contro.

147 *squille*: campane.

148 *ch'a sé*: tranne che a sé.

149 *che più gli tocca*: a cui maggiormente interessa, perché lo minaccia da vicino (*e gli è più presso*).

150 *insulto*: assalto.

151 *conoscendol... istesso*: vedendolo con i suoi stessi occhi.

152 *sforzo*: l'impeto.

153 *drizza*: dirige verso.

154 *scontri*: colpi scambiati nello scontro.

155 *cacciati*: vibrati.

156 *scagliosa scorza*: Rodomonte è armato di una corazza fatta con la pelle di un drago.

157 *poi che... nochier*: dopo che il nocchiero ha allentato l'orza, cioè ha abbassato le vele.

158 *Coro*: vento che soffia tra ponente e tramontana.

159 *gittar*: gettare a terra, abbattere.

160 *Guido... Matteo*: alcuni di questi personaggi sono già stati presentati. Da notare *Turpino* (v. 2): monaco di San Dionigi e arcivescovo di Reims al tempo di Carlo Magno. Presunto autore di una cronaca dei fatti di Carlo Magno scritta in latino e probabilmente messa insieme da vari autori. Gli altri (*Ranier, Ughetto, Ivone, Marco e Matteo*) sono a loro volta cavalieri degli antichi romanzi e poemi cavallereschi.

161 *scoglio alpino*: roccia montana, erto picco.

162 *borea... garbino*: venti impetuosi, uno di tramontana e uno di sud-ovest o libeccio.

163 *sanguigna sete*: sete di sangue.

164 *com'a un... saetta*: come ad un tempo stesso scoppiano il tuono e la saetta.

165 *che gli è*: che è.

166 *lo pone in terra*: lo atterra, lo uccide.

167 *come che… era*: sebbene fosse.

168 *scaglioso drago*: la pelle scagliosa del drago. Cfr. 9, v. 3 e nota relativa.

169 *accade*: si presenta.

170 *ridutta*: riunita.

171 *a cui… frutta*: a cui la fuga poco giova.

172 *Come se dentro* ecc.: «Il paragone è tratto da uno spettacolo attentamente osservato dall'Ariosto e quindi vivacemente descritto» (Romizi). Da notare *antiqua* (v. 2): vecchia; *usata in guerra* (v. 2): abituata a combattere; *mugliando* (v. 6): mugghiando.

173 *guancia*: muso.

174 *nembo… spesso*: una quantità grande e fitta di armi.

175 *Vi cape*: vi si contiene.

176 *ad or ad or*: continuamente.

177 *come ape*: come uno sciame di api (*ape* può essere singolare, ma può anche essere plurale in -e).

178 *che quando… Rodomonte*: la quale turba, anche se è più facile a tagliarsi (disarmata e nuda com'è) che torsi di cavolo e rape, tuttavia Rodomonte non potrebbe estinguerla neppure in venti giorni essendo fittamente pigiata (*legata a monte a monte*).

179 *per far*: per quanto faccia.

180 *discresce*: decresce, diminuisce.

181 *vorrà… invano*: vorrà poi uscire in un momento in cui sarà vano il tentarlo.

182 *Rivolge*: gira intorno.

183 *pon mente*: s'avvede.

184 *espedita*: sgombra, libera.

185 *Vi trasse*: ci condusse.

186 *immansueto*: selvaggio, indomabile.

187 *accaneggiato*: aizzato e morso dai cani.

188 *che 'l popul*: sì che il popolo.

189 *dritto o riverso*: colpo dritto e colpo rovescio.

190 *De la piazza… paura*: lo si vede allontanarsi dalla piazza in modo che non si può dire che abbia paura.

191 *tuttavolta… discorre*: tuttavia riflette.

192 *isola*: si tratta dell'isola formata, entro Parigi, dai due rami della Senna.

193 *nomade o massile*: della Numidia o della Massilia, in Africa.

194 *generosa*: animosa.

195 *gentile*: nobile, generoso.

196 *Ma la ragione… lezzo*: ma la riflessione dominò infine la rabbia, sì che si giunse a fare in modo che il lezzo dei cadaveri non salisse fino a Dio provocandone lo sdegno e l'ira.

197 *galle*: galleggianti (zucche, sugheri ecc.) usati dai pescatori per tenere a galla le estremità delle reti.

198 *Anteo*: gigante africano. Cfr. nota a IX, 77, v. 5.

199 *dopo le spalle*: dietro di sé.

200 *di profondo cor*: dal profondo del cuore.

201 *che non*: senza che.

202 *tarda*: frena.

Astolfo contro Caligorante e Orrilo

1 *fiume Traiano*: canale costruito dai re egiziani e fatto restaurare dall'imperatore Traiano per congiungere il Nilo col Mar Rosso.
2 *egli… destrier*: Astolfo ha per cavallo Rabicano.
3 *valca*: valica.
4 *non pur*: neppure.
5 *dove… ricetto*: dove il Nilo riceve le acque del canale Traiano.
6 *da la lunga*: di lontano.
7 *giunga*: raggiunga.
8 *avanza*: supera.
9 *rete*: anche nell'*Innamorato* c'è un gigante, Zambardo, che si serve d'una rete per le sue insidie.
10 *trita*: minuta.
11 *comprende*: vede.
12 *coperto*: tetto.
13 *riguarda*: risparmia.
14 *ma non… cura*: non temo pericoli di sorta quando si tratta dell'onore, di cui mi preoccupo assai più che della mia vita stessa.
15 *al dritto*: difilato, senza indugio.
16 *speco*: in verità è un palazzo (cfr. XI, 5, v. 8). Forse l'Ariosto ha voluto indicare qui l'aspetto romito e selvaggio della dimora del gigante.
17 *ho… a schivo*: ho a schifo, disprezzo.
18 *incontrarmi*: accadermi.
19 *drizzi*: guidi.
20 *all'incontro*: a confronto.
21 *dal sommo polo*: dal più alto dei cieli, dall'empireo.
22 *semplice*: umile.
23 *suon*: il suono del corno fatato.
24 *tra l'alto fiume e la palude*: tra il Nilo e la palude che il fiume forma con le sue inondazioni periodiche.
25 *richiude*: chiude.
26 *d'umanitade… priva*: priva d'ogni segno umano e di civile compagnia (*commercio*: scambio, rapporto sociale).
27 *scorsi*: corsi.
28 *tal… occorsi*: nello stesso modo il gigante metteva in mostra i resti dei guerrieri più illustri capitatigli a tiro (i suoi trofei!).
29 *ostro*: porpora.
30 *si comporta*: si contiene, si frena.
31 *se gli è dimostro*: gli si è mostrato.
32 *correre in volta*: girare al largo.
33 *uscire*: sbucare.
34 *come avea fatto*: come aveva cacciato.
35 *di che… predetto*: di cui il buon vecchio aveva fatto profezia.
36 *tuttavolta bada*: nel tempo stesso vigila, sta guardingo.
37 *trabocchi*: precipiti.
38 *si disserra*: scatta.
39 *dare un crollo*: fare una mossa, muoversi.

40 *per… parte*: per spezzare le maglie a quella parte della rete che offrisse minore resistenza.

41 *la fe'… letto*: Vulcano la costruì per gelosia e proprio allo scopo di prendere prigionieri, con essa, Venere e Marte mentre giacevano insieme.

42 *fabbro*: Vulcano.

43 *Cloride*: Clori, prima amata da Zefiro e poi da Mercurio che la rapì con la rete mentre volava dietro l'Aurora.

44 *dal… stola*: dal lembo della veste raccolto per accogliervi i fiori.

45 *gran fiume etïopo*: il Nilo, le cui sorgenti si credevano in Etiopia.

46 *nel tempio d'Anubide a Canopo*: nel tempio di Anubi, dio egiziano dalla testa di sciacallo il quale vigilava sulle tombe, ad Abukir presso Alessandria.

47 *era sacra*: era conservata e venerata come cosa sacra.

48 *rubò*: derubò.

49 *Di questa… una catena*: deve trattarsi d'una catena con cui la rete veniva tesa e legata, e non già d'una maglia della catena stessa dal momento che la rete non poteva essere smagliata.

50 *tornato uman*: divenuto docile, mansueto.

51 *stima*: pensa.

52 *somier*: somiere, bestia da soma o portatore.

53 *di gaudio… peregrino*: passando con la sua vittima, Astolfo diffonde letizia in ogni dove al pensiero che ormai ogni passeggero potrà viaggiare tranquillo.

54 *Memfi… Cairo*: Memfi, antica città dell'Egitto situata sulla riva sinistra del Nilo, presso le Piramidi; Cairo, popolosissima città egiziana posta di fronte a Memfi dall'altra parte del Nilo.

55 *correndo si traea*: andava incontro ad Astolfo correndo.

56 *se ne ragiona*: si dice.

57 *'l populo… contrade*: diciottomila grandi quartieri (*contrade*) non possono contenere (*capir*) tutta la popolazione che vi abita.

58 *palchi*: piani.

59 *vasalli… tutti*: i mammalucchi. Erano cristiani o nati da cristiani ma convertiti alla religione maomettana e divenuti, da schiavi che erano, una specie di guardia del corpo del sultano.

60 *s'avvalli*: s'avvalli, scenda nell'ultima parte del suo corso.

61 *quanto… Damïata*: quanto sia grande il Nilo quando sbocca nel mare attraverso la foce di Damietta.

62 *peregrini*: forestieri.

63 *rubando*: derubando.

64 *scorre*: fa scorrerie.

65 *ha voce… tôrre*: corre voce che invano si cerca (*l'uom… cerca*) di togliergli la vita.

66 *Per veder… viva*: per vedere se può fare in modo che la Parca (Atropo) spezzi il filo della sua vita (*il filo… di lui*) e lo faccia morire.

67 *Orrilo*: «Questo episodio è già cominciato dal Boiardo; l'Ariosto lo continua. Nell'*Innamorato*, si dice che due fate sono protettrici di Grifone e d'Aquilante, figli di Oliviero. Per trattenere i due giovani, pei quali era destinato che sarebbero periti se fossero venuti in Francia, li incitano a combattere contro il ladrone Orrilo, che abitava una torre sulla foce del Nilo, e che viene alla battaglia con un terribile coccodrillo. Orrilo non si poteva uccidere perché si rappiccava le membra tagliate. Grifone e Aquilante, ucciso il coccodrillo, stanno combattendo invano contro di lui, quando arriva un cavaliere armato… L'Ariosto, riassunto il Boiardo, continua immaginando che questo cavaliere sia Astolfo» (Papini). L'Ariosto riassume il Boiardo, come dice il Papini, nelle ottave 66-74.

68 *travaglia*: affatica, sottopone a dura prova.

69 *Questi… nero*: Grifone e Aquilante, figli di Oliviero o Uliviero di Girardo di Vienne (città un tempo appartenente alla Borgogna), fratello di Alda fidanzata di Orlando. Erano detti *il bianco e il nero* perché protetti rispettivamente da una fata vestita di bianco e da una fata vestita di nero.

70 *negromante*: Orrilo, creatura magica in quanto nato da un folletto e da una fata.

71 *fera*: coccodrillo. Cfr. nota a 66, v. 3.

72 *dentro alla rivera*: dentro alle acque del fiume.

73 *naute*: naviganti.

74 *per questo… nocea*: non si commette atto sleale combattendo in due contro Orrilo, poiché il ladrone era venuto alla battaglia con l'aiuto del coccodrillo.

75 *per smembrarlo*: per quanto lo si facesse a pezzi.

76 *d'alto*: dall'alto. – *argento*: l'argento vivo, cioè il mercurio.

77 *spargere… membri*: il mercurio, cadendo, si divide in molte particelle ma poi si riunisce facilmente in un'unica massa.

78 *scende*: scende da cavallo.

79 *Due belle* ecc.: cfr. nota a 66, v. 3.

80 *citelli*: fanciulli.

81 *duo grandi augelli*: un'aquila e un grifone (da cui i nomi di Aquilante e Grifone), i quali li avevano rapiti alla madre Ghismonda.

82 *ben che… prese*: benché l'autore della storia abbia confuso il nome del padre dei due fanciulli. L'Ariosto allude al poema quattrocentesco *Uggeri il Danese* dove si trovano questi particolari dell'episodio ma dove è dato per padre, ad Aquilante e Grifone, Ricciardetto e non Oliviero come nel Boiardo, a cui l'Ariosto si attiene.

83 *pregati n'hanno*: cfr. 72, v. 3 (*de la pugna causa erano state*) e anche nota a 66, v. 3.

84 *clima*: paese.

85 *all'isole… Fortuna*: mentre era ancora alto nelle Isole Fortunate, cioè nelle Canarie, che sono più a occidente dell'Egitto.

86 *mal compresa*: scarsamente visibile.

87 *bianca… bruna*: la fata bianca e quella nera.

88 *lor… salutar*: non fu sdegnoso, non sdegnò di salutare loro.

89 *baron dal pardo*: Astolfo, il quale recava l'insegna inglese del leopardo.

90 *raccolser*: accolsero.

91 *indi vicino*: non lontano da lì.

92 *torchi*: torce.

93 *ad una fonte*: presso una fontana.

94 *alla verdura*: in un verde prato.

95 *di molt'anni dura*: tenace per le annose radici.

96 *per una scossa*: per quante scosse vorrà dare.

97 *sergenti*: serventi, servi.

98 *manco*: minore.

99 *del ragionar… grande*: gran parte dei discorsi si spende, si dedica ad Orrilo e al caso straordinario.

100 *raggiugna*: ricongiunga.

101 *libro*: il libro magico avuto da Logistilla.

102 *crine fatal*: capello fatato. Taluno propone, meno persuasivamente: fatale, cioè tale da decidere la sorte di Orrilo, perché gli antichi immaginavano che la morte di ciascuno fosse provocata dal taglio, fatto da Proserpina, di un crine fatale.

103 *fia constretto*: si otterrà.

104 *salma*: il peso, il carico.

105 *dànno*: lasciano.

106 *dai muri*: dalle mura della sua torre.

107 *mazza*: bastone ferrato.

108 *de la piazza*: dal suolo.

109 *redintegrarsi*: rifarsi integro, ricomporsi.

110 *un gli ne colse*: uno gliene aggiustò, assestò (sogg. *Astolfo*).

111 *risalse*: rimontò.

112 *corridor*: Rabicano, il cavallo d'Astolfo.

113 *via tôrse, portare*: togliersi via di là, cioè fuggire, e portare.

114 *Pur… si riconforta*: tuttavia si consola perché Astolfo non gli ha tolto anche le calcagna con cui spronare il cavallo.

115 *cuticagna*: il cuoio capelluto.

116 *fatale*: fatato.

117 *un… torce*: nessuno è più degli altri lungo o ricciuto.

118 *raccorce*: raccorci, recida.

119 *svelli*: svella, strappi.

120 *force*: forbici.

121 *taglia sì… rada*: taglia come un rasoio.

122 *quel fatale*: il capello fatato.

123 *all'occaso*: a morte.

124 *se lo vider volentieri*: se i due fratelli videro volentieri Astolfo.

125 *umano*: cortese, compiaciuto.

126 *intercetta*: impedita, sottratta.

Cloridano e Medoro

1 *oppressi*: vinti, assediati.

2 *soppressi*: soffocati, sommessi.

3 *Tolomitta*: Tolmetta, l'antica Tolemaide sulla costa della Cirenaica.

4 *afflitta*: avversa.

5 *età novella*: età giovanile.

6 *gioconda*: piacevole.

7 *sommo coro*: il coro dei Serafini, la massima gerarchia angelica.

8 *guardar*: sorvegliare.

9 *fra distanzie pari*: giusto nel mezzo del cielo, a ugual distanza dall'oriente e dall'occidente a mezzanotte.

10 *senza onor*: senza sepoltura.

11 *troppo degna esca*: troppo nobile pasto, per simili animali.

12 *quando… esca*: quand'anche io dia la vita.

13 *tace*: dorme.

14 *sculto*: decretato.

15 *vieta*: impedisce.

16 *si scuopra*: sia conosciuto.

17 *core*: coraggio.

18 *irrito*: vano, senza effetto.

19 *non gli val*: non riesce.

20 *trastullo*: distrazione, sollievo.

21 *disposto*: fermamente deciso.

22 *famosa*: apportatrice di fama, di gloria.

23 *Così disposti*: avendo così deciso.

24 *successive*: quelle del turno successivo al loro.

25 *senza cura*: senza difesa.

26 *roversi*: riversi.

27 *sopra… venisse*: sorprenda.

28 *m'offerisco*: ti prometto, sono pronto.

29 *tenne*: trattenne.

30 *Alfeo*: taluno crede trattarsi di Pietro da Pisa, chiamato per la sua dottrina alla corte di Carlo Magno.

31 *gli sovenne*: gli venne in aiuto, gli giovò.

32 *cauto*: astuto.

33 *Turpino*: cfr. nota a XVIII, 10, v. 2.

34 *lungo andar*: il lungo trascorrere degli anni, il molto tempo passato.

35 *spillo*: la stessa ferita da cui escono il sangue e il vino (*spillo*: foro che si pratica nelle botti per spillarne il vino).

36 *sconcia*: concia male, uccide.

37 *felici… guado*: felici, se avessero vegliato tutta la notte, sino cioè a quando il sole fosse sorto all'Oriente (*Indo*: il Gange, considerato l'estremo limite dell'Oriente).

38 *non potria negli uomini*: non avrebbe alcun potere, alcuna influenza sugli uomini.

39 *impasto*: digiuno, affamato.

40 *abbia smacrato e asciutto*: abbia ridotto pelle e ossa.

41 *infermo*: debole.

42 *non ebe*: non è ottusa, senza punta, cioè non sta inoperosa.

43 *i gigli*: i gigli d'oro dell'insegna reale di Francia, concessi a un cavaliere per particolari prove di coraggio.

44 *ostil macello*: sangue nemico (letteralmente: strage nemica).

45 *Frisa*: Frisia, la parte più settentrionale dell'Olanda.

46 *ferri*: spade.

47 *tiraro in volta*: avevano innalzato intorno.

48 *la sua volta*: a turno.

49 *diero… volta*: tornarono indietro.

50 *ben che… guadagno*: sebbene possano andarsene carichi di preda, pensino piuttosto a se stessi, a salvare la loro vita, che sarà già un gran guadagno.

51 *sozzopra*: sottosopra.

52 *piena*: riempita.

53 *far… cura*: far riuscire vana l'affettuosa opera con cui i due soldati cercavano di dare sepoltura al capitano per dovere di fedeltà.

54 *corno*: falce.

55 *triforme*: Cinzia o Luna in cielo, Diana in terra, Ecate nell'inferno.

56 *studi*: occupazioni predilette, cioè la caccia.

57 *Endimïon*: il pastore Endimione divenuto amante della Luna.

58 *Martire… Lerì*: i colli di Montmartre e di Montlhéry.

59 *d'Almonte… il figlio*: Dardinello.

60 *conobbe*: riconobbe.

61 *il quartier bianco e vermiglio*: l'insegna dipinta in bianco e rosso.

62 *Ma con… udita*: Medoro si lamenta, ma sottovoce.

63 *riguardi*: badi.

64 *tramendui*: ambedue.

65 *ingombra*: aggrava, impaccia.

66 *donno*: signore: il sole.

67 *ove è bisogno*: quando è necessario.

68 *si traea*: accorreva.

69 *dare opra ai calcagni*: fuggire velocemente, darsela a gambe.

70 *accorto*: saggio, prudente.

71 *a paro*: a fianco.

72 *sapea*: avesse saputo.

73 *disposto*: risoluto.

74 *render*: arrendersi.

75 *passo*: varco.

76 *seguire*: inseguire.

77 *vedendoli temere*: vedendo che sono spaventati, che fuggono temendo.

78 *culti*: frequentati, abitati.

79 *occulti*: nascosti (riferito a Cloridano e Medoro).

80 Così si chiude il canto XVIII. La narrazione della spedizione di Cloridano e Medoro riprende subito all'inizio del canto XIX.

81 *facea… scarsi*: faceva riuscire vani tutti i tentativi di salvarsi.

82 *falle*: sbaglia.

83 *absente*: lontano.

84 *negligente*: dimentico dell'amico.

85 *torta*: tortuosa, labirintica.

86 *si ravvia*: si ravvia di nuovo.

87 *tuttavia*: ancora.

88 *torno*: tornio.

89 *or dietro… orno*: «la diversità degli alberi è accennata per indicare il rapido trascorrere da un punto all'altro» (Ermini).

90 *con incerto core*: con il cuore irato contro il cacciatore e intenerito verso i figli.

91 *natural furore*: istintiva ferocia.

92 *prima… che* ecc.: prima che abbia trovato il modo di uccidere più d'un nemico.

93 *Scotto*: Scozzese.

94 *calamo*: dardo.

95 *domanda*: sogg. *'l secondo* (v. 4), cioè un altro Scozzese.

96 *a questo*: a questo gesto.

97 *si rivolse a' prieghi*: ricorse alle preghiere.

98 *ho tanta… sepultura*: ho tanta cura della mia vita quanta è necessaria perché io possa dare sepoltura al mio signore, e niente più.

99 *ch 'n te… sia*: per essere in te.

100 *teban Creonte*: Creonte, tiranno di Tebe, proibì la sepoltura dei Greci morti sotto le mura della città, fra i quali era suo nipote Polinice.

101 *far lor convito*: offrì loro in pasto.

102 *a voltare un monte*: a smuovere una montagna, a piegare il cuore più duro.

103 *In questo mezzo*: proprio in questo momento, mentre Medoro terminava la sua preghiera.

104 *sopra mano*: cfr. nota a X, 101, v. 2.

105 *strano*: insolito, contrario alle leggi della cavalleria e quindi barbaro.

106 *mal talento*: con cattiva intenzione, con ira.

107 *prese vantaggio*: lo sopravanzò fuggendo.

108 *a discoperta guerra*: a battaglia aperta.

109 *Del proprio… mira*: vede rosseggiare del proprio sangue la terra e se stesso giunto all'estremo della vita.

110 *potere*: forza.

111 *alta*: profonda.

112 *alto*: nobile, magnanimo.

113 *spicciando… vena*: tutta l'espressione equivale: mentre il sangue sprizzava ecc.

114 *donzella*: Angelica.

115 *real*: regale.

116 *d'alte… oneste*: di maniere nobili e convenientemente decorose.

117 *del gran… altiera*: la superba figlia di Galafrone signore (gran Cane: re, imperatore) del Catai, nell'Estremo Oriente.

118 *senza tetto*: senza sepoltura.

119 *disusate*: non abituate a schiudersi a sentimenti di pietà.

120 *chirugia*: chirurgia.

121 *senza… carte*: senza leggere molti libri.

122 *a più… riserbe*: lo serbi a più lunga vita. «Tutti i romanzi di cavalleria rammentano figlie di re e gentili donne istrutte nell'arte di medicare. Era una parte dell'educazione solita darsi alle nobili donzelle» (Papini).

123 *dittamo*: erba medicamentosa considerata dagli antichi assai ricca di virtù curative.

124 *panacea*: erba considerata atta a guarire tutte le ferite.

125 *effetto*: efficacia.

126 *diè volta*: fece ritorno.

127 *iuvenca*: giovenca.

128 *senza guardia*: senza sorveglianza.

129 *n'infuse*: ne versò parte.
130 *gli tornò*: restituì a Medoro.
131 *indi*: di qui.
132 *prima… fusse*: prima d'avere sepolto il suo signore.
133 *si ridusse*: si lasciò condurre.
134 *come… prima*: non appena, dal primo momento in cui ecc.
135 *stanza*: dimora.
136 *piatta*: nascosta.
137 *per la donzella*: dalla donzella, per opera della donzella.
138 *a sanità ritratta*: risanata.
139 *Arcier*: Amore.
140 *abonda*: cresce.
141 *come… suole*: come suole struggersi falda di neve caduta fuori stagione.
142 *di quel ch'essa agogna*: quanto a quello che essa brama gustare, cioè l'amore.
143 *occhi*: lo sguardo, l'espressione dello sguardo.
144 *re di Circassia*: Sacripante.
145 *inclita virtù*: insigne valore.
146 *in che prezzo sia*: «Gli indicativi *giova, ritruova* [vv. 2 e 4] accennano ai fatti, il congiuntivo *sia* accenna al pensiero d'Orlando e di Sacripante; quasi dicesse: in qual prezzo credete voi che sia?» (Papini).
147 *mercé*: premio.
148 *vostro servir*: i vostri servizi, la vostra amorosa devozione.
149 *ricompensa… guidardone… merto*: «*ricompensa* è corrispettivo di spese e fatiche; *guidardone* è premio di buone azioni in quanto è dato; *merto* è premio di buone azioni in quanto è meritato» (Papini).
150 *Agricane*: Agricane, re dei Tartari, aveva combattuto e sconfitto Gala-frone perché aveva rifiutato di dargli per sposa la figlia Angelica.
151 *fôra*: sarebbe.
152 *vedesse*: vedeste.

Il palazzo incantato

1 *L'ha cercata*: Orlando continua la sua ricerca di Angelica.
2 *Lamagna*: Germania.
3 *la nuova… Spagna*: la Vecchia Castiglia a settentrione, con capitale Bur-gos, la Nuova al centro, con Toledo e Madrid, e poi passare, per andare in Libia, lo stretto di Gibilterra.
4 *fa sembiante*: fa mostra.
5 *principe d'Anglante*: Orlando, signore del castello di Anglante.
6 *grama*: mesta.
7 *gli minaccia*: lo minaccia.
8 *caccia*: sprona.
9 *Non resta*: non s'arresta.
10 *caccia*: gli dà la caccia, lo insegue.
11 *usciro*: sbucarono.
12 *ostello*: palazzo.

13 *altiero*: superbo, maestoso.

14 *messa d'oro*: messa a oro, dorata.

15 *mira*: vede.

16 *fulminando*: rapido come il fulmine.

17 *dove… s'alloggia*: nelle stanze più interne dove il palazzo è abitato.

18 *né lassa… camera*: non tralascia di vedere ogni camera.

19 *bassa*: a pianterreno.

20 *ha cerco*: ha cercato, frugato.

21 *poggia*: sale.

22 *perdessi*: perdesse.

23 *nulla… pareti*: non si vede nulla delle pareti dei muri maestri e dei tramezzi. La ragione è detta nei versi seguenti.

24 *cortine*: arazzi.

25 *Ferraù, Brandimarte… Gradasso… Sacripante*: non è detto in precedenza come questi, e altri cavalieri ancora, siano caduti in questo nuovo inganno di Atlante; ma è certo che ciascuno di essi vi è stato attratto dalla stessa lusinga che vi attira ora Orlando, e di lì a poco Ruggiero, e cioè dall'apparizione e sparizione della cosa più cara a ciascuno di essi.

26 *alto e basso*: su e giù per le scale.

27 *vani sentieri*: inutili viaggi.

28 *Tutti… colpa*: tutti vanno cercando il signore del palazzo (cfr. 9, vv. 7-8) e tutti lo accusano.

29 *altri… altri… altri…*: taluno è in affanno perché s'è visto tolto il cavallo, taluno è pieno di rabbia perché ha perduto la donna, taluno accusa l'invisibile signore d'altro furto.

30 *quattro volte e sei*: molte volte.

31 *cercato*: esplorato.

32 *aggirato*: circondato.

33 *circonda*: aggira, gira intorno a.

34 *nuovo camino*: passaggio recente.

35 *che l'ha… diviso*: che l'ha fatto tanto diverso da quel che era.

36 *Più tosto… che venir lasci*: piuttosto che lasciarmi soggiacere.

37 *con passïone… speranza*: con pena e travaglio dell'animo, e tuttavia confortati da una profonda speranza.

38 *sembianza*: apparenza. «Aver sembianza di»: assomigliare a.

39 *altronde*: da un'altra parte.

40 *donde*: sott. "suona".

41 *Ruggier*: dopo la fuga di Angelica, divenuta invisibile grazie all'anello, Ruggiero aveva dovuto constatare anche la fuga dell'ippogrifo; subito dopo aveva visto un gigante rapire Bradamante e l'aveva inseguito.

42 *di seguir non lassa*: non desiste dall'inseguirlo.

43 *Tosto che ecc.*: In questa ottava si rinnova la situazione in cui s'è già trovato Orlando.

44 *non relinque… cerchi*: non tralascia di cercare.

45 *anco*: ancora, di nuovo.

46 *donna di Dordona*: Bradamante.

47 *lo tenea… in bando*: lo teneva fuori di se stesso.

48 *giunse*: il soggetto è: *Astolfo*.

49 *ne l'ora… resta*: a mezzogiorno, quando l'armento sospende il pascolo.

50 *infesta*: molesta.

51 *villanel*: in realtà si tratta d'una ennesima trasformazione del mago Atlante.

52 *estolle*: leva.

53 *espresso*: manifesto.

54 *sazio senza bere*: non sentendo più la sete.

55 *non si stende a tutto corso*: non corre quanto potrebbe.

56 *discorso*: correre qua e là.

57 *si fu ridotto*: giunse.

58 *eran… prigioni*: «perché, per forza d'incanto, non si potevano più muovere da quel palazzo» (Romizi).

59 *al corso adegua*: pareggia in velocità.

60 *il qual*: ogg. di impaccia.

61 *tutta quella traccia*: tutti quegli indizi che avevano permesso ad Astolfo di inseguire Rabicano e il ladro.

62 *cercando*: esplorando, frugando.

63 *nulla si prevale*: non trae alcun vantaggio.

64 *quel… animale*: quel suo animale veloce più d'ogni altro.

65 *a quante carte*: a quale pagina.

66 *difuso*: diffusamente.

67 *per lui*: per opera sua.

68 *non tarda… provar*: non indugia a chinare il braccio per provare.

69 *vilipesa*: resa vana.

70 *Lo*: Astolfo.

71 *larve*: apparenze, false immagini.

72 *gigante… si volse*: per l'incanto di Atlante, Astolfo appare ora sotto l'aspetto d'un gigante ora sotto quello d'un cavaliere dal viso feroce (*di faccia rea*), sì che tutti credono di vedere colui che li ha tratti con inganno prigionieri (ché diverso era, per ciascuno, l'aspetto che il mago assumeva nel bosco) e si slanciano quindi contro di lui per vendicarsi.

73 *Iroldo… Prasildo*: cfr. nota a IV, 40, vv. 3-4. Da notare *Brandimarte* (v. 2): figlio di Monodante, convertito al cristianesimo da Orlando. Allevato insieme a Fiordiligi figlia del re Dolistone, la sposa e la conduce con sé in ogni impresa.

74 *distruggere*: uccidere, fare a pezzi.

75 *grave*: terribile, insopportabile.

76 *senza perdono*: senza remissione, senza scampo.

77 *a bocca*: alla bocca.

78 *scocca*: scoppia, tuona.

79 *scoppio*: schioppo.

80 *se ne slunga*: se ne allontana.

81 *ch'altro che fune*: perché ben altro che una fune.

82 *patron*: i loro padroni, i cavalieri.

83 *gatta né topo*: né carceriere, né prigionieri.

84 *imago*: figure simboliche di diversa materia che si collocavano nei luoghi dove si voleva operare l'incantesimo.

85 *di distrugger… vago*: desideroso di distruggere.

86 *fece fraccasso*: fracassò.

Il duello per la spada Durindana

1 *masnadieri*: coloro che componevano quella disordinata masnada.

2 *sì gran colpi taglia?*: vibra colpi così taglienti, parla così arrogantemente?

3 *il più fido*: il più fidato, l'uomo di maggiore fiducia del signore. L'Ariosto può avere inteso insieme: il più zelante e anche il più fiducioso nelle proprie forze, il più baldanzoso.

4 *di paglia*: fantocci.

5 *assai fôra quel grido*: sarebbe ugualmente esagerata la minaccia.

6 *il Maganzese*: è compl. ogg. di *non difese* (v. 3).

7 *incontrar*: urto.

8 *prese*: colpì.

9 *Tutto in un corso*: nella stessa corsa.

10 *la mano… Durindana*: ebbe pronta la mano ad afferrare Durindana.

11 *nel drappel più stretto*: là dove la schiera era più folta e più fitta.

12 *morto*: ucciso.

13 *caccia*: insegue.

14 *spiedo*: corta lancia.

15 *ronca*: roncola.

16 *chi al lungo… spaccia*: chi cammina velocemente tirando di lungo e chi invece se la batte per vie traverse.

17 *Turpin… conto*: Turpino (cr. XVIII, 10, v. 2) fece la sottrazione.

18 *ripor… intorno*: rimettersi addosso.

19 *per suo mal*: per sua disgrazia.

20 *per falso messo*: per falsi messaggi, per false notizie.

21 *manca*: vien meno.

22 *in quel loco*: in quella vece.

23 *signor d'Anglante*: Orlando.

24 *senza dubbio tiene*: ritiene con certezza.

25 *in podestà*: in potestà, in potere.

26 *romor*: lite, contrasto.

27 *verso… piede*: il suo debito di riconoscenza verso Orlando esige che si lasci porre da lui il piede sul collo.

28 *fonte*: in verità si tratta d'un fiume.

29 *travagliato*: affaticato.

30 *rispetto*: ritegno.

31 *affetto*: l'insieme degli atti affettuosi.

32 *senza… faccia*: senza che gli si mostri prova più convincente.

33 *non… guancia*: con la guancia ancora bagnata di lacrime. Accusativo di relazione.

34 *tenea… bilancia*: amava la fanciulla come la sua stessa vita.

35 *di frondi oscuri e neri*: oscuri e neri per le fitte fronde.

36 *ch'a pena*: non appena.

37 *Mandricardo ecc.*: cfr. XIV, 30 sgg. Da notare *percusse* (v. 4): percosse, colpì.

38 *signor d'Anglante*: Orlando.

39 *i dati contrasegni*: i connotati ricevuti, sia della persona che dell'armatura.

40 *ai regni stigi*: all'inferno.

41 *Norizii… Tremisenne*: i soldati di Alzirdo, re di Norizia, e quelli di Mani-lardo, re di Tremisenne.

42 *seguir*: inseguirti.

43 *per… appresso*: prima per vederti e quindi per provarti, per sperimenta-re il tuo valore.

44 *guernimento*: sopravveste.

45 *albergasse*: abitasse.

46 *umil*: vile.

47 *acciò… adempie*: affinché tu appaghi pienamente il tuo primo desiderio cioè quello di vedermi.

48 *all'altro… attendi*: procura di soddisfare il tuo secondo desiderio, e cioè quello di provarmi in duello.

49 *resta… prendi*: ora che mi hai visto, resta ancora che tu soddisfi lo stimo-lo che ti ha indotto a prendere questa via dietro di me, a seguire le mie orme.

50 *al rimanente*: veniamo alla prova delle armi, che ancora mi resta da soddisfare.

51 *al primo*: al primo desiderio, quello di vederti.

52 *tuttavia*: continuamente.

53 *cercando*: osservando, squadrando.

54 *tocchi*: colpisca.

55 *Ho sacramento*: ho fatto giuramento. Cfr. XIV, 43, vv. 4-6.

56 *acciò… sconte*: affinché mi paghi più d'un conto che ho con lui.

57 *era d'Ettòr*: cfr. XIV, 43.

58 *parme*: credo, mi sembra d'aver sentito dire.

59 *accozzarme*: scontrarmi.

60 *ristituire*: restituire.

61 *vendicar… Agrican*: cfr. note a XIV, 30, vv. 7 e 8.

62 *a tradimento*: in realtà lo uccise in regolare duello, come narra il Boiardo.

63 *se ne mente*: mentisce.

64 *t'è venuto in sorte*: t'è capitato per volontà del destino, il caso te lo ha po-sto innanzi.

65 *uccisil giustamente*: uccisi tuo padre, Agricane, secondo le leggi dell'ono-re. Cfr. nota al verso 1.

66 *merchi*: l'acquisti, la guadagni.

67 *debitamente*: per diritto.

68 *per gentilezza*: per mia cortese concessione. Chiarito che la spada gli spet-ta legittimamente (del che non intende neppure discutere, Orlando tutta-via si dispone a mettere in palio Durindana e dichiara, per atto di somma cavalleria, che non adopererà nello scontro la celebre arma, sì che essa da questo momento non apparterrà più a nessuno sino alla fine del duello (vv. 3-4).

69 *Levala… via*: prendila.

70 *mi prenda*: mi faccia prigioniero.

71 *è dipartito lunge*: si è allontanato.

72 *né… parco*: né risparmia di allentargli le redini.

73 *di… aggiunge*: con un gran colpo giunge, colpisce.

74 *dove… varco*: alla visiera, dove la vista può spingersi fuori dell'elmo.

75 *gielo*: ghiaccio.

76 *appresso i calci*: vicino al calcio, all'impugnatura.

77 *nel ferro avezzi*: abituati alle armi, a combattere con le armi.

78 *nel… prati*: nel distribuire fra loro le acque d'irrigazione per le culture o nel fissare i confini dei propri terreni.

79 *mancan*: vengono meno.

80 *pugna*: i pugni.

81 *falde*: quella parte dell'armatura, fatta di lamine flessibili, la quale scendeva dalla cintola in giù.

82 *pur… giugna*: solo che la mano giunga dove possa appigliarsi, far presa.

83 *sesto*: modo.

84 *invito*: sfida.

85 *in questo*: in questo bestiale modo di combattere, cioè dandosi pugni sulle armature.

86 *alle strette*: alle prese della lotta, al corpo a corpo.

87 *Anteo… figliol di Giove*: Anteo… Ercole. Cfr. nota a IX, 77, v. 5.

88 *ove… mira*: non si preoccupa di sorvegliare la briglia.

89 *in sé raccolto*: saldo, chiuso nella difesa.

90 *va… vantaggio*: cerca il modo di avvantaggiarsi.

91 *cauta*: accorta. Ma anche in funzione avverbiale: cautamente.

92 *ogni poter vi mette*: impegna tutte le sue forze.

93 *che lo soffoghi*: per soffocarlo.

94 *cingie*: cinghie. È la cinghia che assicura la sella al cavallo, il sottopancia.

95 *campo*: terreno.

96 *quello a chi*: quello a cui. Il cavallo di Mandricardo.

97 *non… strade*: non badando se corre attraverso i boschi o sulla strada.

98 *si trabocca*: si precipita, fugge a precipizio.

99 *campo*: il luogo del duello.

100 *mal… confida*: non si fida a restare senza Mandricardo.

101 *orgoglio*: ira.

102 *grida*: grida ingiurie, lo garrisce.

103 *e tuttavia più il caccia*: ed ottiene, invece, di eccitarlo maggiormente alla corsa.

104 *spaventosa e poltra*: paurosa e ombrosa (*poltra*: puledra non domata e perciò ombrosa).

105 *senza… piè*: senza guardare dove corre, dove mette le zampe.

106 *seguiva*: avrebbe proseguito.

107 *coltra*: coltre.

108 *ricevé… in sé*: accolse.

109 *crine*: criniera.

110 *non sa… destine*: non sa ciò che deve risolversi (*destine*) a fare, è incerto sul da farsi.

111 *fautrice*: favorevole, propizia.

112 *invia*: soggetto *Fortuna* (v. 4).

113 *lontani*: ancora lontani, da lontano.

114 *Ella avea* ecc.: gli avvenimenti ai quali si allude sono narrati nel canto XX. Pinabello si era imbattuto in Gabrina e Marfisa che aveva disarcionato lui e spogliato la sua donna delle ricche vesti con cui era stata rivestita la vecchia. Da notare *vezzosa* (v. 3): smorfiosa; *dei buon… avantaggiati* (v. 6): un cavallo che era dei più buoni del mondo, anzi dei migliori (*avantaggiati*: che si avvantaggiano sugli altri, li sopravanzano).

115 *sopra il*: appresso al.
116 *Stordilano*: padre di Doralice, re di Granata.
117 *babuino… bertuccione*: scimmie in generale.
118 *aviso*: disegno.
119 *grida*: grida ingiurie.

La pazzia d'Orlando

1 *merigge*: meriggio, l'ora meridiana.
2 *orezzo*: rezzo, auretta fresca; e anche ombra ventilata.
3 *duro*: indurito dalle intemperie.
4 *ribrezzo*: brivido di freddo.
5 *empio*: funesto.
6 *fermi… fitti*: prima, semplicemente soffermati; quindi, fissati acutamente.
7 *sua diva*: Angelica.
8 *indi vicina*: poco lontana di lì.
9 *fiede*: ferisce.
10 *non creder*: di non credere.
11 *al suo dispetto*: a suo dispetto.
12 *note*: caratteri, scrittura.
13 *cognome*: soprannome.
14 *dal ver remote*: così lontane dalla verità.
15 *che*: la speranza che.
16 *si seppe… procacciando*: gli riuscì di crearsi faticosamente. Nota il doppio complemento *si… a se stesso*, d'uso popolare.
17 *ragna*: rete.
18 *visco*: vischio.
19 *s'incurva il monte*: il monte forma una grotta.
20 *adorno*: adornato.
21 *vase*: vaso.
22 *che*: perché.
23 *l'umor*: il liquido.
24 *o gravar… gelosia*: o gravare lui di tanto insopportabile peso di gelosia.
25 *sveglia*: rianima.
26 *dando… loco*: mentre il sole (Apollo) cede il posto alla luna (Diana).
27 *vie supreme*: comignoli.
28 *vapor del fuoco*: fumo.
29 *discreto*: assennato, esperto.
30 *non si far troppo serena*: di rendersi troppo evidente.
31 *levarla*: alleviarla, se non addirittura dissiparla.
32 *senza rispetto*: senza considerare gli effetti che la sua storia andava producendo in Orlando.
33 *di poca scintilla*: nascendo da piccola scintilla.

34 *loco*: riposo, pace.

35 *All'ultimo… ridusse*: la conclusione della storia fu.

36 *secure*: scure.

37 *poi… satollo*: dopo che il carnefice Amore fu sazio d'averlo ripetutamente battuto.

38 *scocchi*: prorompa.

39 *senza altrui rispetto*: senza doversi preoccupare della presenza degli estranei.

40 *spesse ruote*: frequenti rivolgimenti.

41 *cercando*: esplorando, per trovare una posizione che gli permettesse di prendere sonno.

42 *casca*: vengono d'un tratto.

43 *apre le porte*: offre una via di sfogo.

44 *vivace*: inesauribile.

45 *Non suppliron… dolore*: le lacrime non sono bastate a sfogare il dolore, si sono esaurite prima (v. 4).

46 *fuoco*: cocente passione.

47 *vitale umore*: l'essenza vitale, ciò che tiene in vita il corpo.

48 *via*: la via delle lacrime.

49 *et è quel… estreme*: e perciò quello che esce dagli occhi non è pianto, ma è appunto l'essenza vitale che fuggendo trarrà seco il mio dolore e, insieme al dolore, la mia vita stessa.

50 *han triegua*: cessano, concedono riposo.

51 *esali*: sfoghi, mandi fuori.

52 *Amor… l'ali*: Amore, che brucia e consuma il mio cuore, produce questi apparenti sospiri, i quali in realtà sono il *vento* prodotto dalle sue ali agitate intorno al fuoco da lui stesso acceso e alimentato. Le ali di Amore personificato sono come inesauribili mantici intorno ad una fucina.

53 *miracolo*: straordinario stratagemma, sortilegio.

54 *il tenghi*: tieni il mio cuore.

55 *spirto*: l'anima.

56 *dïurna fiamma*: il sole.

57 *tornò*: ricondusse.

58 *insculse*: scolpì.

59 *epigramma*: iscrizione.

60 *dramma*: neppure una minima parte.

61 *stelo*: albero.

62 *gielo*: frescura.

63 *quella… sicura*: neppure la fonte si salvò dall'ira di Orlando (cfr. ottava seguente).

64 *da sommo ad imo*: dalla superficie al fondo.

65 *monde*: pure, limpide.

66 *si serba*: rimane.

67 *maglie e piastre*: cfr. nota a I, 17, v. 3.

68 *arnesi*: le varie parti dell'armatura, tranne l'usbergo.

69 *albergo*: sede.

70 *sì… intenda*: così spaventosa che nessuno sentirà mai parlare d'una follia maggiore di questa.

71 *in tanto furor venne*: cfr. I, 2, v. 3 e nota relativa.

72 *bipenne*: scure a doppio taglio.

73 *de le sue prove eccelse*: molte delle sue più grandi imprese.

74 *ebuli… aneti*: ebbi (sorta di sambuchi) e altri tipi di finocchi.

75 *illici*: elci.

76 *mondo*: sgombro.

77 *facea*: Orlando faceva.

78 *diferire*: rinviare. Sviluppando la follia d'Orlando tra il canto XXIII e il canto XXIV, l'Ariosto ha collocato il celebre episodio esattamente al centro del poema.

La discordia nel campo d'Agramante

1 *sommerga*: sott. "navi" e "naviganti".

2 *estreme*: somme, eccelse.

3 *a sì feroce seme*: a campioni di stirpe così fiera.

4 *lampadi*: lampade, strisce di fuoco.

5 *Senza… fiato*: senza che i due guerrieri si riposino mai o riprendano fiato.

6 *piastre… maglia*: cfr. nota a I, 17, v. 3.

7 *prato*: terreno.

8 *ogn'oncia*: anche la più piccola parte.

9 *d'un cerchio angusto*: da uno spazio stretto e scarso, cioè corto.

10 *che… lumiere*: in modo che gli fece vedere mille scintille girare intorno. Gli fece vedere le stelle.

11 *fere*: percuote.

12 *presente… ama*: proprio alla presenza della donna amata.

13 *di fino… greve*: pesante per la grande quantità di acciaio ben temprato.

14 *si china*: si flette.

15 *quanto è più carco*: in quanto è più compresso.

16 *martinelli e lieve*: martinetti, cioè argani e leve.

17 *quando è poi scarco*: quando è liberato dalla pressione, è libero di scattare.

18 *che non riceve*: «Il male che l'arco riceve è l'essere sforzato a tendersi per mezzo di martinetti» (Casella).

19 *a quel segno*: nello stesso punto, cioè di fronte.

20 *l'arme troiane*: l'elmo di Ettore (cfr. 105, v. 7).

21 *molto*: bene.

22 *l'altro*: il secondo colpo.

23 *e pur segna alla testa*: e ancora una volta mira alla testa.

24 *aborre*: sfugge per paura.

25 *al suo… soccorre*: reca aiuto al suo signore con grave danno personale.

26 *gli trascorre*: gli va a cadere.

27 *movea l'assalto*: era diretto.

28 *l'elmo di Troia*: l'elmo di Ettore.

29 *aggira*: muove in giro.

30 *adizza*: aizza, attizza.

31 *divampa*: fa divampare.

32 *drizza*: muove contro.

33 *si ponta*: si appoggia.

34 *resta… agevolmente*: esce agilmente dalle staffe e con un volteggio è in piedi sul terreno.

35 *di pari*: in condizioni eguali, cioè entrambi a piedi.

36 *monta*: cresce.

37 *era per seguir*: lo scontro sarebbe continuato ancora.

38 *allora allora*: seduta stante.

39 *l'uno e l'altro*: entrambi i corni del dilemma, e cioè restituire Frontino o accettare battaglia (v. 2).

40 *dimora*: sosta, indugio.

41 *augel*: aquila. Ruggiero porta questa insegna perché la sua origine è troiana.

42 *Nel campo ecc.*: cfr. nota a 98, v. 8.

43 *né vuol patire* ecc.: Mandricardo non sopporta che altri porti l'insegna troiana da quando seppe conquistarsi le armi di Ettore.

44 *l'augel… Ganimede*: l'aquila.

45 *Come l'ebbe* ecc.: cfr. nota a XIV, 31, vv. 4-8. Da notare *fata* (v. 6): la fata di Soria; *cavallier troiano* (v. 8): Ettore.

46 *Altra volta* ecc.: Nel poema boiardesco, Ruggiero e Mandricardo già erano sul punto d'azzuffarsi per via dell'aquila, quando ne furono impediti (*distornati*) dall'intromissione di Gradasso che contestava a Mandricardo il diritto di aspirare a impadronirsi di Durindana.

47 *raccozzati*: incontrati.

48 *conforti*: esortazioni.

49 *àrrido*: secco.

50 *di questo*: di questo discorso.

51 *farmi stare al segno*: farmi obbedire.

52 *Un'altra volta*: cfr. nota a 101, vv.1-4. Da notare *perché… fianco* (v. 4): nel precedente incontro tra Ruggiero e Mandricardo, quest'ultimo non aveva spada e andava alla ricerca di Durindana. Perciò Ruggiero s'era mostrato generoso e non aveva voluto infierire contro un avversario privo di un'arma di combattimento.

53 *Questi… cenni*: ora saranno fatti (cioè faremo sul serio) mentre l'altra volta furono solo minacce.

54 *mal sarà per te*: sarà per te una sventura, ti porterà disgrazia. Ma anche: non (*mal*: non) sarà tuo, difficilmente rimarrà a te.

55 *quello… Orlando*: Mandricardo era venuto in possesso della spada Durindana sottraendola al trofeo fatto da Zerbino con le armi che Orlando, impazzito, aveva gettato via.

56 *cortesia*: spirito cavalleresco.

57 *lasciò… strada*: per combattere ad armi pari.

58 *me'*: meglio.

59 *l'Africano*: Rodomonte.

60 *non si faccia*: non si venga ai fatti, non si combatta.

61 *più d'una giostra*: aveva infatti combattuto contro Malagigi, Viviano e Ricciardetto.

62 *divisa*: insegna.

63 *debita*: legittima.

64 *avrai da terminar*: potrai terminare.

65 *La parte* ecc.: «La parte delle mie forze. Intendi: non sperare che la parte d'energia ch'io dedicherò a combattere con te sia piccola come tu ti immagini; te ne darò più di quanto tu non desideri, e me ne avanzerà anche per Ruggiero» (Sapegno). Da notare *che la voglia meco* (v. 8): che voglia attaccare briga con me, che voglia misurarsi con me.

66 *la vuole*: cfr. nota a 109, vv. 1-8.

67 *litigio e piato*: lite e contesa. Meglio, soltanto: aperta contesa.

68 *riparar*: mettere riparo agli impeti dell'ira.

69 *trapela*: comincia a uscire, filtra.

70 *affonde*: sommerga.

71 *si confonde*: si smarrisce.

72 *non cada*: sottinteso "l'acqua". In modo che l'acqua non straripi. Taluno, invece, sottintende "l'argine", desumendolo dal v. 7.

73 *lassar*: rilassarsi, cedere. – *molli*: fradici d'acqua, corrosi.

74 *spicciar*: sprizzare.

75 *rampolli*: zampilli, rivi.

76 *son tutti sozzopra*: sono tutti sottosopra, cioè sono agitati e contrastano disordinatamente tra loro.

77 *have riguardo*: ha riguardo, si adopera.

78 *spicca*: stacca, allontana dalla mischia.

79 *risalir*: balzare di nuovo avanti.

80 *ricordo*: consiglio.

81 *al suo… ingordo*: bramoso solo dei fatti suoi, cioè desideroso soltanto di sistemare le proprie faccende.

82 *mi ripiglio*: riprendo la mia lite.

83 *non si starà*: non si tralascerà.

84 *a far parola*: per dirla in breve.

85 *Ottener… lieve*: ottenere di tornare in campo sul tuo destriero (*questo*) non sarà facile come ottenere di restare ucciso qui (*quell'altro*).

86 *ti protesto*: ti dichiaro solennemente.

87 *non resto*: non tralascio, non manco.

88 *protesto*: dichiarazione solenne.

89 *cingial*: cinghiale.

90 *disordina e sbarraglia*: lo confonde e lo sconcerta. Credo che sia la conseguenza d'un attacco particolarmente abile di Ruggiero, il quale deve avere investito Rodomonte dal lato dove meno questi se l'aspettava. Lo ha infatti colpito *con lo scudo e con la spalla* (v. 2), invece che con la spada. Così mentre Rodomonte mirava a ripararsi dalla destra, è stato colpito dalla sinistra. I verbi *disordina* e *sbarraglia* indicano la confusione e lo sconcerto dell'avversario.

91 *gli falla*: gli esce, e quindi gli vien meno come appoggio.

92 *fellon*: perché attacca Ruggiero mentre questi è impegnato nel duello con Rodomonte.

93 *ruina*: l'impeto ruinoso, la furia.

94 *figlio d'Ulien*: Rodomonte.

95 *adamantina*: dura come il diamante.

96 *avampi et arda*: per lo sdegno, vedendo il compagno assalito da due avversari contemporaneamente (v. 5) e colpito da uno di essi a tradimento.

97 *si drizza*: si volge.

98 *a Mandricardo*: contro Mandricardo, perché s'era mostrato il più «fellone» e perché poteva così riprendere con lui la contesa interrotta.

99 *fiere*: percuote.

100 *piazza*: luogo.

101 *gavazza*: gode sfrenatamente.

102 *selva Ardenna*: famosa foresta tra i fiumi Reno e Mosa.

103 *Gebenna*: le Cévennes, sul basso Rodano.

104 *Blaia*: Blaye nella Guienna.

105 *Arli*: Arles, in Provenza.

106 *Roano*: Rouen, in Normandia. Osserva che l'Ariosto indica con questi nomi di montagne, città e fiumi, i confini della Francia.

Morte di Zerbino e Isabella

1 *umana*: pietosa.

2 *disagio*: mancanza di cure.

3 *quindi*: dal luogo dove si trovano i due amanti.

4 *in quel punto*: in quel frangente.

5 *premio*: compenso.

6 *empio*: spietato.

7 *quando… vele*: quando fuggii dalla casa paterna per correre, attraverso il mare, verso Zerbino.

8 *conversi*: rivolti.

9 *passïon*: patimento, sofferenza.

10 *m'aggreva*: mi pesa, mi tormenta.

11 *se… ora*: se la morte mi avesse colto in un luogo sicuro, dove cioè voi foste stata al riparo di ogni minaccia.

12 *in man di cui*: nelle mani di chi.

13 *declinando*: chinando.

14 *in sua stagion*: a suo tempo, nella sua stagione più bella. S'intende che la *rosa* è la bocca di Isabella.

15 *scocchi*: si sciolga dal corpo, come freccia dall'arco. Bisogna sottintendere "insieme".

16 *me'*: meglio.

17 *abbian ventura*: siano fortunati.

18 *reliquie estreme*: l'estremo sospiro.

19 *che morte fura*: che la morte rapisce.

20 *ricogliendo*: raccogliendo.

21 *aura*: soffio.

22 *per me… riva*: cfr. nota a 77, v. 4.

23 *per caso*: per nessuna ragione al mondo.

24 *d'ogni atto villano*: da qualsiasi violenza.

25 *come… profano*: allude alla liberazione di Isabella compiuta da Orlando (*senator romano*) e ai casi diversi che salvarono Isabella dalla tempesta marina e dalle insidie dell'empio Odorico (*Biscaglin profano*).

26 *il minor mal s'elleggia*: si scelga la morte, perché la morte è male minore del disonore.

27 *finì... acceso*: si spense come un lume a cui venga a mancare l'alimento.

28 *sanguigno*: insanguinato.

29 *stride*: grida il suo dolore.

30 *a molte miglia*: per molte miglia.

31 *Né... fragna*: né è clemente verso se stessa, nelle guance e nel petto, sì che non percuota e laceri le une e l'altro.

32 *a torto*: ingiustamente.

33 *in se stessa conversa*: rivolta contro se stessa.

34 *quindi*: di là. Non lontana da quel luogo.

35 *d'ella*: di lei.

36 *da canto*: d'intorno.

37 *garrulo*: ciarliero.

38 *costumato*: riservato e rispettoso.

39 *non... forza*: non tenta di farle violenza.

40 *Il sembiante... ammorza*: il gentile aspetto di Isabella, che viene innamorandolo, estingue o almeno mitiga il consueto orgoglio di Rodomonte.

41 *ben che... scorza*: «Per ora si contenta averne d'Isabella alcun lieto sembiante, quantunque volendole usar forza potesse trarne il frutto de' suoi desideri» (Fòrnari).

42 *in piede al gatto*: tra gli artigli del gatto.

43 *vorria... inanzi*: preferirebbe.

44 *seco... rivolgea*: continuamente pensava tra sé.

45 *quindi*: da questo frangente.

46 *n'abbia il suo intento*: ottenga da lei ciò che si propone d'avere.

47 *quel cavallier*: Zerbino, che era stato ucciso da Mandricardo ed era spirato tra le braccia di Isabella.

48 *appetito cieco*: istinto, desiderio irrazionale.

49 *bieco*: lascivo, disonesto.

50 *ove... scarsi*: nel quale tutte le sue ripulse sarebbero state vane.

51 *discorrendo... seco*: esaminando tra sé.

52 *ripararsi*: difendersi.

53 *con lungo e chiaro nome*: così da procurarsi fama durevole.

54 *effetti*: atti.

55 *non ne sospetti*: possa sentirmi sicura.

56 *all'incontro*: in cambio.

57 *di che*: del quale.

58 *perpetuo contento*: una gioia senza fine. Si oppone al *piacer di sì poco momento* (v. 1).

59 *tuttavia*: sempre.

60 *appresso*: ancora.

61 *manda*: emette.

62 *in tal... l'assicura*: lo rende duro in tal modo da renderlo invulnerabile al ferro e al fuoco.

63 *Io dico... si trova*: dico che chi se ne bagna il corpo diviene invulnerabile per un mese.

64 *Oprar… l'ampolla*: è necessario adoperare l'ampolla ogni mese, cioè rinnovare il bagno.

65 *più termine*: per un tempo più lungo di questo, cioè d'un mese.

66 *in guiderdon*: in compenso.

67 *onesto*: rispettoso.

68 *ch'in… promesse*: che gli venne tanto desiderio di rendersi invulnerabile che promise ad Isabella più di quanto essa gli aveva chiesto. Tanto più che era intenzionato a non mantenere la promessa (cfr. 18, vv. 5-8)!

69 *servaralle*: manterrà la promessa. È ciò che Rodomonte dichiara a parole, non già il suo vero proponimento.

70 *tenere*: mantenere.

71 *bugiarda Africa*: «Per questa perfidia vera o supposta degli Africani, correva il proverbio presso i Romani: "Punica fides" cioè slealtà punica (africana)» (Casella).

72 *scongiuri*: giuramenti.

73 *lavorar*: preparare.

74 *Cigno e Achille*: Cigno, figlio di Nettuno, fu dal padre reso invulnerabile al ferro; ma Achille, a sua volta invulnerabile tranne che in un tallone, lo uccise strozzandolo. Nettuno trasformò il figlio morto in un candido cigno.

75 *oscuri*: selvosi e perciò tenebrosi.

76 *ville*: villaggi, paesi.

77 *di molte*: molte.

78 *stanza*: dimora.

79 *paragon*: modello, esempio.

80 *tutta… l'avanza*: impiega tutta la parte della notte che le resta.

81 *misteri*: operazioni misteriose.

82 *producendo*: protraendo, prolungando.

83 *angusto speco*: stanza stretta.

84 *greco*: prelibato vino bianco.

85 *nettare… manna*: la bevanda degli dèi e la manna caduta dal cielo sopra gli Ebrei.

86 *riprendendo*: biasimando.

87 *torno*: tornio.

88 *paia*: risulti manifesto.

89 *quella… ancora*: te ne farò anche l'esperienza, quella esperienza che distingue il vero dal falso e che può fare dotto, cioè può persuadere, anche il volgo ignorante.

90 *saggio*: prova.

91 *felice*: che rende felice col dono dell'invulnerabilità.

92 *in me*: su me, contro me.

93 *se questo… rada*: se il liquore abbia efficacia e se la tua spada tagli.

94 *incauto*: imprudente.

95 *incontra… scudo*: contro i cui effetti non c'è difesa che conti.

96 *scórse*: trascorse, nella violenza.

97 *per… Saracino*: per seguire il quale (in cielo, s'intende), essa trovò una via così inusitata, straordinaria (per rarità ed eroismo), onde sottrarsi a Rodomonte.

98 *peregrino*: raro, sconosciuto.

99 *orna e còme*: adorna e abbellisce.

100   *chiaro nome*: fama, gloria.

101 *superna sede*: il cielo.

102 *Più… tolse*: ti esalto più della romana Lucrezia, il cui sacrificio mosse i Romani a insorgere contro Tarquinio il Superbo.

103 *tra… sciolse*: tra quelle mie leggi eterne.

104 *per… giuro*: l'Ariosto fa giurare il Dio cristiano con formula pagana.

105 *seculo futuro*: il tempo avvenire.

106 *segno*: apice.

107 *materia… caggia*: derivi, sia fornita materia.

108 *tal… risuone*: indica i monti sacri alle Muse per dire che tutte le opere dei poeti celebreranno il nome di Isabella. Certamente l'Ariosto volle fare qui un'indiretta lode di Isabella d'Este, già esaltata in un altro luogo del poema; ma può darsi che intendesse, in un sol colpo, elogiare anche altre Isabelle, nobili ed illustri: le mogli di Ferdinando e di Federico III di Napoli, la moglie di Ferdinando re di Spagna, e infine la moglie di Guidobaldo della Rovere.

109 *terzo ciel*: il cielo di Venere.

110 *Breusse*: Breus, soprannominato «sans pitiè» (cioè *senza pietà*), personaggio dei romanzi brettoni, fiero nemico delle donne.

111 *digesto*: digerito.

112 *funesto*: funestato, contristato.

113 *desse… d'ella*: rendesse onore alla memoria di lei, ne tenesse vivo il ricordo.

114 *per mezzo*: come mezzo.

Rodomonte, Orlando pazzo, Angelica

1 *mastri*: muratori.

2 *sassi*: massi.

3 *scema*: priva. Fa portare giù i massi dai monti vicini.

4 *stabilire*: costituire saldamente, innalzare.

5 *parte estrema*: parte inferiore, la base.

6 *la superba… tiberina*: la Mole Adriana, edificata presso il Tevere. Oggi detta comunemente Castel Sant'Angelo.

7 *si destina*: si prefigge.

8 *ponte*: la presenza di ponti, costruiti per costituire un passaggio obbligato e quindi provocare sfide e duelli, è frequente nei romanzi cavallereschi.

9 *a paro*: a coppia, affiancati.

10 *cimiterio*: sepolcro.

11 *in manco*: forse anche in meno.

12 *perfetta*: compiuta.

13 *condutta al suo cacume*: eretta sino alla cima.

14 *alla veletta*: alla vedetta, in vedetta.

15 *di vêr la torre*: dalla parte in cui era la torre.

16 *il campo… corre*: il luogo dove si corre la lancia, dove si combatte.

17 *poco del segno usciva*: usciva un po' di linea, piegava un po' da una parte oppure dall'altra.

18 *alto… e profondo*: profondissimo.

19 *come… lingua*: come se l'acqua, allo stesso modo che estingue l'ardore del vino, potesse annullare anche gli errori che si commettono, con le mani o con la lingua, sotto gli effetti dell'ubbriachezza.

20 *fra pochi dí*: nel giro di pochi giorni.

21 *dritta*: normale.

22 *trita*: battuta, frequentata.

23 *l'alma*: la vita.

24 *di chi… marmi*: incideva sulle armi i nomi ben visibili (*piani*) di coloro a cui esse erano già appartenute e quindi le appendeva al sepolcro di Isabella e di Zerbino.

25 *parmi*: credo.

26 *riviera*: fiume.

27 *di tutte… punto*: Rodomonte in quel momento era armato di tutto punto tranne che dell'elmo (*visiera*).

28 *caccia*: spinge.

29 *sbarra*: il cancello che chiudeva l'accesso al ponte.

30 *com'era*: come si trovava.

31 *se gli degna… opporre*: si degna opporsi a lui.

32 *piante*: i piedi.

33 *pur*: tuttavia.

34 *con la voglia… traboccarlo*: veniva con l'ardente brama di gettarlo giù.

35 *ornata*: acconciata.

36 *accortamente schiva*: ritrosa quanto si conviene.

37 *pratica del conte*: dimestichezza col conte.

38 *vera*: sicura.

39 *tanti*: tanto.

40 *il suo meglio*: il suo vantaggio.

41 *or tra… piede*: insieme alle «prese» di mano, cioè ai diversi modi di afferrare e stringere con le mani l'avversario (vv. 1-2), Rodomonte prova i colpi di gamba che dovrebbero permettergli di rovesciare Orlando.

42 *ingegno*: senno.

43 *estrema*: straordinaria.

44 *a cui… si dava*: alla quale in tutto il mondo nessun'altra forza o poche altre potevano essere paragonate.

45 *né per… riesce*: né si ferma un attimo per considerare se questa sua fuga gli procuri biasimo o lode.

46 *Sicuramente*: senza pericolo.

47 *manto*: sopravveste.

48 *non finir*: non so proprio quando finirei.

49 *solenne*: non comune, eccezionale.

50 *atta da narrar*: degna d'essere raccontata.

51 *all'istoria… oportuna*: bene intrecciata al racconto generale.

52 *miraculosa*: meravigliosa, incredibile.

53 *fu*: accadde.

54 *Trascorso… molto*: percorso in lungo e in largo.

55 *quel monte… distinto*: la catena dei Pirenei che divide il Francese, cioè la Francia, dal Tarragonese, cioè dalla provincia spagnola di Tarragona o Aragona (per dire la Spagna in generale).

56 *verso… estinto*: verso là dove il sole si spegne. Verso occidente.

57 *pendea*: scendeva a picco.

58 *al varco*: al passaggio.

59 *boscherecci gioveni*: giovani boscaioli.

60 *scarco*: privo.

61 *tira d'un piede*: sferra un calcio.

62 *giunge a punto*: raggiunge, colpisce giusto.

63 *alla cima*: sulla cima.

64 *estolle*: erge, innalza.

65 *aventura*: fortuna.

66 *cadea*: cfr. nota a 51, v. 8 (*pendea*).

67 *molle e lenta*: soffice e pieghevole.

68 *rubi*: rovi.

69 *libero e sciolto*: «libero da ogni altro male e spedito nei movimenti» (Romizi). Del tutto illeso.

70 *scheggion*: roccia sporgente.

71 *si spera*: si augura.

72 *cuopra*: ripari, difenda.

73 *sbarrar*: spalancare.

74 *straccia*: lacera, squarta.

75 *aeron*: airone, uccello di palude.

76 *falcone… astor*: uccelli di rapina.

77 *Quanto… collo*: che fortuna è stata che non sia morto quello dei due giovani che andò a rischio di rompersi il collo (cfr. 54)!

78 *Turpino*: cfr. nota a XVIII, 10, v. 2.

79 *stupende*: da suscitare stupore, incredibili.

80 *meriggie*: mezzogiorno.

81 *Taracona*: nei pressi della città di Taracona o Tarragona.

82 *àrrido e trito*: arido e minuto.

83 *marito*: Medoro.

84 *sì… di sopra*: queste vicende sono state narrate nel canto XIX.

85 *nulla le soviene*: nulla glielo fa tornare alla mente. Orlando è così trasformato, da quel che era, che nulla mostra più del suo antico aspetto sì che Angelica possa ravvisarlo.

86 *Da indi… tiene*: dal giorno in cui quella pazzia lo ha invaso sino ad oggi.

87 *aprica*: assolata.

88 *Sïene*: città egiziana meridionale, oggi Assuan.

89 *dove… cole*: nel Fezzan, dove i Garamanti (popolo dell'interno dell'Africa) venerano (*cole*) Giove Ammone.

90 *presso… spiccia*: presso i monti immaginari, detti monti della Luna, si credeva che sgorgasse il Nilo.

91 *arsiccia*: bruciata.

92 *mesta*: che provoca tristezza, squallida.

93 *brutta*: imbrattata, sozza.

94 *alla sua guida*: al suo compagno, a Medoro.

95 *ritenerla*: trattenerla.

96 *giotto*: ghiotto, desideroso.

97 *giovine*: Medoro.

98 *gli urta*: gli spinge.

99 *percuote e fiede*: colpisce con violenza.

100 *Spiccar… se gli crede*: crede di potergli staccare il capo dal busto.

101 *Orlando… affatato*: Orlando era invulnerabile e fatato, cioè era invulnerabile per sortilegio.

102 *metro*: misura.

103 *ferì*: colpì.

104 *Caccia*: spinge.

105 *giumenta*: la cavalla che aveva sottratto ad un vecchio pastore.

106 *stral da cocca*: dardo scoccato dall'arco. La *cocca* è propriamente la tacca che è nella parte posteriore della freccia, ma qui indica la corda dell'arco o luogo dove s'incocca.

107 *annel*: l'anello magico che rende invisibili.

108 *costume*: consueta virtù magica.

109 *disconcio*: posizione sconcia, cioè non bene acconciata, in disquilibrio.

110 *mutar*: cambiar di posto all'anello.

111 *traboccasse*: ruzzolasse.

112 *Più… dita*: se quel salto fosse stato più corto anche solo di due dita.

113 *a quel tratto*: in quella circostanza.

114 *Cerchi… fatto*: cerchi pure di procurarsi un'altra giumenta rubandola come già aveva fatto.

115 *l'arena pesta*: calpesta l'arena, cammina.

116 *perché*: per quanto.

117 *l'ha nel crine*: l'afferra per la criniera.

118 *ch'un… donzella*: con la quale un altro avrebbe preso una fanciulla.

119 *correndo… miglia*: la spinge a corsa sfrenata per mille miglia.

120 *cacciare*: spingere.

121 *sozzopra se ne va*: va gambe all'aria.

122 *si spalla*: si sloga una spalla.

123 *trar*: trarre fuori dalla fossa.

124 *se l'arreca*: se la pone.

125 *quanto… arco*: per un tratto di strada più lungo della triplice gittata d'un arco.

126 *assai… insano*: non sarebbe ugualmente bastato a soddisfare il desiderio del pazzo.

127 *capestro*: cavezza.

128 *la conforta*: la consola, dicendole.

129 *Quale… quale… dei sassi*: un sasso… un altro. Da notare *porta* (v. 3): asporta, porta via.

130 *mal condotta*: trascinata in quel modo barbaro. Meno bene: mal ridotta.

131 *non le pensa*: non bada a lei, alla sua condizione.

132 *non rimase*: non cessò.

133 *tuttavia saccheggia*: continua a saccheggiare.

134 *ville*: villaggi.

135 *invase*: invasi, rimpinzi il suo stomaco.

136 *se non s'ascondea*: se non si fosse resa invisibile.
137 *il cavallier*: Ruggiero, che aveva dato l'anello magico ad Angelica. Cfr.
X, 107.
138 *di lui… ch'or*: di Orlando, il quale ora ecc.
139 *scórse*: percorse in su e in giù.
140 *di Marsilio il regno*: la Spagna.
141 *senza alcun ritegno*: senza ostacoli.
142 *lontra*: animale anfibio simile al castoro.
143 *surge*: approda.
144 *altro… dispiace*: in lei non v'è altro difetto, di cui io possa lamentarmi,
tranne quello d'essere morta.
145 *aggiunta*: giunta. Orlando vuole il ronzino e anche qualche altra cosa,
in cambio della giumenta.
146 *in cortesia*: per cortesia.
147 *La rabbia… conte*: la rabbia e l'ira del conte passarono ogni misura.
148 *parve fier*: apparve, si mostrò feroce.
149 *serra*: sferra, assesta.
150 *diversa strada*: strade diverse.
151 *discorrendo*: vagando.
152 *pone a sacco*: saccheggia, deruba.
153 *fiacco*: stremato, morto.
154 *vetture*: cavalcature, in questo caso.
155 *a macco*: in abbondanza.
156 *Malega*: Malaga, nella Spagna meridionale.
157 *ponesse a saccomanno*: mettesse a sacco, saccheggiasse.
158 *disfatto*: rovinato.
159 *accese*: incendiò.
160 *terra*: città.
161 *Zizera*: l'odierna Algeciras.
162 *Zibeltarro… Zibelterra*: Gibilterra.
163 *sciogliea*: salpava.
164 *gente da diletto*: gente che andava a diporto, in gita di piacere.
165 *irondine che varca*: rondine migratrice.
166 *mazzafrusto*: frusta di varie funicelle o fili di metallo, con palle di piom-
bo, legate ad un manico di legno. Ma qui, soltanto: bastone o verga.
167 *spende… opra*: consuma inutilmente le sue forze.
168 *mentre… adopra*: finché gli viene fatto sentire il bastone tra le orecchie,
cioè sulla testa.
169 *tra via*: per via.
170 *nel… mare*: passare il mare per approdare alla spiaggia africana.
171 *poppe… sponde*: la poppa e i fianchi della barca, cioè la barca stessa.
172 *bassi*: perché Orlando è immerso nell'acqua.
173 *caccia*: spinge.
174 *dispone in tutto*: è fermamente deciso.
175 *d'alma*: di fiato.
176 *salma*: il suo carico, cioè Orlando.
177 *si tenea*: si sosteneva, nuotando.
178 *spinge*: respinge.

179 *ogni… sorto*: per poco che il mare fosse stato più agitato.
180 *Setta*: Ceuta, di fronte a Gibilterra.
181 *duo tratti di saetta*: due tiri d'arco.
182 *tendea*: era attendato.

Astolfo sulla Luna

1 *superna balza*: la vetta più alta.
2 *si stima*: si crede.
3 *tanto ch'al*: finché al.
4 *crisoliti e iacinti*: topazi e giacinti.
5 *fôran*: sarebbero.
6 *non falli*: non s'allontani.
7 *noiar*: dar noia, infastidire.
8 *aggira*: gira.
9 *appo quel*: a confronto di quello.
10 *in ira*: in odio.
11 *tetto*: palazzo.
12 *schietto*: schiettamente, senza misura. Un muro tutto di pura gemma.
13 *carbonchio*: rubino.
14 *dedalo architetto*: architetto ingegnosissimo, abile come Dedalo (*dedalo*: dedaleo).
15 *le mirabil… mondo*: le sette meraviglie del mondo (piramidi d'Egitto, mura di Babilonia, statua di Giove olimpico, Colosso di Rodi, tempio di Diana in Efeso, sepolcro di Mausolo, palazzo di Ciro).
16 *un vecchio*: san Giovanni evangelista.
17 *occorre*: viene incontro.
18 *opporre*: confrontare.
19 *discorre*: discende.
20 *baron*: signore, in questo caso come in altri luoghi.
21 *come che*: sebbene.
22 *il fin*: la meta.
23 *alto misterio*: profonda e misteriosa ragione. È il piano inafferrabile della Provvidenza divina.
24 *artico emisperio*: l'emisfero boreale. I monti della Luna, invece, erano collocati nell'emisfero australe.
25 *senza consiglio*: senza saperlo.
26 *non t'era dato*: non t'era concesso.
27 *ricrear*: ristorarti.
28 *noiarti*: infastidirti.
29 *quel tanto* ecc.: È qui riassunto un brano del Vangelo di Giovanni: «Or voltosi Pietro, vede il discepolo ch'era caro a Gesù, venir dietro… Vedendo lui Pietro disse a Gesù: – Signore, e questi che?… – Dicegli Gesù: – Se questi io vo' che rimanga fin che vengo io, che fa a te? Tu mi segui. – Onde uscì questo dire tra fratelli, che quel discepolo non muore: e non disse a lui Gesù, ch'e' non muore, ma "se questo io vo' che rimanga finché vengo io, che fa a te?"» (trad. Tommaseo).

30 *Quivi fu assunto* ecc.: L'Ariosto sembra accettare la erronea credenza che san Giovanni sia stato assunto in cielo col corpo, cioè senza morire, e che a lui fosse stato dato per sede il Paradiso terrestre, come già precedentemente al patriarca Enoch e al profeta Elia, entrambi assunti vivi in cielo (v. 4).

31 *grata*: cortese.

32 *duo primi parenti*: Adamo ed Eva.

33 *aventuroso*: desideroso di avventure.

34 *vecchio sposo*: Titone.

35 *scórse*: discorse.

36 *commesse insegne*: le insegne di difensore della Chiesa.

37 *iniquo merto*: ingiusta ricompensa.

38 *che... deserto*: che il popolo cristiano si era trovato abbandonato da lui proprio quando lo doveva avere maggiormente in suo favore, cioè accanto a sé come protettore.

39 *incesto*: impuro, per la diversa religione.

40 *avea già sofferto*: s'era già lasciato indurre.

41 *venire*: divenire.

42 *cugin*: Rinaldo.

43 *e sé manco*: e neppure se stesso.

44 *Nabuccodonosor*: superbissimo re di Babilonia, privato da Dio del regno e condannato a vivere per sette anni come un animale selvatico.

45 *eccesso*: il fallo. Il fallo di Orlando. (*del paladino*, v. 1).

46 *effetto*: scopo.

47 *era ad uso*: era apparecchiato allo scopo.

48 *quel... avea*: era proprio il carro che aveva portato in cielo Elia.

49 *rassettossi*: si accomodò.

50 *freno*: redini.

51 *in mezzo il fuoco*: nella sfera del fuoco situata, secondo la cosmologia antica, tra la terra e il cielo della luna.

52 *uguale o minor poco*: tale era l'opinione degli antichi.

53 *di ciò... raguna*: di quanta sia la superficie della terra.

54 *ultimo*: infimo, il più remoto da Dio secondo il sistema tolemaico.

55 *mettendo*: comprendendovi.

56 *appresso*: visto da vicino.

57 *ciglia*: occhi.

58 *indi*: di lassù.

59 *spande*: si spande.

60 *luce*: luce propria.

61 *poco alta si conduce*: arriva poco lontano.

62 *Altri* ecc.: Ben altri, ben diversi e anche ben maggiori (vv. 5-6).

63 *castelli*: villaggi.

64 *ricercare*: esplorare.

65 *mirabilmente era ridutto*: era miracolosamente raccolto.

66 *in che... lavora*: su cui opera la ruota mobile della Fortuna.

67 *che non han mai loco*: che non hanno mai effetto.

68 *sono tanti*: si riferisce a tutte le cose enumerate nei vv. 1-4.

69 *biche*: mucchi.

70 *tumide*: gonfie.

71 *terra lida*: Lidia.

72 *patroni*: protettori.

73 *scoppiate*: per essersi gonfiate, cantando, oltre misura.

74 *mal seguiti*: seguiti per nostra disgrazia, sfortunati.

75 *seppi*: se è prima persona, come sembra, può trattarsi di allusione ad un'esperienza personale del Poeta oppure di riferimento alla fonte principale del poema, cioè a Turpino da cui l'Ariosto dice scherzosamente d'avere appreso tante cose. A meno che non si debba prendere per un «seppe» (sogg. *Astolfo*).

76 *greppi*: balzi scoscesi.

77 *fumi*: onori vani.

78 *ganimedi*: favoriti.

79 *sozzopra*: sottosopra, alla rinfusa.

80 *trattati… congiura*: trattati violati, che producono *Ruine di cittadi* (v. 1), e congiure scoperte, che producono rovine di castelli e di coloro che le tramano.

81 *Vide… l'opra*: vide serpenti con volti di fanciulle, vide cioè l'opera dei falsari di moneta e dei ladroni.

82 *boccie*: bocce di vetro che si gettano via quando non servono più, come fanno i signori dei loro cortigiani (v. 8).

83 *dottor*: maestro.

84 *L'elemosina… morte*: elemosine lasciate per testamento e che gli eredi non fanno. Si può anche intendere: elemosine fatte in punto di morte, per paura dell'inferno, e quindi poco meritorie.

85 *se… lece*: se è lecito chiamarlo dono, dopo tanti danni che ha procurato.

86 *Constantino… fece*: la donazione di Costantino a papa Silvestro, dimostrata falsa dall'umanista Lorenzo Valla, ma a cui l'Ariosto pare credere ancora.

87 *panie*: materia vischiosa per catturare gli uccelli.

88 *dimostre*: mostrate.

89 *e vi…nostre*: insomma vi sono tutte le cose che perdiamo e di cui abbiamo bisogno.

90 *si converse*: si rivolse.

91 *diverse*: mutate.

92 *mai… fêrse*: mai si fecero voti a Dio per riottenere il senno perduto.

93 *conte*: raccontate.

94 *suttile e molle*: leggero e sfuggente.

95 *atto a esalar*: facile a evaporare.

96 *quando*: poiché.

97 *di chi*: di cui.

98 *franco*: valoroso, prode (non «francese», ché Astolfo era duca inglese).

99 *dramma manco*: neppure una piccola quantità di meno. Riferito al *senno*.

100 *ne le speranze*: nelle speranze riposte nei signori, nei potenti.

101 *magiche sciocchezze*: le scienze occulte.

102 *in altro… aprezze*: in altre cose che egli apprezzi più di tutto il resto.

103 *sofisti*: filosofi.

104 *scrittor… Apocalisse*: san Giovanni autore dell'Apocalisse, ultimo libro del Nuovo Testamento.

105 *Turpin*: cfr. nota a XVIII, 10, v. 2.

106 *con… monte*: mentre era ammontichiata con le altre.

107 *ov'era… a canto*: accanto al quale c'era un fiume.

108 *ogni sua stanza* ecc.: Sono qui rappresentate le Parche al lavoro. Il passo è dubbio. Le Parche secondo gli antichi erano tre. Qui l'Ariosto sembra ridurle a due: la *femina cana* (88, vv. 4-5) e l'*altra* che distingue i fili belli dai brutti (89, vv. 3-4). Da notare *velli* (88, v. 1): batufoli da filare; *cana* (88, v. 4): canuta; *fila… traea* (88, v. 5): faceva matasse con il filo. L'aspo è un arnese girevole usato in Toscana per fare le matasse; *filze* (89, v. 3): matasse.

Bradamante e Marfisa

1 *tenne*: accettò.

2 *aperto*: scoperto.

3 *il fratel… giovinetto*: il giovinetto fratello di Rinaldo, Ricciardetto (v. 6).

4 *esperto*: sperimentato.

5 *matutino*: mattino, aurora.

6 *giaccio*: ghiaccio, gelo.

7 *uscire alla giostra*: scendere in campo.

8 *si spoglia*: si priva.

9 *averne il pregio*: riportarne la palma, uscirne vittoriosa.

10 *fenice*: uccello favoloso che ogni cinquecento anni si consuma sul rogo per poi risorgere più splendido dalle ceneri. Il Boiardo collocava sull'elmo di Marfisa un drago. Per il significato di questa insegna, vedi ottava seguente.

11 *dinotando*: per significare.

12 *lodando*: per esaltare.

13 *morir si vede*: crede di morire, si sente morire.

14 *suspetto*: gelosia.

15 *n'è per venir*: è sul punto di diventare.

16 *Che fai?* ecc.: Trattandosi di giostra, e non di scontro in campo aperto, il duello doveva considerarsi finito allorché uno dei due contendenti veniva scavalcato.

17 *non… risponde*: non riesce a pronunciare distintamente le parole che vorrebbe dire per risposta.

18 *non mira*: non bada.

19 *tutto a un tempo*: nello stesso tempo.

20 *far… mal'opra*: recare offesa, colpire.

21 *sozzopra*: sottosopra.

22 *di sopra*: superiore.

23 *che… riversata*: da rovesciarla ad ogni colpo.

24 *tal… incantata*: tanta virtù era infusa per incanto nella lancia.

25 *nostra*: cristiana.

26 *veduta… dimostra*: avendo veduto la virtù che il loro campione dimostra.

27 *Questi… approssimarsi*: Agramante, vedendo questi cavalieri avvicinarsi alle mura.

28 *intercetta*: intercettata, impedita.

29 *successo*: ciò che accadeva.

30 *moglie*: promessa sposa.

31 *maraviglioso*: meravigliato, stupito.

32 *avute*: avuta.

33 *incontro*: accidente.

34 *non che… amori*: non già che questi due amori siano da porsi a confronto.

35 *benivolenza*: sentimento affettuoso, istintiva simpatia. Più innanzi Ruggiero e Marfisa si scopriranno fratello e sorella.

36 *Partita… la pugna*: divisi i contendenti.

37 *quei… in compagnia*: i Mori.

38 *nel campo*: dove si svolgeva il duello.

39 *turbarlo*: disturbare il *campo*, cioè lo scontro che vi si svolge.

40 *Monti*: salga a cavallo.

41 *alla bandiera*: presso la propria insegna, nella propria schiera.

42 *carme*: suono, squillo.

43 *cavalli*: cavalieri.

44 *taballi*: timballi, tamburi.

45 *scaramuccia*: zuffa.

46 *si mesce*: s'appicca.

47 *a cui… increse*: alla quale straordinariamente dispiace e rincresce.

48 *si raggira*: si gira intorno.

49 *dolce*: dolci.

50 *mori*: tu muoia.

51 *Se… conforto*: se tu ogni giorno mi uccidi con le ferite amorose, è ben giusto che tu debba offrirmi anche il conforto della vendetta.

52 *sotto… d'amore*: mentre io vivevo nella pace che mi credevo assicurata dal patto d'amore.

53 *può… vita*: può addirittura indursi a togliermi la vita.

54 *opima*: ricca.

55 *moglie*: promessa sposa.

56 *in mille*: tra mille.

57 *volere inferir più*: voler significare di più.

58 *convenzïon*: patto, accordo. La doppia promessa del matrimonio e del battesimo.

59 *forse… sabbia*: nel sepolcro, dove non c'è la sabbia che cosparge il campo della giostra.

60 *si ristringe*: si raccoglie.

61 *arresta*: mette in resta.

62 *sospesa*: non rigidamente salda.

63 *di pietà rubella*: resti alla pietà, spietata.

64 *espresso*: manifesto.

65 *gli percuote*: li percuote, li trafigge.

66 *fin che giri il ciel*: sino a quando il cielo continuerà a girare, cioè fino a quando durerà il mondo.

67 *si disciolveno*: si disciolgono.

68 *che*: il qual cuore (ogg.).

69 *da traverso*: di traverso.

70 *reposta*: appartata, nascosta.

71 *parean… impressi*: erano tutti fatti allo stesso modo, erano di eguale forma e grandezza.
72 *di nuovo*: di recente.
73 *alta sepoltura*: racchiude l'anima di Atlante.
74 *brevi carmi*: breve iscrizione.
75 *parmi*: credo.
76 *Urta*: spinge.
77 *pésta*: orma, traccia.
78 *sua giunta*: il suo arrivo.
79 *Chi… creda*: chi le può impedire di credere.
80 *sbramar*: soddisfare.
81 *chi*: colei. Allude a Marfisa.
82 *si spicca*: si slancia.
83 *le appicca*: le assesta.
84 *improvisa*: all'improvviso.
85 *fa incontra*: oppone.
86 *non ha mente*: non pensa.
87 *Ma… giunta*: ma arriva in ritardo.
88 *s'ha vista*: s'è vista.
89 *A mezza spada*: alla distanza di mezza spada, a corpo a corpo.
90 *prese*: le prese della lotta.
91 *il cui… interrotto*: che non servivano più.
92 *nuove offese*: nuovi modi d'offendersi, i pugnali.
93 *pur*: finalmente.
94 *si dispone*: decide.
95 *li ripone*: depone l'uno e l'altro pugnale.
96 *Quella… vilipende*: Marfisa, che disprezza tutto il mondo.
97 *non mira*: non ha riguardo.
98 *che… dilettasse*: che recasse diletto agli spettatori.
99 *quando*: poiché.
100 *le pose… in bando*: le tolse ogni sospetto, ogni gelosia.
101 *dio di guerra*: Marte (v. 6).
102 *si sferra*: si scatena.
103 *il potere*: tutto quanto poteva.
104 *giunge*: raggiunge il segno, colpisce.
105 *stia di piatto*: stia nascosto, non apparisca.
106 *sì che… cada*: sì che trattiene il colpo in modo che non cada.
107 *in su l'aquila*: sullo scudo che reca l'aquila come insegna.
108 *pesta*: picchia.
109 *non… resta*: non manca.
110 *tôrre*: togliere, troncare.
111 *ferir*: colpire.
112 *avampi una facella*: s'accenda un bagliore.
113 *quanto… punta*: con quanta forza può, mena un colpo di punta.
114 *giunta*: raggiunta, colpita.
115 *in modo… spesso*: talmente fitte erano le piante in quel luogo.
116 *avel*: la tomba di Atlante.
117 *ch'ogni mortale eccede*: che supera ogni voce umana.

118 *orribile*: solenne e tremenda. Atlante aveva sempre suscitato in Ruggiero timore e riverenza.
119 *in… insieme*: foste concepiti da una stessa madre e da uno stesso padre, e nasceste gemelli.

Il duello di Rinaldo e di Ruggiero

1 *D'ogni… contesa*: qualunque sia l'esito del duello.
2 *par… toglia*: sembra che questo pensiero le strappi il cuore.
3 *Quando anco*: e quand'anche.
4 *marito*: promesso sposo, in questo caso.
5 *che… vale*: perché il ritrarsi e il pentirsi poco giova ormai tra lei e Ruggiero dopo le solenni promesse scambiate.
6 *instrutto*: ordinato.
7 *suntuoso*: fastoso.
8 *di duo piè balzano*: con due piedi bianchi.
9 *a cui… altiero*: al quale Marsilio non disdegna prestare i propri offici, cioè assisterlo nei preliminari del duello (cfr. 78, v. 5).
10 *re di Tartaria*: Mandricardo.
11 *in maggior canto*: nell'*Iliade* di Omero.
12 *a canto a canto*: fianco a fianco.
13 *pari*: paladini, pari all'imperatore nei diritti e nei doveri.
14 *fu del re Mambrino*: cfr. I, 28, v. 5 e nota relativa.
15 *Ugier Danese*: figlio del re di Getulia, genero di Namo di Baviera e padre di Dudone.
16 *due azze*: una per Rinaldo e una per Ruggiero.
17 *per… capitale*: per bando comune è considerato delitto capitale (da punirsi con la morte) saltare in mezzo al campo destinato al duello (*a chi vi sale*: a chi vi salta dentro).
18 *eletta*: scelta.
19 *setta*: religione.
20 *la vita… di Cristo*: il Vangelo (l'*Evangelio*, v. 7).
21 *Alcorano*: il Corano.
22 *di cui*: del quale Ruggiero.
23 *fuggir*: evitare.
24 *consorte*: promessa sposa, Bradamante.
25 *aborre*: teme.
26 *de l'azza*: con l'azza. È questa un'asta lunga un braccio con un ferro trasversale, da un lato appuntito e dall'altro foggiato come un martello.
27 *disegna*: prende la mira.
28 *ribuffa*: respinge, investe.
29 *fronte*: aspetto, figura.
30 *pelle di drago*: tale era l'armatura di Rodomonte.
31 *il demonio… in forma di cavallo*: il demonio a cui aveva dato aspetto di cavallo.
32 *con turbato ciglio*: con sguardo corrucciato.
33 *pur troppo fallo*: un errore anche troppo grande.
34 *che… n'importe*: che porta con sé, che comporta.

35 *seguir*: proseguire.

36 *in*: di.

37 *Su… giuramento*: la responsabilità ricada su Rodomonte, e voi non turbi il pensiero di avere rotto un patto reso sacro dal giuramento.

38 *finte larve*: mentite spoglie.

39 *vedeno turbarsi*: si vedono disturbare.

40 *rimessa*: perdonata.

41 *espressa*: manifesta, chiarita.

42 *Sozzopra se ne van*: si azzuffano confusamente, si rimescolano.

43 *ritorna*: rivolge indietro.

44 *in un atto medesimo*: nello stesso atto del correre (v. 7). La differenza è detta al v. 8 (c'è chi corre avanti e chi scappa indietro).

45 *fugace fera*: la fiera che è presta a fuggire.

46 *schiattisce*: squittisce, guaisce. «Schiattire dicesi della voce del cane acuta e sottile quando segue la fiera o quando è tenuto contro sua voglia a guinzaglio» (Casella).

47 *cognata*: la futura cognata, Bradamante.

48 *sì ricche prede*: tanti nemici su cui sfogarsi.

49 *ritenute… seguirle*: impedite dall'inseguirle.

50 *porvi mano*: assalirle.

51 *per lo petto… dietro*: attraverso il petto sì che uscì per la lunghezza di due braccia dalla schiena.

52 *tenne… metro*: si comportò diversamente.

53 *duo tanti*: due volte tanti.

54 *testimonie*: plurale del singolare femminile *testimonia*, per testimone.

55 *tronca o divisa*: recisa dal busto o spaccata a metà.

56 *scuopre*: libera dalle nevi.

57 *eminenti*: più alti.

58 *campi* (v. 7): la terra dei campi.

59 *Tiene… alle bandiere*: trattiene intorno alle insegne.

60 *dentro alla terra*: dentro la città di Arli.

61 *armata*: flotta.

62 *alle porte*: verso le porte di Arli.

63 *per… vendetta*: per vendicare su Agramante la uccisione del padre Ruggiero di Risa dovuta a Troiano, Almonte e Agolante.

64 *sì… intercetta*: così tempestivamente da tagliare al re la via ecc.

65 *armata*: cfr. nota a 66, v. 5.

66 *parde*: gattoparde.

67 *lascio*: laccio, guinzaglio.

68 *capre*: capre selvatiche.

69 *per fuggir*: benché fuggissero.

70 *in conto… zebe*: considerata come un gregge (*zebe*: capre).

71 *pochi… buoni*: pochi eran quelli che i Cristiani consideravano meritevoli d'essere risparmiati perché in grado di pagarsi il prezzo del riscatto.

72 *da ogni parte*: da entrambe le parti.

73 *presso… campagna*: il sepolcreto di Arli risaliva al tempo dei Romani. Leggende medievali vi collocarono le tombe dei caduti in una battaglia tra Cristiani e Pagani avvenuta in quel luogo.

74 *sciorre*: salpare.

75 *in alto*: in alto mare.

76 *perché venti*: perché i venti.

77 *fece… vele*: fece dar le vele ai venti. Si può anche intendere: fece spiegare le vele ai legni *più leggieri* (v. 3).

78 *machine… tormenti*: in generale vogliono dire la stessa cosa, ma qui *machine* son quelle per dare assalti, scalate ecc. – *tormenti* sono le macchine per lanciar pietre o altro.

79 *prore… aprire*: vede fracassare prore e poppe di navi e vede aprire ecc.

80 *usci*: squarci. Equivale a *finestre*.

81 *patenti*: spalancati.

82 *Altri… caccia*: altri che il ferro del nemico (venuto all'arrembaggio) caccia ecc.

83 *quella… l'onda*: essendo la barca sovraccarica, quelli che sono dentro respingono coloro che si aggrappano, e tagliano le mani che afferrano le sponde; così i corpi ricadono e insanguinano l'acqua.

84 *Altri*: ogg. di *rimena* (v. 6).

85 *due morte*: due morti, quella del fuoco e quella dell'acqua.

Il rinsavimento d'Orlando

1 *tanto che*: finché.

2 *austrino*: australe. Il vento Austro o Noto soffia verso settentrione (v. 6: *spira contra l'Orse*).

3 *furïoso scocca*: quel vento impetuoso si scatena.

4 *raccordògli*: gli aveva consigliato (*ricordo*: consiglio).

5 *utre*: otre. L'Ariosto s'è ricordato di Omero il quale narra che Eolo rinchiuse tutti i venti in un otre che diede a Ulisse perché la navigazione dell'eroe non fosse più disturbata. Qui, invece, lo stratagemma serve ad Astolfo per attraversare il deserto africano senza la minaccia delle tempeste di sabbia sollevate da Austro.

6 *la medesma luce*: lo stesso giorno.

7 *integro*: per niente scemato di numero.

8 *pel mezzo… sabbia*: attraverso il deserto.

9 *senza* ecc.: cfr. nota a 30, v. 2.

10 *di qua dal giogo*: al di qua dell'Atlante, che i geografi del tempo dell'Ariosto prolungavano fin quasi all'altezza della Cirenaica.

11 *campo*: esercito.

12 *parte*: distribuisce.

13 *a piè… confina*: là dove un colle confina con la pianura, dove termina il pendio e comincia la pianura.

14 *in vista*: con l'aspetto.

15 *intende*: attende, è rivolto.

16 *al santo*: san Giovanni.

17 *I sassi* ecc.: Ovidio, un famoso poeta latino, aveva narrato il mito di Deucalione e Pirra, i quali ripopolarono la terra di uomini e di donne trasformando appunto dei sassi. Da notare *fuor… ragione* (v. 6): contro le leggi naturali.

18 *chiari anitrir*: squillanti nitriti.

19 *leardo*: grigio pomellato.

20 *rovano*: roano, cavallo di pelo grigio con criniera, coda e zampe nere.

21 *stava alla posta*: stava appostata.

22 *fur tutti montati*: sogg. i *cavalli* (v. 3).

23 *rammentando* ecc.: L'Ariosto parla qui per la prima volta di questo incarico dato ad Astolfo da san Giovanni. Da notare *d'Acquamorta il lito* (v. 5): il litorale di Aigues-Mortes.

24 *eletta*: scelta.

25 *capir*: contenere.

26 *raro*: raramente.

27 *fuor d'ogni stima*: in modo incalcolabile.

28 *le vene*: le venature delle foglie.

29 *di… piante*: di diverse qualità e in numero tanto grande quanto varie e numerose furono le piante da cui le foglie erano state staccate. Il miracolo consiste nella incredibile moltiplicazione numerica e nella straordinaria varietà dei tipi di nave.

30 *fuste*: imbarcazioni leggere per corseggiare.

31 *navi da gabbia*: navi con grossa alberatura e quindi tali da avere la *gabbia* per le vedette. Le *fuste* e le *galee* erano, invece, a remi.

32 *sarte*: sartie.

33 *ventosa rabbia*: furia del vento.

34 *non remoti*: che non abitavano lontano dalla costa africana.

35 *nocchier… piloti*: timonieri, capitani, ufficiali subalterni (con incarichi diversi: magazzinieri, dispensieri, stivatori ecc.), ufficiali di rotta.

36 *Menava* ecc.: È Orlando che fa strage menando in giro (*in volta*) il suo bastone duro, pesante e saldamente impugnato (*fermo*). Da notare *declinando* (v. 3): calando; *peggio ch'infermo* (v. 4): morto stecchito.

37 *maravigliosi*: meravigliati, stupiti.

38 *di Levante*: che veniva dall'Oriente.

39 *de la… Monodante*: del seguito, cioè della corte di Monodante, padre di Brandimarte.

40 *cercato*: esplorato.

41 *tra via*: per via.

42 *Bardino* ecc.: Nell'*Innamorato* Bardino aveva rapito Brandimarte, in odio al padre, e lo aveva venduto al conte di Rocca Silvana. Fatta pace poi con Monodante, Bardino s'era adoperato per rintracciare Brandimarte, di cui non si avevano più notizie da quando s'era legato a Orlando e lo aveva seguito in Francia.

43 *sciogliér*: salpare.

44 *precessi*: precedenti.

45 *tempo gli tolle*: non gli dà tempo.

46 *campo*: la moltitudine dei soldati.

47 *gli facea dar via*: Orlando faceva far largo al bastone, gli apriva la via tra la gente ruotandolo intorno.

48 *tutto a un tempo*: nello stesso tempo.

49 *per… intese*: per quanto gli avevano detto i vecchi santi (*divi*: santi), cioé san Giovanni, Elia ed Enoch, nel Paradiso terrestre. In verità soltanto san

Giovanni ha fornito ad Astolfo informazioni sulle condizioni bestiali in cui s'era ridotto Orlando.

50 *sprezzarsi*: trascurarsi.

51 *come stolto*: pazzo com'era.

52 *raffigurando*: riconoscendo.

53 *fargli il pianto*: fargli il compianto funebre (il lamento che si faceva per i morti).

54 *Dudon santo*: cosí detto per la sua bontà.

55 *entrar*: farsi innanzi.

56 *di soperchio*: anche troppo.

57 *se… tolle*: se non fosse che Oliviero con la spada attenua ecc.

58 *ingiusto*: perché indirizzato a colpire chi agiva per fare del bene.

59 *del… afferra*: colpisce il bastone a due braccia dalla punta.

60 *valor*: forza.

61 *l'Inglese*: Astolfo.

62 *levati sono*: si sono rialzati.

63 *bel colpo*: cfr. 49, vv. 3-5.

64 *né… anco*: e neppure tutti insieme riescono a tenerlo.

65 *C'ha*: chi ha.

66 *mugliando*: mugghiando.

67 *sale*: si rizza, balza.

68 *successe*: riuscí.

69 *correnti*: scorrenti, scorsoi.

70 *adattò*: preparò (le funi).

71 *partì in commune*: distribuì a tutti.

72 *Per quella via che*: con lo stesso mezzo con cui.

73 *risforzi*: sforzi ripetuti.

74 *quindi mosso*: rimosso di qui.

75 *estreme arene*: estremità della spiaggia.

76 *sette volte*: non a caso il lavacro purificatore si rinnova per sette volte, con scherzosa allusione al numero sacro e simbolico.

77 *membra stolte*: le membra del pazzo.

78 *effetto*: scopo.

79 *non… fiato*: non voleva che avesse altra via per respirare, che quella attraverso il naso.

80 *discorsi*: riflessioni, pensieri.

81 *da*: dopo.

82 *donno*: signore, padrone.

83 *maraviglioso*: cfr. nota a 38, v. 4.

84 *fratel d'Aldabella*: Oliviero.

85 *pensando… come*: da unire.

86 *come… me*: l'Ariosto si è ricordato qui di un'egloga di Virgilio dove Sileno è legato e beffato da due pastori e dalla ninfa Egle, e quindi dice loro: «Solvite me, pueri»: scioglietemi, fanciulli.

87 *participaron seco*: lo fecero partecipe.

88 *colei*: Angelica.

89 *quanto*: l'onore militare.

Il triplice duello di Lampedusa

1 *l'isoletta*: forse Linosa, perché non lontana da Lampedusa, o forse una isola immaginaria.

2 *umil*: basse.

3 *remota*: appartata.

4 *a rimondati vepri*: ai pruni mondati dai rami più piccoli e dalle spine che potrebbero lacerare le reti poste ad asciugare.

5 *gli minaccia*: lo minaccia.

6 *battezzar*: di battezzarsi.

7 *poco gli calse*: poco se ne curò.

8 *quel... Rinaldo*: nel canto XXXVIII si narra che Ruggiero, prima del combattimento con Rinaldo, aveva giurato di seguire Carlo Magno abbandonando il proprio re Agramante se questi avesse disturbato il combattimento come poi realmente era avvenuto.

9 *nulla*: per nulla.

10 *di core... cristian*: di essere cristiano di sentimenti e di religione (nell'intimo, cioè, e anche nelle pratiche formali).

11 *a ciancia*: a bada con vane parole.

12 *animo indefesso*: coraggio inflessibile.

13 *di... sospinge*: delle quali una lo solleva e l'altra lo spinge sotto.

14 *s'inchina il colle*: lo scoglio declina, scende più dolce.

15 *esce*: approda.

16 *bagnato e molle*: bagnato fradicio.

17 *torno*: tornio.

18 *figliuol di Monodante*: Brandimarte.

19 *Mezzogiorno*: terre del Sud, l'Africa.

20 *a ventura*: a caso.

21 *animosità*: coraggio.

22 *in miglior*: con un'armatura migliore.

23 *come che*: benché.

24 *da giuoco*: a gioco, alla leggera.

25 *franco*: prode.

26 *verso*: a paragone di.

27 *al prato*: al suolo.

28 *affatato*: fatato.

29 *peggio condotto*: ridotto in peggiori condizioni.

30 *brutto*: imbrattato, lordo.

31 *a mezza spada*: con la parte centrale della spada, cioè proprio in pieno. Forse, meglio: alla distanza di mezza spada, cioè a distanza ravvicinata.

32 *sparato*: tagliato, spezzato.

33 *stupefatto*: stordito.

34 *mirando in terra*: benché, a causa del colpo, avesse chinato il capo.

35 *alcuna stella*: il colpo ricevuto gli fa vedere le stelle.

36 *discorrendo*: correndo qua e là.

37 *valor*: forza.

38 *Segue*: incalza.

39 *tosto giunto*: presto raggiunto.

40 *tenta… nuovo consiglio*: tenta un nuovo modo di ferirlo.

41 *da sé tôrre*: allontanare da sé.

42 *non… pensiero*: non guarda né pensa a lui.

43 *instando… porre*: insistendo nello sforzo di porre, sforzandosi di porre.

44 *fere*: colpisce.

45 *lega le vele*: ammaina le vele.

46 *inanzi*: davanti agli occhi.

47 *un cerchio*: un grosso cerchio di ferro che rafforzava la base dell'elmo.

48 *gravissimo*: pesantissimo.

49 *partita*: tagliata in due.

50 *de l'acciar*: d'acciaio.

51 *si riversciò*: si rovesciò.

52 *si risente*: torna in sè.

53 *in atto… che*: in atteggiamento tale che ecc.

54 *morto*: ucciso.

55 *restò*: restò dentro (sogg. *il duolo*). Forse, anche: arrestò, frenò il dolore (sogg. *Orlando*).

56 *fine al canto* ecc.: cosí si chiude il canto XLI. La morte di Brandimarte è narrata nel canto seguente.

57 *fral*: fragile.

58 *anzi l'occaso*: prima della morte.

59 *raccordi*: ricordi.

60 *voci… concordi*: voci e suoni armoniosi d'angeli.

61 *s'allegrò*: si rallegrarono.

62 *quando*: qualora, se.

63 *lume*: vita.

64 *doglia*: sventura.

65 *precesse a*: precedette.

66 *quella vesta* ecc.: Brandimarte aveva promesso, per amore del padre Monodante, morto da poco, di vestire di nero il giorno della battaglia.

67 *contesta*: tessuta.

68 *a guisa di tempesta*: come chicchi di grandine.

69 *commesso*: ordinato.

70 *Di… rio*: da questo sogno trasse un funesto presagio.

71 *tanto… ch'a lei*: finché a lei ecc.

72 *sa*: comprende.

73 *conquiso*: confuso, oppresso.

74 *se le serra*: le vien meno.

75 *sparge*: scompiglia.

76 *come… intorno*: come una donna indemoniata o come un'antica baccante nell'invasamento orgiastico delle feste in onore di Bacco.

77 *duo signor defunti*: Agramante e Gradasso.

78 *acra*: acre, crudele.

79 *cercar… a canto*: andare vagando finché possa morire a fianco del marito.

80 *Levan*: sollevano.

81 *fôro*: furono.

82 *compassi altieri*: superbi fregi tondi.

83 *avean*: vi erano.

84 *origlieri*: guanciali.
85 *di… contesta*: dello stesso colore e ricamata nello stesso modo, cioè con gli stessi fregi.
86 *de'… terra*: scelti tra i più poveri del luogo.
87 *duolo*: lutto.
88 *guadagnate… Pietro*: conquistate a vantaggio dell'Impero e della Chiesa.
89 *forze*: il valore dell'eroe, l'eroe valoroso.
90 *a chi*: ai quali.
91 *segni*: insegne.
92 *usi*: uffici.
93 *torchi*: torce.
94 *chiusi*: interamente coperti.
95 *suffusi*: bagnati.
96 *il piè… ritenne*: il piede ferito impedì a Oliviero di partecipare al trasporto funebre.
97 *Lungo… dire*: sarebbe troppo lungo se io vi volessi dire.
98 *dispensati manti*: i mantelli distribuiti.
99 *persi*: scuri, d'un rosso cupo tendente al nero.
100 *torchi*: torce.
101 *strutti*: consumati.
102 *ogni… etade*: le persone di ogni sesso, di ogni ordine sociale e di ogni età.
103 *donne*: le lamentatrici di professione, come le antiche prefiche.
104 *inutil opra*: il pianto venale delle lamentatrici non giova ai morti.
105 *che*: dopo che.
106 *eleisonne*: i «Kyrie eleison» dell'assoluzione ai defunti.
107 *detti*: preghiere.
108 *serbâr*: riposero.
109 *reposto*: sepolto.
110 *che*: finché non.
111 *inarrar*: accaparrare, impegnare.
112 *Fè*: sogg. *Fiordiligi* (v. 6).
113 *venendo*: quando venne.
114 *indefesse*: incessanti.
115 *per far*: per quanto facesse.
116 *quindi*: di qui.

Fine di Rodomonte

1 *L'ultimo dì*: l'ultimo dei nove giorni destinati alle feste.
2 *a gran festa*: con grande festa.
3 *che*: nel quale.
4 *contra*: verso (ma con atto ostile).
5 *re d'Algier*: Rodomonte.
6 *donzella*: Bradamante che lo aveva, con suo gran scorno, disarcionato in un duello.
7 *per se stessi*: da se stessi.

8 *eccessi*: errori.

9 *successo*: caso, avvenimento.

10 *non… esso*: non altrimenti impugnò le armi che se la cosa non lo riguardasse affatto.

11 *con la sua gesta*: con la schiera dei paladini, con la sua corte.

12 *Maraviglioso*: meravigliato.

13 *infido*: infedele.

14 *che*: perché.

15 *perché… negarla*: perché proprio col fatto di proclamarti oggi cristiano, tu dichiari palesemente il tuo tradimento.

16 *a tutte*: di fronte a tutte.

17 *manterrò*: sosterrò.

18 *che… nominarlo*: che mentiva lui e chiunque altro lo avesse chiamato traditore.

19 *verso lui*: verso il suo re, Agramante.

20 *tratto… s'eran*: si erano tratti, erano venuti ecc. Da notare *il marchese… bruno* (v. 6): Oliviero e i figli Grifone il bianco e Aquilante il nero.

21 *in riposo*: fermi, tranquilli.

22 *fôran*: sarebbero.

23 *sozze*: turpi, vergognose.

24 *Tartaro*: Mandricardo.

25 *fur… mozze*: tutti gli indugi (*lunghe*: le lungaggini) furono troncati.

26 *l'altro arnese*: il resto dell'armatura.

27 *il figlio del Danese*: Dudone, figlio di Uggeri.

28 *far… piazza*: far largo.

29 *a tal bisogni*: per siffatte imprese.

30 *Donne e donzelle*: spose e fanciulle.

31 *granosi*: ricchi, fecondi di grano.

32 *timide*: spaventate.

33 *male… uguale*: non uguale, non di pari forza.

34 *baron*: signori, in generale.

35 *altronde*: da parte di altri.

36 *l'onore*: l'onore della vittoria.

37 *degno effetto*: giusto motivo.

38 *eletto a*: scelto di.

39 *trovar*: scontrare, colpire.

40 *coi ferri bassi*: con le lance in resta.

41 *gielo*: ghiaccio.

42 *a salir*: nel salire.

43 *côrre*: cogliere, colpire.

44 *a… scudo*: a infiggere nello scudo.

45 *gliele*: glielo.

46 *appresso*: circa.

47 *E se non che*: e se non fosse stato che ecc.

48 *mancò*: venne meno, si spezzò.

49 *apria*: avrebbe aperto.

50 *se… smalto*: anche se fosse stato rivestito di diamante.

51 *instando*: incalzando, stimolando.

52 *risalir*: rizzare.

53 *donde*: dal medesimo luogo in cui ecc.

54 *atti*: agili.

55 *tentar*: saggiare.

56 *il ferro era più raro*: l'armatura era meno resistente.

57 *lo scoglio del serpente*: la corazza fatta con la pelle scagliosa del serpente.

58 *né… arme*: le armi di Nembrotte. Cfr. nota a XIV, 118, vv. 4-8.

59 *la donna di Dordona*: Bradamante.

60 *sacri marmi*: il sepolcro di Zerbino e Isabella.

61 *a cui… fattura*: alla quale non resiste né incantesimo né altra operazione magica.

62 *non… schivare*: vide di non poter evitare.

63 *a… furor*: con maggiore impeto e con maggior furore.

64 *a mezzo il verno*: nel cuore dell'inverno.

65 *che*: con la quale.

66 *machina*: macchina detta «castello» (e anche «gatto») e oggi «berta» o macchina battipalo. L'Ariosto doveva averla veduta in azione sulle acque del Po.

67 *sopra… gravi*: pesanti più di qualsiasi altro peso.

68 *con tal nodo… afferra*: lo afferra con una stretta così robusta.

69 *Quel* ecc.: Per la seconda volta l'Ariosto mostra un saraceno che combatte a cavallo contro un avversario appiedato, a dispetto delle norme cavalleresche.

70 *nel passare*: mentre il cavallo gli passa accanto.

71 *lo raggira*: lo fa girare.

72 *mira*: cerca, procura.

73 *punte*: colpi di punta.

74 *percotea*: percosse, in questo caso. Si tratta d'un colpo solo come si può arguire dal v. 4.

75 *potea*: avrebbe potuto.

76 *all'altra botta*: alla seconda percossa.

77 *a ragion*: a buon diritto, perché l'accusa di Rodomonte era ingiusta.

78 *allotta*: allora.

79 *vuol che*: fa sì che ecc.

80 *al paro*: nelle stesse condizioni di Ruggiero.

81 *che… giudicaro*: sì che tutti gli spettatori giudicarono che Ruggiero avrebbe avuto la meglio perché aveva ancora la spada intatta.

82 *per lui non fa*: a lui non conviene.

83 *insanguinargli*: sanguinargli.

84 *guancia*: guancia o guanciale, cioè la parte dell'elmo che proteggeva le guance.

85 *entrar*: farsi sotto.

86 *gli falla*: gli manca.

87 *di grande urto*: con grande violenza.

88 *tien sì curto*: lo serra tanto da presso (tiene corte le distanze).

89 *con… caccia*: lo costringe ad appoggiare le mani al suolo.

90 *alle… estreme*: alle superstiti forze.

91 *Di forza… una gran parte*: una gran parte del consueto vigore (è complemento oggetto di *aveano tolto*, v. 2).

92 *aperto*: ferito.

93 *né se ne parte*: non si allontana dal suo vantaggio, non se lo lascia sfuggire.

94 *donde*: là donde.

95 *sciolto*: copioso.

96 *puon*: pone, la forza con ecc.

97 *contende*: si sforza.

98 *rimaner di sopra*: prevalere, riuscire vincitore. Ma forse, proprio in senso letterale: non essere messo sotto.

99 *prese*: i vari colpi della lotta, il diverso modo di afferrarsi.

100 *franco*: prode.

101 *cinse*: avvinghiò.

102 *calcògli*: gli premette.

103 *La gamba… spinse*: spinse trasversalmente la sua gamba destra contro le ginocchia dell'avversario per fare leva e rovesciarlo.

104 *tornollo*: lo fece ricadere.

105 *impresse*: percosse.

106 *c'ha… fronte*: che tiene la Fortuna afferrata per i capelli che essa ha sulla fronte. La Fortuna era immaginata col ciuffo in fronte e calva dietro la testa.

107 *tra' Pannoni*: in Ungheria.

108 *mine ibere*: miniere spagnole.

109 *ruina*: frana.

110 *fere*: piomba.

111 *spirto*: respiro.

112 *messo*: fu messo.

113 *vista*: visiera.

114 *che… tenta*: lo stimola, minacciandolo, ad arrendersi.

115 *alano*: cane più forte e feroce del mastino.

116 *fissi*: confitti.

117 *uscire… di mano*: sfuggire.

118 *falla*: fallisce, viene meno, riesce vano.

119 *espedirsi*: liberarsi.

120 *braccio migliore*: il braccio destro.

121 *sotto le rene*: nella schiena, là dove terminava l'armatura del busto.

122 *nascose*: immerse.

123 *si levò d'impaccio*: si sottrasse al pericolo che lo insidiava.

ITALO CALVINO

L' AUTORE

Di origine ligure, è nato a Santiago de Las Vegas, a Cuba, nel 1923. Ha vissuto sempre in Italia, tra Sanremo, Torino e Roma, eccetto un lungo periodo trascorso a Parigi. Intellettuale di grande impegno politico e dai molteplici interessi editoriali e letterari, Calvino fu protagonista del panorama culturale dell'Italia del secondo dopoguerra.

Tra i suoi libri ricordiamo quelli ispirati all'esperienza della guerra e della lotta partigiana: *Il sentiero dei nidi di ragno*, *Ultimo viene il corvo* e *L'entrata in guerra*; i racconti del periodo torinese: *La speculazione edilizia*, *La nuvola di smog*, *La formica argentina*, *La giornata di uno scrutatore*, e le opere dalla struttura narrativa particolarmente originale, come le *Cosmicomiche*, *Ti con zero*, *Le città invisibili*, *Il castello dei destini incrociati*, *Se una notte d'inverno un viaggiatore*, *Palomar*.

Nella vasta produzione dell'autore, un posto a parte spetta alla trilogia "I nostri antenati", di cui fanno parte *Il visconte dimezzato*, *Il barone rampante*, *Il cavaliere inesistente*.

Ai bambini e ai ragazzi Calvino ha dedicato alcuni adattamenti di sue opere per adulti, i racconti di *Marcovaldo* e piccole preziose storie come *La foresta-radice-labirinto*. Dall'opera *Fiabe italiane*, da lui raccolte e trascritte, ha tratto una scelta: *L'Uccel Belverde e altre fiabe italiane*.

Dopo la sua morte, avvenuta nel 1985, sono state pubblicate le *Lezioni americane* che Calvino avrebbe dovuto tenere di lì a pochi mesi all'Università di Harvard, considerate il suo testamento letterario.

GRAZIA NIDASIO

L'ILLUSTRATRICE

Nata a Milano nel 1931, vive a Certosa di Pavia. Ha accompagnato con le sue illustrazioni dal segno inconfondibile, inventivo ed essenziale gli ultimi decenni dell'editoria italiana per ragazzi. Per il "Corriere dei Piccoli" ha creato i personaggi di Valentina Mela Verde e dell'irriverente Stefi, le cui vignette compaiono ancora oggi sul "Corriere della Sera". Oltre che illustratrice, è anche giornalista e autrice di sceneggiature per cartoni animati (premiati al Festival di Annecy). Dal 1984 al 1987 è stata Presidente dell'Associazione illustratori. Ha vinto due Premi Andersen – Il mondo dell'infanzia (uno come migliore autrice e una menzione speciale alla carriera nel 2001) e ha ricevuto molti altri prestigiosi riconoscimenti (Yellow Kid, Jacovitti Lisca, Cartoonia, Lucca Maestro del Fumetto).

INDICE